Sebastian Mense
Keilsberg

Alle Figuren sind erfunden. Sie wurden nicht gefragt, ob ihnen die historischen Zusammenhänge, in die sie der Autor stellt, gefallen. Wo sich geschichtliche Genauigkeit oder Treue zu gegenwärtigen Begebenheiten mit der Erzähllust gestritten haben, hat manchmal (aber nur manchmal) die Fantasie gewonnen.

Künstliche Intelligenz kam beim Schreiben dieses Romans nicht zum Einsatz.

Originalausgabe November 2024

Alle Rechte vorbehalten,
auch die des auszugsweisen Nachdrucks
und der fotomechanischen Wiedergabe
sowie der Einspeicherung und Verarbeitung
in elektronischen Systemen.
© Prolibris Verlag Rolf Wagner, Kassel
Tel.: 0561/766 449 0, Fax: 0561/766 449 29

Titelbild: © Rolf Wagner
Schriften: Linux Libertine

ISBN: 978-3-95475-262-1
www.prolibris-verlag.de

Sebastian Mense

Keilsberg

Was geschah mit dem Soldaten
Thomas Barley?

Roman

Prolibris Verlag

Der Autor

Sebastian Mense ist gebürtiger Kasselaner und lebt nach Stationen in Leipzig, Bayern und Großbritannien inzwischen wieder in Nordhessen. Nach Studium und Volontariat arbeitete er zunächst als Journalist bei einer großen bayerischen Regionalzeitung, bevor er 2012 als Pressesprecher an die Universität Kassel wechselte.

Für Wiebke.

Und für Leonhard und Frieda, Christel und Josef.

Teil 1

1 Paul

Am Ende gewinnt immer das Handy. Paul drückt das Klingeln weg, ein paar Sekunden später ist es wieder da, und diesmal nimmt er das Gespräch an, obwohl er weiß, dass es nicht gut enden wird. Um Michael zu ärgern, sagt er nichts, sondern atmet nur ins Mikro.

»Paul?«

»Hm.«

»Paul? Hörst du mich?«

»Immer.«

Kurze Pause, dann stellt Michael mal was klar: »Ich gehe davon aus, dass du dich meldest, wenn wir das so verabreden. Vier Mal habe ich angerufen. Was soll das?«

Paul lässt die Blechtür hinter sich zufallen und balanciert auf einem Brett über den Baustellenmatsch, wodurch er, und das gibt ihm zu denken, mit jedem Schritt lauter ins Telefon keucht. Seine Kondition ist miserabel. Laufen, sprechen, Handy halten, das ist schon zu viel.

»Wir haben das nicht verabredet, Michael, das hast du dir nur gewünscht. Aber ich bin nicht dazu gekommen, dich anzurufen.«

Beide wissen, dass das Blödsinn ist. Es ist nicht möglich, bei dieser Arbeit keine Zeit für Telefonate zu haben. Alle paar Tage muss Paul auf die Baustelle, um nach dem Fortschritt zu sehen, obwohl er der Letzte ist, der so etwas beurteilen kann, und die Architekten ohnehin regelmäßig vor Ort sind und Bericht erstatten. Meistens soll er Fotos machen, heute auch, Michael interessiert sich angeblich dafür, wie der Innenausbau läuft. Die Halle steht, jetzt sind die Elektriker dran und die können beim Leitungenlegen jemanden, der ihnen über die Schulter schaut und fotografiert, natürlich gar nicht gebrauchen. Die Fotos braucht auch niemand.

Michael ist niemand, der sich patzige Bemerkungen eines Mitarbeiters bieten lässt, auch nicht, wenn der Mitarbeiter so etwas wie der Schwager ist.

»Ich verstehe«, sagt Michael, der Chef. »Wenn die Aufgaben zu belastend sind, dann gib Bescheid, wir haben im Personalmanagement Leute, die sich um so etwas kümmern. Dann spendieren wir dir ein Coaching.«

»Ich war auch im ersten Stock«, entgegnet Paul und kostet eine kleine Pause aus. »Werden das die Büros für die Programmierer?«

Ganz heikles Thema, auf das Michael natürlich nicht eingeht. »Schick mir die Fotos bitte in der nächsten halben Stunde. Wenn du das zeitlich irgendwie unterkriegst.«

»Arschloch«, antwortet Paul. Aber erst, nachdem er aufgelegt hat.

Seine Wut ist groß und sie wird nur wenig gekühlt von dem Luftzug, der auf dem Keilsberg geht. Er kann immer noch nicht fassen, was sein Schwager ihm vorgestern gesagt hat. Oder besser: wieder nicht gesagt hat. Auf dem Parkplatz vor der Firma sind sie sich zufällig begegnet, und weil Michael sich niemals die Blöße geben würde, allzu auffällig auszuweichen, haben sie erstmals seit Wochen mehr als ein paar Sätze miteinander gesprochen, während um sie herum Kollegen ihre Autos ausparkten.

Fast freundschaftlich, fast wie früher; kurz hoffte Paul, Michael könne doch eine Hilfe sein. Daher hat Paul ihn natürlich wieder nach Julie gefragt und es kam auch diesmal kein Hinweis, keine Unterstützung, kein Bedauern. Blankes Verneinen, dass er von ihr irgendetwas weiß – wo sie ist, ob sie lebt. Das hat er ihm schon in den vergangenen Monaten nicht geglaubt und auf dem Parkplatz erst recht nicht. Sehr gerne möchte er seinen Schwager verprügeln, wenn er ihn nachher sieht, aber dafür ist er dann sicher wieder zu müde.

Er ist am Ende des Bretts angekommen und hat unbefleckt den Straßenrand erreicht. Das Telefon steckt er in die Manteltasche, die Fotos, entscheidet er, schickt er nicht, sondern trägt sie auf dem Gerät ins Büro. Eine Unbotmäßigkeit, für die er büßen wird. Nicht weil Michael sich dafür rächt, jedenfalls nicht auf vordergründige Weise. Aber die Aufmüpfigkeit aufzubringen kostet Paul Kraft, die er nicht hat. Heute Abend wird er wieder auf dem Sofa liegen und Marzipan fressen und in den Himmel stieren, in dem er keine Sterne findet, nicht einmal ein Flugzeug und schon gar keinen Trost. Nur die Ampel vor seinem Haus wechselt die ganze Nacht die Farbe.

2 Paul

Michael hat ihm mal erzählt, was das Besondere am Keilsberg ist: Die neue Halle – liegt exakt auf 51 Grad, 16 Minuten nördlicher Breite und 9 Grad, 28 Minuten östlicher Länge, keine Sekunden, das kann jeder auf Google Maps überprüfen. Michael mag alles, was eindeutig ist.

Das war natürlich nicht der Grund dafür, hier zu bauen, der Grund war die Autobahn, die jetzt, da Paul ins Freie getreten ist, in seinen Ohren säuselt. Das neue Gewerbegebiet ist direkt angeschlossen. Unten in der Senke, von Pauls Standpunkt aus unsichtbar, befinden sich Auf- und Abfahrt, von dort führt die Straße sanft hinauf, der Keilsberg ist eher ein Hügel als ein Berg. Er liegt in jener Wucherzone, wo sich Stadt und Land mischen: Füchse und Asphalt, Hasen, Hochspannungsleitungen. Weiter südlich kommen noch ein paar Häuser, aber die gehören dann schon in den Landkreis. Als das Rathaus das Gewerbegebiet auswies, weil die Stadt nach schwierigen Jahrzehnten einen bescheidenen Aufschwung erlebte und die Flächen knapp wurden, haben die Gegner gewarnt, das Gelände liege in einer Schneise, die die Stadt mit frischer Luft versorgt, das dürfe man nicht behindern. Paul lässt sich von der Brise kühlen und glaubt ihnen. Wie er meistens den Verlierern glaubt.

Er zieht die Schultern hoch, schiebt die Hände in die Taschen und trottet die Straße in Richtung Parkplatz, auf dem sein Auto wartet, vorbei an einem Spielgeräte-Produzenten, es gibt auch einen Holzhändler. Zur Linken hat sich ein Hersteller von Hebebühnen eine Zentrale gebaut und auf dem Hof, in grotesker Erstarrung, Fahrzeuge mit unterschiedlich hoch ausgefahrenen Armen geparkt. Zwei oder drei Rohbauten wachsen aus dem maulwurfshügeligen Boden, mehr ist hier nicht los, und keines der Gebäude ist so groß und so dominant wie Michaels Halle, die acht Meter hoch die Gewissheit ausstrahlt, dass der Lauf der Dinge im Allgemeinen und der Erfolg der Firma DroneCon im Besonderen nicht aufzuhalten sind. Schwarz, kantig, ungerührt. Ein Eroberer.

Durch das Rauschen der Autobahn punktiert ein Geräusch Pauls Wahrnehmung, er kann es erst nicht zuordnen, bis er es als Glockenschlagen erkennt, ganz schwach. Ihm ist hier noch keine Kirche aufgefallen, aber unten dampft die Stadt, man sieht sie nicht, aber man sieht die weißen Fäden, die aus ihren Schornsteinen steigen, da wird es auch Kirchtürme geben und einer ist wohl nah genug, dass man den Uhrschlag hört. Mitgezählt hat Paul nicht. Er schaut auf sein Handy. Es muss das Mittagsläuten gewesen sein. Augenblicklich bekommt er Hunger. Die vergangenen Monate haben Spuren hinterlassen, er ist viel zu schwer geworden und will abnehmen, doch das schafft er heute wieder nicht.

Paul dreht um, eine Parzelle weiter hat vor Kurzem eine Pommesbude aufgemacht. Er lässt einen Bus passieren. Die Wagen der Linie 90 fahren im 30-Minuten-Takt die Endhaltestelle an, ohne jemals jemanden zu befördern. Paul hat beobachtet, wie die Busfahrer die Türen öffnen und allein vor ihre Fahrzeuge treten, um zu rauchen und den Traktoren hinterherzustarren, mit denen die Bauern die umliegenden Felder bearbeiten, von denen, wie Paul jetzt erstaunt feststellt, manche schon grünen, obwohl doch Winter ist, wenn auch ein milder. Er geht ein paar Schritte auf den nächsten Acker zu. Pflänzchen sprießen aus der Erde. Gibt es nicht so etwas wie Wintergerste, fragt er sich, Getreide, das bereits im Herbst gesät wird und trotz Kälte wächst? Paul kennt sich da nicht so aus. Am Horizont fechten ein paar Windräder. Das ist der Keilsberg. Oder das, was vom Gewerbegebiet aus davon sichtbar ist; doch was sonst sollte da sein?

3 Paul

Imbissbuden sind eine Pionierspezies des Ökosystems Gewerbegebiet, geht es ihm durch den Kopf: Straßen, Lampen, Bushaltestelle, dann erscheint schon der Stehimbiss. Paul ist es recht. Mit der Hand fummelt er seine leer gegessene Pappschale in eine Mülltüte und fegt ein paar Pommeskrümel vom Tisch.

»Hattes geschmeckt?«

Der Mann hinter dem Tresen schaut ihn fragend an, während er mit einem Lappen an einem Fleck auf der Theke herumwischt. Auf dem Dach des Wagens leuchtet der Schriftzug »Kosakengrill«. Abgesehen von einer jungen Raucherin ist Paul der einzige Gast. Er nickt und überlegt, ob er noch eine Portion bestellt, auf Bratwurst hat er jetzt auch Appetit, aber der Mann kommt ihm zuvor.

»Noch 'n Kaffee?«

»Espresso gibt es nicht zufällig?«

»Für so'n Firlefanz hab ich keine Maschine. Aber ich mach den Kaffee ordentlich stark.«

Der Mann ist vielleicht Ende 40, blond, sportlich. Wenn er redet, bleiben seine Augen starr, umso selbstständiger bewegen sich die überbreiten Lippen und die Pausbacken. Als spräche ein Mund aus einem fremden Menschen heraus. Paul mag den Ruhrpott-Einschlag, der hier eigentlich nicht hingehört. Er lässt sich einen Plastikbecher füllen und lehnt Milch und Zucker ab.

»Sie sind aber nicht von hier, oder?«

»Essen. Passend zum Beruf«, kalauert der Mund. »Ich bin aber nicht als Pommesbuden-Besitzer geboren.«

»Notlösung?«

»Versuchense mal, mit ehrlichem Lokaljournalismus noch Geld zu verdienen. Aber die Bude hält mich seit acht Jahren zuverlässig über Wasser. Ich hoffe doch sehr, dass es in dieser Stadt dabei bleibt. Ist erst meine dritte Woche hier.«

Der Kaffee dampft, Paul stellt den Becher auf der Theke ab, um sich nicht die Finger zu verbrennen.

»Ist in Essen der Fritten-Markt zusammengebrochen oder was hat Sie hierhergebracht?«

»Witzig. Nee, meine Freundin ist hierher. Da hab ich dat Ding anne Anhängerkupplung gepackt und bin mit. Vor hundert Jahren is mein Opa als Elektriker in den Pott gezogen und jetzt zieh ich eben wieder weg. Einmal Industrialisierung und zurück. Gefällt mir hier. Nette Leute, die fragen nich lang, wo du herkommst, dat hab ich schon anders erlebt. Ich fall ja 'n bisschen auf mit meine Schnauze. Aber ich glaube, hier kommt jeder Zweite von woanders weg.« Der Mann klopft auf den Tresen. »Bei der Spielvereinigung Olympia bin ich schon Stürmer. Also warum nich Kassel? Pommes schmecken überall.«

»Da haben Sie allerdings Recht.«

Paul stellt sich vor, wie das ist: seiner Freundin hinterherzuziehen, mit allem, was man hat. Es fällt ihm schwer. Aber das liegt nicht daran, dass er hierbleiben möchte.

»Lohnt es sich denn?«

»Wennse meine Freundin meinen, wir heiraten im Sommer. Wennse dat Finanzielle meinen, es könnte besser sein. Aber wat nich is, kann ja noch werden.« Mit dem Lappen zeigt der Essener nach links und rechts in die Umgebung. »Paar Firmen kommen ja noch.«

Paul wünscht es ihm. Ziemlich mutig, hier schon einen Imbiss zu eröffnen. Will der Neuling einen Claim abstecken, bevor die Konkurrenz sich breitmacht? »Ich kann Ihnen jedenfalls versprechen, dass dort drüben bald ein paar hungrige Techniker einziehen«, kündigt er mit einem kurzen Blick auf Michaels Halle an.

»In dat Riesending? Sehense. Is doch schon mal wat. Bis dahin mach ich Teilzeit und gehe nachmittags spazieren. Is doch schön hier.«

Paul sieht sich um. »Sicher.« Er reibt sich die Finger, für die der Becher zu heiß und die Luft zu kalt ist. »Aus Essener Perspektive.«

»Schön vorsichtig«, warnt der Mann. »Warense denn mal oben auffe Kuppe? Sensationeller Blick. Sie sehen den Fluss und dahinter fast bis in die Walachei. Und wennse unter der Autobahn durch sind, könnense endlos durch die Felder laufen.« Jetzt zeigt der Lappen nach Südosten. »Da drüben, dat is auch sehr schön.«

Paul sieht nichts Besonderes, nur zwei helle Flecken vor einem Waldstück. Seine Brille liegt im Handschuhfach, er setzt sie nur zum Autofahren auf.

»Friedhof«, erklärt der Essener. »Aber kein normaler.«

Paul zuckt mit den Achseln, fingert das Portemonnaie aus der Tasche und bezahlt eine doppelte Portion Pommes und den Kaffee. Eine altmodische Registrierkasse klingelt, dann bekommt er sein Wechselgeld.

»Woher eigentlich der Name?«, erkundigt er sich, während er den Geldbeutel einsteckt. »Gibt's da viele Kosaken, wo Sie herkommen?«

Der Mann verzieht keine Miene. Eigentlich nicht unsympathisch, findet Paul, aber trotzdem niemand, den er näher kennenlernen möchte. Vielleicht liegt es an den starren Augen. Vielleicht an der herausfordernden Leichtigkeit, mit der er sein Leben an eine Anhängerkupplung gehängt hat, und dann los.

»In Essen hatte ich Stammkundschaft, die kamen immer als Kosaken verkleidet. Jeden Freitagnachmittag vierzehnmal Currywurst. Da müssense gut vorbereitet sein. Manchmal hat auch einer gefehlt, aber Currywurst geht immer weg. Nennense mich sentimental, dat ich den Namen mitgenommen hab.«

Paul versucht, sich die Szene vorzustellen. »Wie sieht man denn so aus als Kosak?«

»Die hatten schicke blaue Jacken mit so Orden auffe Brust, Reitstiefel, Dolch. Und Pelzmütze, im Sommer kamen die immer mit klebenden Haaren anne Bude. Aber zu Fuß, nicht mit dem Pferd, wennse dat jetzt auch noch wissen wollen.«

Paul verkneift sich die Frage, wer sich in Essen jeden Freitag als Kosak verkleidet, obwohl sein Gegenüber sicher genau darauf wartet. Er fasst den Becher am Rand und verabschiedet sich.

Ohne Lust, sich ins Auto zu setzen, und ohne Eile, ins Büro zurückzukehren, schlägt er den Weg in die Felder ein. Bisschen Teilzeit machen und spazieren. Zwei junge Frauen reiten an ihm vorbei, Paul weicht aus, eines der Pferde hebt den Schweif und legt ihm ein paar dampfende Äpfel vor die Füße. Er umkurvt den Haufen und folgt den Reiterinnen Richtung Friedhof, mit keinem bestimmbaren Gefühl, aber so selbstverständlich, als gäbe es dort etwas zu finden, das er nicht sucht, aber vermisst.

4 Paul

Das Wetter gibt es doch noch. Die Brise ist zu einem Wind geworden, und der Wind verspricht, dass sich nach dem grauen Nichts der letzten Wochen auch dieser Himmel wieder bewegen und verändern wird. Dass Regen, Schnee und Sturm möglich sind und danach wieder Klarheit und irgendwann ein Frühling. Warum gibt es eigentlich *Bläue*, *Schwärze* und *Röte*, aber keine *Gräue*? Wochenlange Gräue, das träfe diese Wetterverweigerung recht gut.

15

Paul steht vor der Friedhofsmauer. Das Laufen hat ihm gutgetan. Öfter mal bewegen, nimmt er sich vor. Wieder Fahrradfahren. Sobald es warm wird.

Er nippt am Rest seines tatsächlich sehr starken Kaffees. Aus der Ferne ist Michaels Halle nur noch ein dunkler Quader, der sich mit den anderen Gewerbebauten in die Äcker, Felder und Waldstücke des Hanges schiebt, eher Störenfried als Eroberer.

Er sieht sich um. Die hellen Flecken haben sich beim Näherkommen als Türme herausgestellt und die Türme dann als Türmchen. Im Gegensatz zur Halle wirken sie kleiner, wenn man davorsteht, als duckten sie sich weg. Ihre plumpen Körper, kaum vier Meter hoch, laufen nach oben hin stumpf zu und erinnern Paul an Indien. Nach dem Abitur verbrachte er ein halbes Jahr dort, erst Sozialdienst in einer Blindenstation, dann acht Wochen Rucksack-Tourismus mit einem Österreicher, den er in Kanpur kennengelernt hatte. Den Steirer zog es in den Himalaya und sie reisten den Ganges hinauf. Hin und wieder durften sie Ritualen in kleineren Tempeln beiwohnen, und manche Tempel hatten Türme, die ähnlich aussahen wie diese beiden Scheinriesen, die ein schmiedeeisernes Tor einfassen. Ein Schild ermahnt die Besucher auf Deutsch und Englisch, Hunde an der Leine zu führen, eine niedrige Mauer läuft Richtung Kuppe und zurück und umschließt in einem schmalen Rechteck einen Friedhof, schirmt ihn eher symbolisch als tatsächlich ab vom tönenden Fortgang des Lebens ringsum, von Landwirtschaft, Fernverkehr und den Baustellen. In Indien hätte er nicht lange gezögert, einzutreten. Julie würde keinen Moment zögern. »Natürlich komme ich mit«, hält Paul ihr in Gedanken entgegen und tritt durch das Tor.

Der Essener hat Recht, ein gewöhnlicher Friedhof ist das nicht. Schlanke Grabsteine ziehen sich in strengen Reihen den Hang hinauf, alle aus demselben leuchtenden Stein. Oben scheint das Gelände noch aufgeschüttet worden zu sein, dadurch erhält der Friedhof die Anmutung eines kalksandsteinweiß bestuhlten Kinos oder eines Amphitheaters, mit Blick auf die Äcker und die Ausfransungen der Stadt. Paul stellt sich vor, dass die Toten von dort Jahr um Jahr verfolgen, wie die Bauern pflügen und ernten, erst mit Pferden, dann mit immer größeren Maschinen, und wie die Stadt dahinter dampft. Er schreitet die Reihen ab und sieht sich die Grabsteine näher an. Englische Namen, britische Soldaten offensichtlich. Name, Rang, Einheit, Todestag sind eingraviert, auf manchen ein Vers, der die Trauer der Eltern ausdrückt oder das Opfer des Toten preist. Keine Geburtstage. Stattdessen das Todesalter. Auf den serviettengroßen Beeten davor wächst etwas Blütenloses. Er beugt sich zum Stein eines 19-Jährigen hinunter, als ihm jemand an die Schulter fasst.

»Tun Sie bitte nicht so, als hätten Sie ihn gekannt!«

Erschrocken dreht Paul sich um.

Ein älterer Herr steht hinter ihm, volles weißes Haar, rentnerbeige Kleidung, und wedelt mit zwei Fingern. »Ich weiß, dass das nicht sein kann.«

»Entschuldigung?«

»Immer wieder schicken sie jemanden Neues. So eine Scheiße!« Der Alte greift nach Pauls Hand, doch Paul entzieht sie ihm.

»Lässt du den jungen Mann bitte in Ruhe? Werner?« Eine Dame nähert sich. »Entschuldigen Sie meinen Mann«, bittet sie, aber Paul möchte nichts entschuldigen. Er will, dass sie ihren Mann zurückpfeift wie einen Hund, und am liebsten würde er ihr das ins aufwendig geschminkte Gesicht donnern.

»Pardon«, sagt er stattdessen, ärgert sich über seine Freundlichkeit und schiebt die Hände in die Taschen. »Ich will nicht stören. Ich dachte, der Friedhof steht allen offen.«

»Tut er auch«, erwidert die Frau. »Wir sind Besucher nur nicht gewohnt, nicht wahr, Werner? Es kommen nicht oft Leute hierher. Zumindest keine, die wir nicht kennen.«

Sie mustert Paul und der mustert zurück. Grauer Dutt, violettes Kostüm, feiner Mantel, aber an den Füßen Gummistiefel. Was ihn stört, ist dieses sanfte Lächeln; er kennt solche Leute, anfangs sehr verständnisvoll, aber später wollen sie, dass man irgendetwas für sie tut. Sie sollen ihn allein lassen, wünscht er sich, er hat schlechte Laune. Die beiden sollen sie ihm nicht verderben.

»Ich gehe spazieren«, rechtfertigt er sich, das ärgert ihn auch sofort wieder. Trotzdem macht er damit weiter. »Es ist hier so friedlich.«

»Heutzutage«, meint die Dame.

Paul schweigt, bis es peinlich wird. Werner zupft am Ärmel seiner Frau. »Wir gehen jetzt, Lilo.«

»Gleich, mein Schatz.« Sie schaut Paul weiter an. Eine Strähne löst sich aus ihrer Frisur.

Um etwas zu sagen, fragt er: »Das ist ein englischer Soldatenfriedhof, stimmt's?«

»Commonwealth«, korrigiert sie ihn. »Briten, aber auch Australier, Kanadier, Neuseeländer. Dahinten ein paar Südafrikaner.« Sie deutet unbestimmt in den oberen Teil des Friedhofs. Hinter der letzten Gräberreihe wächst eine Hecke, bemerkt Paul, ein dunkler Balken vor dem taubenfarbenen Himmel.

»Und einer ist aus Neufundland, das war damals ein eigenes Land. Ich weiß aber nicht, wo der Neufundländer liegt. Zusammen 1800 Männer. Erster Weltkrieg.«

»Ich wusste nicht, dass es in der Stadt so einen Friedhof gibt.«

»Die wenigsten wissen das. Dafür ist er zu abgelegen. Außerdem ist der Erste Weltkrieg lange her, der interessiert nicht so. Wir haben den ein paar Jahre später ja noch in den Schatten gestellt.« Jetzt nimmt sie doch eine Hand aus dem Mantel und wischt sich die Strähne weg, die aber sofort wieder ins Gesicht fällt.

»Trotzdem«, sagt Paul vage. Und nach einer kurzen Pause: »Warum hier? So weit weg von der Front?«

»Es gab hier ein Gefangenenlager. Die Toten des Lagers wurden hier bestattet«, antwortet sie. »Wobei das nur die halbe Geschichte ist.«

Ihr Mann zeigt auf den Ausgang. »Wir müssen jetzt nach Hause«, sagt er zu Paul. »Woher kannten Sie den Toten? Egal, es war sehr nett, Sie kennenzulernen.« Er nickt ihm zu, dreht sich um und schlurft dem Ausgang entgegen. Seine Frau macht keine Anstalten, ihm zu folgen.

»Und die andere Hälfte?« Jetzt lässt er sich doch auf ein Gespräch ein, aber was soll er machen? Großbritannien, Geschichte – als habe sie gespürt, dass er da schlecht weghören kann.

»Werner, wartest du bitte?«, ruft die Frau ihrem Gatten nach. »Die andere Hälfte der Geschichte ist lang. Interessiert Sie das denn?«

»Ich will Sie nicht aufhalten.«

»Kommen Sie, wir setzen uns. Mein Mann sollte nicht so lange herumlaufen. Ist schlecht für seine Knie.«

5 Paul

Die Dame führt Paul zu einer Bank und ruft ihren Mann herbei. Sie setzen sich, der Mann links, Paul rechts, die Dame in der Mitte.

»Ochs«, sagt sie.

Paul schaut verständnislos.

»Liselotte Ochs. Das ist mein Mann Werner.« Sie nimmt Werners Hand. Der schaut sie an und muss seine streunenden Gedanken zurückpfeifen.

»Ich bin Paul Antheim«, stellt Paul sich vor.

»Arbeiten Sie dort?«, fragt Frau Ochs und dreht sich zum Gewerbegebiet.

»Manchmal. Das heißt, eigentlich noch nicht, mein Unternehmen baut dieses Gebäude dort. Der Chef schickt mich ab und zu mit Aufträgen auf die Baustelle. Schauen, wie es vorangeht. Die Arbeiter nicht alleine lassen.«

»Ich verstehe.« Frau Ochs nickt. »Keine schlechte Idee von Ihrem Chef. Als wir unser Haus gebaut haben, hat Werner den Bauleuten auch immer wieder auf die Finger geschaut. Die hatten Respekt vor ihm, das hat uns einige Scherereien erspart. Nicht wahr, Werner?«

Werner nickt.

»Seit sie dort diese Firmen bauen«, fährt die Dame fort, »verirrt sich ab und an einer in der Mittagspause hierher, wenn auch nicht oft. Die haben wahrscheinlich anderes zu tun und verbringen ihre Pause hinter den Schreibtischen. Manchmal taucht einer mit dem Auto auf, der eigentlich zum Recyclinghof will und falsch abgebogen ist. Aber die wenden hier nur und fahren mit ihrem Sperrmüll gleich wieder den Weg hinunter.«

Paul schaut den Hügel hinab, wo er den Recyclinghof vermutet. Kein Auto zu sehen. »Sie sind oft hier?«, erkundigt er sich.

»Oft, ja«, antwortet Herr Ochs.

»Der Friedhof ist ein besonderer Ort«, fügt seine Frau hinzu. »Wir gehen häufig durch die Felder und ruhen uns anschließend hier aus. Wissen Sie, die eigenen Sorgen werden läppisch, wenn wir hier auf den Toten stehen. Ich kehre jedes Mal ruhiger nach Hause zurück.«

»Sie haben gesagt, hier waren Kriegsgefangene interniert?«

»Die Baracken standen den ganzen Hang hinunter fast bis dort unten, wo der Traktor fährt.« Frau Ochs beschreibt einen Bogen mit ihrem ausgestreckten Arm. Der Traktor, den sie meint, rumpelt über ein Feld, ohne dass Paul erkennen könnte, warum. »Hier waren Briten gefangen, aber auch Italiener und Franzosen und Russen von der Ostfront und ein paar andere. Viel zu viele, es gab gar nicht genug Platz.« Pause. »Es lag kein Segen auf diesem Ort.«

Paul deutet auf das Grab, das am nächsten liegt, und auf den Pflanzenstock, der darauf wächst. »Es sieht sicher sehr schön aus, wenn die Rosen blühen.«

»Ja, das tut es. Rote Rosen, weiße Steine ... die englischen Farben. Dort drüben sieht es anders aus.« Sie zeigt nach Westen, wo hinter der Mauer ein paar große, kahle Bäume zu einem Wäldchen zusammenstehen. »Dort liegen die Russen. Die haben keine Steine, keine Rosen und keine Namen.«

Sie schweigen einen Moment. »Hier hat jeder Tote seinen Platz. Es ist den Briten sehr wichtig, dass sie nicht vergessen werden.«

Paul schaut sich um. »Muss dafür der militärische Rang auf jedem Stein stehen?«

»Nun, es ist ein Soldatenfriedhof, nicht wahr? Und macht es nicht tatsächlich einen Unterschied, ob einer als Gefreiter oder Hauptmann in den Krieg gezogen ist? Wenn Sie genau hinsehen, werden Sie feststellen, dass Offiziere und Mannschaftsgrade nicht getrennt liegen. Sie hatten ihren Rang, aber im Tod sind sie gleich.« Sie zeigt zu einem der Türmchen. »Dort gibt es ein Register, in dem alle Namen stehen. Und im Internet können Sie zu jedem einzelnen Toten ein paar Angaben finden. So muss es sein: Jeder geht, aber von jedem muss etwas bleiben.«

Sie schaut kurz zu ihrem Mann, der stumm neben ihr sitzt und sich mit den Händen durch die vollen weißen Haare fährt, immer wieder, immer neu. »In jedem November kommt jemand aus dem Konsulat in Frankfurt, sieht nach dem Rechten und legt einen Kranz nieder.«

Paul ist beeindruckt. »Besuch vom Konsul für die Toten?«

»Er schickt einen Mitarbeiter.«

»Verstehe. Sie kennen sich gut aus.«

»Wir haben hier in unserem Stadtteil einen kleinen Geschichtsverein und wir haben uns vorgenommen, das Lager stärker ins Bewusstsein der Menschen zu rücken. Weil das niemand mehr kennt. Am Friedhofseingang wollen wir eine Info-Tafel anbringen. Uns fehlt noch etwas Geld.«

Ihr Mann unterbricht sie: »Lilo, das Essen ist bald fertig.«

Er wird unruhig, aber sie hält seine Hand fest. »Gleich, Werner. Aber das ist nicht der Grund, warum wir so oft hier sind. Sie haben Recht, der Ort strahlt etwas Friedliches aus. Seltsam, nicht wahr?«

»Tun Friedhöfe das nicht immer?« Heißen sie nicht deswegen so, denkt er.

»Finde ich nicht«, widerspricht Frau Ochs. »Manche sind auch furchtbar deprimierend. Besonders die, auf denen Freunde liegen.«

Paul weiß nicht recht, was er von ihr halten soll. Er findet sie überschminkt und ein bisschen aufdringlich. Anderseits mag er, wie sie mit ihrem Mann umgeht, und es interessiert ihn, was sie sagt. Wie alt mag sie sein? Um die 70 sicher, aber sie hat mehr

Spannkraft in ihrem Körper als er in seinem. Sie steht auf und zieht dabei ihren Gatten hoch.

»Warum lag kein Segen auf dem Lager?«, will Paul wissen.

»Das kann Ihnen unser Vereinsvorsitzender besser beantworten. Wenn Sie mögen, am Samstag hält er einen Vortrag. 15 Uhr im Gemeindehaus Niederzwehren.«

Paul sieht einen Gemeindesaal, einen Tweedanzug-Träger und sein grauhaariges Publikum vor sich. »Okay. Spannend. Ich merke es mir mal.« Er erhebt sich ebenfalls.

»Machen Sie es gut«, verabschiedet sich Frau Ochs und gibt ihm die Hand. »Passen Sie auf, dass Sie genug frische Luft kriegen, wenn Sie in dieser Halle arbeiten. Oder in Ihrem Büro. Frische Luft ist wichtig. Und Licht. Gerade im Winter.«

Paul nickt, Frau Ochs nickt, Herr Ochs nickt ebenfalls, dann verlässt das alte Pärchen Hand in Hand den Friedhof, und es sieht aus, als führe er sie und nicht sie ihn.

6 Paul

Meistens ist die Südtangente eine gute Idee für die Strecke zurück ins Büro, heute nicht. Er klemmt auf der rechten Spur der Stadtautobahn und kommt nur im Schritttempo voran. Lkw im- und exportieren vor und hinter ihm Schweinehälften, Kartoffeln oder Zahnräder. Er wünscht, er hätte sich die Zeit genommen, den Mantel auszuziehen, bevor er in den Wagen gestiegen ist, dreht die Heizung ab und lässt das Fenster herunter. Dann schließt er es gleich wieder, weil die Abgase der Dieselmotoren hereinziehen. Mit Navi wäre ihm das nicht passiert. Ein kluges

Programm hätte die Verkehrslage gekannt und ihm eine alternative Route durch die Stadt vorgeschlagen. Aber das Navi hat er für die paar Kilometer nicht anschalten wollen. Seine ohnehin überdehnte Mittagspause streckt sich nun ins Maßlose, das ist selbst ihm peinlich. Er schaltet das Radio ein und sofort wieder aus, nach den Eindrücken des Friedhofs erscheinen ihm die Nachrichten belanglos, die Musik schrill.

Paul denkt über das nach, was Frau Ochs gesagt hat: Von jedem, der geht, muss etwas bleiben. Nachdem das alte Paar fort war, hat er sich noch etwas umgesehen und einige Fotos gemacht; solange ihn niemand dazu zwingt, fotografiert er gerne. Er hat eine Zeit über die Mauer geblickt, die den englischen vom russischen Friedhof trennt, wo an die Toten unter dem weiten Gras nichts erinnert als eine Handvoll lose verstreuter, verwitternder Steinkreuze und wo, wenn nicht gerade Winter ist, alte Ahornbäume wohl ein leeres Rauschen von sich geben. Immerhin hat jemand das Laub des vergangenen Jahres weggefegt. Eine Weile hat er einer Krähe zugesehen, die über den gleichgültigen Rasen hüpfte, als suche sie etwas. Sie blieb mal an einem Kreuz stehen, mal unter einem Baum, der Kopf ruckte hin und her, aber sie schien nichts zu finden. Dann ist Paul noch ein bisschen auf der englischen Seite umhergelaufen.

Er hat versucht zu fühlen, was diese Frau gesagt hat, dass die Sorgen läppisch werden, wenn man die Gräber abläuft, aber das ist ihm nicht gelungen. Er hat sich dennoch treiben lassen, die Inschriften auf den Steinen gelesen. Eine Reihe ist ihm ins Auge gefallen, bei denen jede Angabe fehlte, kein Name, kein Alter. In den weißen Stein war nur ein Wappen getrieben und eine Beschwörung, der Herrgott wisse schon, wem der Knochenhaufen darunter gehöre. Paul wünscht es den Knochen, aber er glaubt nicht daran. Kurz hat ihn das Bedürfnis durchzuckt, mit einem schnellen Gebet etwas für die armen Schweine auszurichten, ein gutes Wort da oben einzulegen, aber daran glaubt er erst recht nicht, deshalb hat er sich stattdessen eine Tafel angeschaut, die neben den Gräbern steht. Sie informiert knapp, dass es sich bei den Bestatteten den Uniformen nach um britische Soldaten handele, gefallen in Belgien und Frankreich, die nicht zu identifizieren gewesen seien. Soweit Paul weiß, verwendeten die Armeen des Ersten Weltkriegs bereits Erkennungsmarken. Nicht mehr identifizierbar – wie muss er sich das vorstellen? Ihn schaudert, wenn er jetzt im Auto daran denkt. Leichen ohne Namen.

Daneben Namen ohne Leichen: Zwei Plaketten an der Innenseite der Friedhofsmauer gelten Insassen eines Gefangenenlagers; es muss das Lager sein, von dem Frau Ochs gesprochen hat. Der Traktor, mit dem sie die Grenze des Lagers veranschaulicht hat, fuhr immer noch hin und her, als Paul gelesen hat, was auf den Plaketten stand. Beide – ein Albert Eccles, ein Thomas Barley – seien zunächst als vermisst registriert und dann für tot erklärt worden. Ihre Gebeine habe man nie gefunden.

Paul sinniert über den militärischen Gebrauch des Begriffs *vermisst*: Verbleib unbekannt. Aber *vermisst* wurden auch alle, die da liegen, Söhne und Brüder, Väter, Ehemänner, innig Geliebte und still Begehrte. Jene, die für immer verschwunden waren aus dem Leben der Übriggebliebenen. Auf welche Weise vermisst er Julie?

Aus dem Schritttempo wird Stop-and-go. Rote Lichter leuchten auf und erlöschen wieder. Paul fährt an, kuppelt aus und bremst, während der bulgarische Lkw vor ihm bereits wieder beschleunigt. Dann fingert er das Telefon aus dem Mantel und spricht hinein: »Schick mir eine Nachricht, dass es dir gutgeht, bitte. Du musst mir nicht sagen, wo du bist.« Mit einer Hand versendet er die Aufnahme, wirft das Telefon auf den Beifahrersitz und schaltet in den ersten Gang. Er erwartet auch diesmal nicht, dass sie antwortet.

7 Tom

4. Januar 1915

Geliebter Vater, geliebte Mutter,
Euer Sohn ist wohlauf. Man hat mir versichert, Euch von meiner Gefangennahme bereits unterrichtet zu haben. Ich hoffe daher, dass Euch keine allzu schlimmen Sorgen bedrückt haben in den vergangenen Wochen, seit Euch mein letzter Brief aus Flandern erreicht hat (hat er?). Nun kann ich es Euch mit eigener Hand schreiben: Ich lebe und es geht mir, bei allem, was die Bedingungen erlauben, leidlich gut.

Wo genau das Lager liegt, in dem ich interniert bin, vermag ich Euch nicht zu sagen. Vielleicht werdet Ihr »Niederzwehren« auf einer Karte finden. Für mich spielt es keine Rolle, der Ort ist nicht viel mehr als ein fernes Kirchturmglockenläuten. Das Lager liegt an einem Hang, wir können in die Weite blicken, was ein Hohn ist, denn die Welt ist zugleich so eng und klein. Das Dorf und der größte Teil einer nahe gelegenen Stadt bleiben in einer Senke verborgen, aber wir sehen den Rauch aus den Schornsteinen aufsteigen.

Unsere Stadt besteht aus Holz und Leinen und Stacheldraht. Ich schreibe Euch diese Zeilen aus einem Behelfsbau, man könnte es eine Hütte nennen, eher einen Verschlag, wäre er nicht so groß, dass er mehreren 100 Männern Unterkunft bietet. Durch die Bretter pfeift der Wind, gegen den zu schützen wir uns in Decken einwickeln. Aber ich will nicht klagen, ich gehöre zu den Glücklicheren in diesem Lager. Andere schlafen in Zelten ohne Boden. In unserer Unterkunft sind wir zumeist Engländer und andere Untertanen des Königs, in der Mehrzahl aber leben im Lager Franzosen und Russen, auch ein paar Belgier. Baracken über Baracken und Zelte über Zelte ziehen sich einen Hügel hinauf.

Über die Umstände, wie ich in Gefangenschaft geraten bin, mag ich wenig Worte verlieren. Wir haben einen Bauernhof bei Ypern gestürmt und sind dort auf eine Übermacht getroffen. Für den Kampf für Krone, Freiheit und Zivilisation bin ich jedenfalls verloren, so viel steht fest. Dafür bin ich am Leben und bei Gesundheit. Ich habe nur die lächerlichste aller Verletzungen davongetragen, nicht der Rede wert.

Die Deutschen haben uns zunächst in Belgien zusammengezogen. Wir ruhten stumpf, saßen, lagen, rauchten, aßen, schwiegen. Die meisten Kameraden hatten noch den Dreck und das Blut der Kämpfe in den Haaren. Dort haben wir auch Weihnachten begangen. Ich will von »feiern« nicht schreiben, weil dieses Wort nicht zu den leeren Gesichtern passt, aber wir haben es als das genommen, was es ist, ein Hoffnungsfest, eines, das sogar unsere Gegner würdigten. Schnaps zu teilen mag eine merkwürdige Form der Christlichkeit sein, aber man kann es als Zugeständnis an den Tag und die Menschlichkeit anerkennen. Mit der Eisenbahn brachten sie uns dann in ihr Reich. Noch immer trage ich die Felduniform. Immerhin ist sie inzwischen gewaschen und ergänzt durch ein wenig Wechselwäsche.

Überhaupt, ich will das Gute sehen. Wir dürfen ab sofort Briefe schreiben und auch Post empfangen, also antwortet mir! Bald schließen wir uns in die Arme. So viel für jetzt, im nächsten Brief berichte ich mehr.

Euer Thomas

8 Paul

Indien war sein letztes Abenteuer. Er hatte weit weggewollt, dorthin, wo die Welt noch anders ist, und das Gefühl der Fremdheit war allgegenwärtig, aber nirgends so stark wie in den Tempeln, wo sie Zeugen von Ritualen wurden, die nicht für sie bestimmt waren und deren Sinn sie nicht begriffen. Er erinnert sich an ermüdenden Wechselgesang und stickige Luft, an den Lärm, wenn sie wieder hinaustraten, und an die Gerüche in den Straßen. An die feuchte Hitze im Tal des Ganges erinnert er sich und an den unfassbar weiten Blick von den südlichen, niedrigeren Ketten des Himalaya und vor allem an seine Unerschütterlichkeit und wie einfach alles war: weltgewandt mit 19, alle Wege offen, jede Schwierigkeit beherrschbar, das Leben ein Spielfeld zu Füßen eines Dreitausenders.

Er ist auf dem Parkplatz der Firma angekommen, stellt den Wagen ab und den Motor aus, bleibt sitzen und misst mit den Augen den Weg bis zum Eingang, als gelte es, ein Hindernis zu überwinden. Dann gibt er sich einen Ruck.

Der Firmensitz liegt eingeklemmt zwischen sechzehnstöckigen Fertigbau-Hochhäusern und einem Supermarkt. Ostdeutsche Platte in Westdeutschland. In den 60ern, hat ein Kollege erzählt, hatte die Neue Heimat hier ein Viertel mit 1.000 Wohnungen hochgezogen, um die Wohnungsnot zu lindern. Damals hatten noch Familien in Barackenlagern gelebt, die nach dem Krieg über die zerbombte Stadt verteilt worden waren. Der Kollege, ein kauziger Lulatsch aus der Buchhaltung, hat berichtet, wie er als Kind vom Balkon in einem der oberen Stockwerke die Schießübungen verfolgen konnte, die auf dem nahe gelegenen Truppenübungsplatz stattfanden – mitten in der Stadt. Inzwischen sind erst die belgischen Soldaten, dann die Bundeswehr abgezogen, und wem für die Unterhaltung Fernsehen und Internet nicht reichen, der beobachtet Passanten.

Ein Pudel schaut aus einem Fenster, kläfft auf den Parkplatz herunter und sieht Paul dabei zu, wie er sich der Firmenzentrale nähert. Die ist von frappierender Langweiligkeit: ein grauer Kubus, am Eingang ein Buchsbaum im Blumentopf. Paul fragt sich, ob der Pudel im Fenster derselbe ist, den er einmal an den Buchs hat pinkeln sehen. Das alles, diese Mittelmäßigkeit, wurmt Michael, wurmt ihn zunehmend. »Die Zukunft sollte nicht in einem Haus des 20. Jahrhunderts wohnen«, lässt er gerne wissen, aber, wie er stets hinzufügt, als CEO müsse man eben pragmatische Entscheidungen treffen. Mit dem Bau der Produktionshalle habe er einen vernünftigen ersten Schritt getan, raus aus dem engen »Hällchen«, in dem seine Roboter und ein paar Arbeiter die Elektronik zusammenbauen. Ohne Zweifel werde bald ein Büro-Neubau mit bepflanzter Fassade und sonnenstromaktiven Fenstern folgen.

DroneCon produziert Drohnen für drinnen. Die Firma hält ein Patent für eine Technik, die mit künstlicher Intelligenz Drohnen auch in Werkhallen oder anderen Gebäuden autonom und millimetergenau steuert, was nicht einfach ist, weil unterm Dach kein GPS-Signal ankommt. Die Industrie reißt ihm seine Geräte aus den Händen, um damit Lecks in Druckluftleitungen aufzuspüren oder Inventuren in Lagerhallen zu vereinfachen und dergleichen. Ganz zu schweigen davon – und man schweigt tatsächlich –, dass sich auch die Rüstungsindustrie inzwischen für diese Methode interessiert, auf Satellitensignale zu verzichten. Michael bestimmt die Preise. Er hat das richtige Timing gehabt und war schon am Markt, als andere das Geschäft erst aufbauten. Dabei ist Michael nicht einmal Ingenieur. Er ist Draufgänger. Ein unerschütterlicher Optimist mit »ruhendem« Informatik-

Studium und Startkapital von seinem Vater. Früh hat er die richtigen Leute eingestellt und das Nötige gelernt. »Man muss nicht viel können, nur eins: schnell sein«, ist eine seiner Weisheiten. Die Firma ist in atemberaubendem Tempo gewachsen und groß genug, um einen Spezialisten für englische Literatur des 19. Jahrhunderts zu beschäftigen, dessen größte Qualifikation es ist, zur Familie zu gehören – oder fast. Groß genug für Paul.

Paul betritt den Empfangsbereich, winkt der Rezeptionistin einen Gruß zu und steuert den »Lösungsraum« im zweiten Stock an, um sich dort einen Schreibtisch zu suchen. Auch so ein Angeberwort, »Lösungsraum«. Paul betritt den Raum schon des Namens wegen widerwillig. Es gibt weniger Arbeitsplätze als Kollegen, da ohnehin immer einige woanders arbeiten. Michael hat das bislang »Desk Sharing« genannt, seit Neuestem nennt er es »Hot Desking«. Für beide Bezeichnungen hat er unterschiedliche Begründungen, es läuft aber auf dasselbe hinaus: Kampf um die besten Plätze. Paul versucht, das Konzept zu unterlaufen, indem er seinen Schreibtisch abends nicht aufräumt und Reste seiner Zwischenmahlzeiten hinterlässt. Das klappt nicht immer.

»Wenn du dein Käsebrötchen suchst, schau im Mülleimer.« Marek ist knapp 30, schlaksig und lächelt in der Regel aus einem Kapuzenpulli heraus. Er leitet die Gruppe der Programmierer. Ein Typ, den man sympathisch finden könnte, würde man nicht einen Kleinkrieg um die guten Schreibtische führen.

»Hallo, Marek. Dir auch einen schönen Tag.«

»Hallo, Paul. Na, alles fresh? Hat's länger gedauert?« Seit er registriert hat, dass es zwischen Paul und dem Chef nicht mehr läuft, wird der Bursche vorlaut.

»Mobile Arbeit heißt so, weil man dabei unterwegs ist«, entgegnet Paul und sieht sich um. Viele Schreibtische sind heute frei, aber keiner der begehrten im hinteren Teil des Großraums, wo man alles im Blick und den Rücken frei hat. Er steuert einen Platz am Fenster an. Der Lösungsraum hat Glaswände bis zum Boden, obwohl die Aussicht – Straße, Edeka, Hochhäuser – dies nicht rechtfertigt. Nachmittags spiegelt sich, wenn sie scheint, die Sonne auf den Bildschirmen; die Jalousie, die das verhindern soll, funktioniert mit einer Automatik, deren Regeln niemand versteht. Doch heute ist der Himmel unkompliziert grau.

»Wie sieht die Halle aus?«

»Sie kommen voran. Der Architekt sagt, in einem Vierteljahr ziehen wir ein.«

»Wir im Sinne von *wir* oder im Sinne von *die Techniker*?«

Seit durchgesickert ist, dass im neuen Gebäude auch Büroräume entstehen, machen Spekulationen die Runde, das Entwicklungsteam solle zusammen mit der Produktion rausziehen vor die Tore der Stadt. Für die Kollegen aus der Produktion mag der Auszug aus dem Hällchen eine Verbesserung darstellen – unter den Entwicklern löst die Vorstellung, in die Peripherie geschickt zu werden, Panik aus.

»Ich weiß da nicht mehr als du, Marek.« Paul kontrolliert, dass sein Telefon sich im WLAN angemeldet hat, und überspielt die Fotos von der Gebäude-Elektrik. »Ist Michael da?«

»Mike ist in einer Besprechung im Ideenraum. Hast du draußen in der Prärie was zu essen gefunden?«

»Wir können uns auf eine Imbissbude freuen.«

Marek verzieht das Gesicht. »Lecker, lecker, jeden Tag Pommes mit Bratwurst. Vielleicht hat der Umzug doch seine Vorteile – für die Techniker.«

»Vielleicht sind Vegetarier auch vom Umzug befreit«, stichelt Paul. »Wegen Unzumutbarkeit. Darauf könntest du dich berufen.«

Sein Kollege grinst. Marek ist es gewohnt, dass die Dinge gut für ihn ausgehen. In der Firma läuft ohne ihn nichts und der

Chef weiß das. Er nimmt seine Jacke von der Garderobe und fragt in den Raum, wer ihn auf ein spätes Mittagessen zum Vietnamesen begleitet. Vegane Frühlingsrollen sind im Angebot. Dann wendet Marek sich wieder Paul zu.

»Ich mag dich auch, Paul«, behauptet er. »Wenn du Lust hast – wir gehen Freitag Abend auf eine Performance am Güterbahnhof. Überleg's dir. Ich glaube, es täte dir gut, mal unter Leute zu kommen.«

Dann salutiert er ironisch und verlässt mit zwei Kolleginnen den Raum, zwei der nettesten, wie Paul nicht entgeht. Paul schaltet den Rechner ein und bereitet sich auf seine nächste Aufgabe vor: Die englische Website wird neu aufgesetzt und er prüft und testet die Seiten. In ein paar Tagen ist ein Zwischenbericht über die *usability* der Seite fällig.

Während der Rechner hochfährt, blickt Paul aus dem Fenster auf die Scheitel seiner Kollegen, die über den Parkplatz laufen. Hat Marek das mit der Performance ernst gemeint? Wenn ja, dann ist es die zweite Einladung gewesen, die er heute bekommen hat. Das ist ihm lange nicht passiert.

Marek ist bestens gelaunt, zappelt mit den Armen und tänzelt nach links und rechts, seine Begleiterinnen werfen ihre Köpfe in den Nacken und lachen, eine von ihnen ahmt Marek nach. Woher nehmen sie die Energie, wundert sich Paul. Die drei biegen um eine Häuserecke und verschwinden aus seinem Blick. Zu Pauls Füßen liegt der menschenleere Firmen-Parkplatz. Nicht die Ganges-Ebene.

9 Paul

»Danke für die Fotos.« Michael lächelt hinter dem Schreibtisch sein CEO-Lächeln, breit und durchsichtig wie das Panorama-Fenster hinter ihm. Paul bereut kurz, das Büro aufgesucht zu haben. Andererseits – es muss sein. Und die Gelegenheit ist gut, Michaels Laune ist prächtig. Am Vormittag, hat der Flurfunk gemeldet, ist eine Videobotschaft des saudischen Verteidigungsministers eingegangen. Der Minister persönlich. Jeder kann sich denken, was er braucht.

Um entspannter zu wirken, lehnt Paul sich gegen den Türrahmen. »Ich nehme an, du hast die Bilder nicht angeschaut?«

»Ich bin gerade total busy, busy, busy, entschuldige. Aber toll, dass du rausgefahren bist. Vielen Dank, super Einsatz!«

Das Telefonat am Morgen scheint nicht stattgefunden zu haben, jedenfalls lässt sich Michael nichts anmerken; das könnte Paul beruhigen, macht ihn aber nur wütender. Er hört selbst, wie gepresst seine Stimme klingt. »Ich muss mit dir reden. Nicht über die überflüssigen Bilder von dieser bescheuerten Fabrik, sondern über Julie.«

»Produktionshalle, nicht Fabrik, Paul, und an ihr ist rein gar nichts bescheuert. Wir haben doch vor Kurzem alles zum x-ten Mal beredet. Auf dem Parkplatz. Gibt es noch etwas?«

»Nichts haben wir beredet, jedenfalls du nicht«, zischt Paul. Er spürt, wie ihn die Wut aufheizt. Die Michael-Wut, die er in der letzten Zeit so häufig bekommen hat. Er überwindet sich, seinem Schwager in die Augen zu schauen. Nicht wegsehen, fest bleiben, ihn zur Antwort zwingen. Dann sieht er doch zur Seite. Dann wieder in die Augen.

»Du weißt, wo deine Schwester ist. Sag es mir. Es ist wichtig für mich, Michael. Mike.«

»Ich hab alles gesagt, was ich sagen kann, und ich hab jetzt wirklich keine Zeit.« Michael bleibt ungerührt. »Wenn du willst, können wir mal mittags zusammen essen gehen. Nächsten Mittwoch hätte ich Zeit. Beim Vietnamesen?«

»Fick dich.«

Paul wendet sich zum Gehen und sieht, dass im Vorzimmer die Sekretärin aufgestanden und näher gekommen ist. Andrea hat Sport studiert und ist eine passable Leichtathletin. Er weiß, dass sie über Michael lästert, wenn er es nicht hört, über sein Alpha-Gehabe und seine aufgesetzten Launen, aber sie widerspricht ihm nie und notfalls würde sie körperlich mithelfen, Paul hinauszuwerfen. Er dreht sich noch einmal um, will etwas sagen, aber er hat augenblicklich wieder vergessen, was. Michael sitzt immer noch in seinem Ledersessel, blickt ihn herausfordernd an und hebt die Stimme kein bisschen.

»Du weißt, dass es Gesetze gegen Stalking gibt, oder?«

Paul ist zu erschöpft, um noch etwas zu erwidern. Vom Verprügeln ganz zu schweigen.

10 Tom

8. Januar 1915

Lieber Vater, liebe Mutter,
die Poststelle hat ausgerichtet, dass mein Brief nicht durch die Zensur gekommen ist, auch wenn man mir den Grund nicht mitteilte. Nun gut, hier Versuch Nummer zwei. Ich werde auf alles verzichten, was kriegsbedeutsam sein könnte.

In Kürze: Ich lebe. Ich bin wohlauf, sieht man davon ab, dass mir ein Glied am kleinen Finger meiner rechten Hand fehlt – ein Witz, den sich das Schicksal inmitten der Schlächterei erlaubt hat. Ich bin in Gefangenschaft, die Deutschen haben mich in ein Lager in der Mitte des Reiches gesperrt; in der Ferne sehe ich die Ränder der preußischen Provinz-Hauptstadt Cassel. Man weiß, dort unten leben Menschen, jedoch man weiß auch, egal wie lange wir hier noch festgehalten, wie lange wir noch zu ihrer Nachbarschaft gezwungen werden, man wird ihnen nie begegnen. Was mag sie bewegen? Der Krieg von der anderen Seite natürlich. Sicher sind sie überzeugt, dass es sich lohnt, für all dies zu kämpfen, für ihren Kaiser und für dieses fahle, geduckte Etwas von einem Land.

Zu allen Seiten ist die Stadt von Bergen umgeben, mittelmäßigen Höhen, wintergrauen Kuppen, gleichgültig bestanden von kahlen Bäumen. Bei klarer Sicht ist im Westen zwischen zwei Bergrücken ein Protzgebilde erkennbar, ein albernes, schlecht proportioniertes Monument, auf dessen Spitze eine Figur herumlümmelt; es mag die Darstellung einer Sagenfigur oder des Fürsten sein, der dieses Spukschloss hat erbauen lassen. Man möchte sie herunterschießen wie ein Rebhuhn. Wenn Ihr eine Karikatur unseres stolzen Jubilee Towers in unserem geliebten Darwen sucht – hier fändet Ihr sie.

Dass beinahe wöchentlich neue Gefangene ankommen, vor allem Franzosen, aber letztens auch viele Russen von der östlichen Front, nehmen die deutschen Wachen als Zeichen ihres nahenden Sieges. Ich brauche vor Euch über den Kriegsverlauf nicht zu spekulieren und den Zensor herauszufordern. Ihr wisst es besser als ich, Ihr dürft Nachrichten lesen.

Für uns ist die Front fern. Unser Kampf geht gegen das Ungeziefer, das Wetter und die Langeweile. Es hat zuletzt viel gereg-

net, aber der Regen kommt nicht wie bei uns in Lancashire mit dem Wind, sondern rieselt tagelang aus einem unbewegten Himmel herunter. Der Boden ist aufgeweicht, die Stiefel bleiben im Morast stecken, wenn wir die Ameisenpfade verlassen, die lückenhaft mit Bohlen befestigt sind und von einer Baracke zur anderen führen, von den Baracken zu den Latrinen oder zum Appellplatz. Auf dem Boden liegt jede erdenkliche Art von Unrat: Brotrinden, Heringsköpfe, Lumpen, Scherben, Zigarrenstumpen der Wachoffiziere, um die sich freilich schnell die Gefangenen balgen. Jede Baracke ist in vier große Räume unterteilt, in denen jeweils 150 bis 200 Mann schlafen. Einige der Männer erleben den Granatenhagel im Schlaf nach. Ihr könnt Euch denken, wie ruhig die Nächte da sind. In unserem Raum sind wir hauptsächlich Engländer, im Raum nebenan hausen Schotten und Iren. Der Rest des Gebäudes wird inzwischen von Franzosen mit pomadigen Schnauzbärten belegt, mit denen kaum ein Gespräch möglich ist.

Gestern Nacht ist der Regen angeschwollen und Wasser lief durch unsere Baracke. Ein Kamerad bemerkte das Rinnsal, das auf der einen Seite eindrang, sich auf dem Dielenboden verbreitete und zur anderen Holzwand wieder austrat. Glücklicherweise ist nicht unser Raum betroffen. Heute haben wir mit vereinten Kräften versucht, das gesamte Gebäude zur oberen Seite hin abzudichten. Die Wachen haben uns dafür etwas Holz, Leinen und Pech zur Verfügung gestellt. Lange können diese Zustände nicht gutgehen. Was passiert, wenn dieser Krieg nicht in den nächsten Monaten endet?

Noch kräftezehrender als die Unwetter ist der Müßiggang. Tausende Männer, gewohnt, mit ihrer Hände Arbeit ihr Brot zu verdienen oder mit der Waffe ihre Freiheit zu verteidigen, sind zur Untätigkeit verdammt, tagein, tagaus. 6 Uhr ist Wecken, nach dem Bettenmachen und Waschen folgt das Frühstück, um 12 Uhr gibt es Mittagessen, um 19 Uhr Abendbrot, danach einen Appell. Um 21 Uhr wird das Licht gelöscht. Dazwischen: nichts.

Die Leere lässt das Schlechte im Menschen hervortreten. Häufig kommt es zu Raufereien, meist wegen Nichtigkeiten: Wer hat dies gesagt, wer jenes? Einige Kameraden denken sich Spiele zur Ablenkung aus, alberne Wettkämpfe oder törichte Wetten, welcher Vogel sich als Erstes vom First erhebt oder dergleichen. Martin, der auf der Pritsche neben mir schläft, ist im Besitz eines Kartenspiels. Er kennt eine Anzahl kurzweiliger Spiele – Trumps, All Fours und einige anspruchsvollere – und auch wenn ich weiß, dass ihr das Kartenspiel missbilligt, hier ist es mir ein willkommener Zeitvertreib.

Martin hat ein fröhliches Naturell, er findet noch in unserer Situation das Beste. Er kommt aus Liverpool, gerne gibt er den Mann aus der großen Stadt, weiß dies, kennt jenes. Aber wenn ich ihm von meiner Zeit beim Viscount berichte, von den Tischgästen aus dem Königshaus, die ich bedient habe, von den Abendgesellschaften mit den Admirälen, davon, wie jener ist, was dieser macht, wie groß das Haus ist und wie fett die Tafeln, dann hört er schweigend zu und ich spüre deutlich eine Sehnsucht nach Rang und Ordnung, die in Liverpool keine Erfüllung findet.

Nun gut, so viel für den Moment. Sorgt Euch nicht um mich. Ich bin am Leben, ich habe ein festes Dach über dem Kopf und gute Menschen um mich, und was noch nicht gut ist, wird gut werden.

Wie geht es Euch, wie geht es den Geschwistern? Schließt Walter und Priscilla für mich in die Arme. Und schreibt mir, ich bitte Euch.

Euer Euch liebender Sohn Thomas

11 Paul

War die Katastrophe vermeidbar? Seine Gedanken kehren immer wieder zu dieser Frage zurück. Wo war der Punkt, an dem er das Blatt hätte wenden können?

Paul hat schlecht geschlafen, eigentlich gar nicht, steht unter der Dusche und sieht zu, wie die Smileys auf dem Plastikvorhang hinter dem heißen Dampf verblassen. Dafür taucht Julie auf, aber wie immer nur als Stimme in seinem Kopf.

Sie fragt: Was erwartest du denn von einer Beziehung, die mit einem Datingportal beginnt?

Er hasst sie für den Ton, in dem sie das sagt. Auch wenn er nicht weiß, ob sie die richtige Adresse dafür ist: Wen muss er hassen für das, was sie in seinen Gedanken sagt, sie oder sich selbst?

Fang nicht schon wieder damit an, sagt er. Denkt er. Er kennt dieses Gespräch schon, will mit diesem Irrsinn aufhören, aber hält ihr dann doch entgegen: Was macht es denn für einen Unterschied, ob der Zufall oder ein Algorithmus zwei Menschen zusammenführt? Dass ausgerechnet ich ausgerechnet dies ausgerechnet dir erklären muss.

Paul erinnert sich an die ersten Treffen, den Spaziergang am Fulda-Ufer. Dass er ihr seinen Schal geliehen hat, was sie erst ablehnte, aber der Wind war sein Komplize. An die zurückkehrenden Kraniche über ihnen. Die alten Römer haben in ihnen Glückssymbole gesehen, meinte Julie, aber da verwechselte sie etwas.

Dieser Tag – das waren ganz wir. Oder? Was war es für dich?

Julie antwortet nicht.

Er erinnert sich auch daran, wie sie das erste Mal ausgegangen sind. Ihr Kupferglanzhaar und die Wangen, die sich in der

Gaststättenwärme röteten. Zum Abschied küssten sie sich nicht. Aber sie waren sicher, sie mussten sich wiedersehen.

Paul dreht das Wasser noch heißer, senkt den Kopf, bietet den Strahlen seinen Nacken an und ist befremdet von dem, was er sieht oder besser: von dem, was er nicht sieht. Seit wann ist sein Bauch dermaßen im Weg?

Still rechtfertigt er sich für die vergeuderischen, kostbaren Minuten, in denen das Wasser seinen Körper hinunterfließt und rote Bahnen auf seiner Haut hinterlässt. Nutzlos, Julie tadelt ihn für die Verschwendung und Julie behält das letzte Wort. Wasser ist kostbar. Er stellt die Brause ab, schiebt die Smileys beiseite und steigt aus der Dusche.

Julie hat ihm den Job bei ihrem Bruder verschafft, als sein Vertrag an der Uni nicht verlängert wurde. Die fetten Jahre, als die Absolventen vom Arbeitsmarkt aufgesogen wurden, waren vorbei. Aber: sein exzellentes Englisch, viel besser als das von Michael und besser sogar als das von Julie. Seine Aufnahme in die Firma war mehr als eine Gefälligkeit.

Anfangs hatte er sich in das Auslandsgeschäft des Start-ups eingebracht: Verhandlungen mit den Abnehmern in der Industrie, Akquise, Messen, so etwas. Die Hierarchie, an der er am Lehrstuhl gescheitert war, gab es hier nicht. Eine junge Firma auf dem Weg nach oben. Die Laune prächtig. Es war leicht, Erfolge einzufahren. Dann aber wurde deutlich, dass das schlechte Englisch der anderen verzeihlicher war als sein mangelndes technisches Verständnis, dass es ausgezeichnete Übersetzer-Apps gab und dass er bei den Verhandlungen nicht mehr benötigt wurde. Paul wechselte ins Projektmanagement. Seine Teamleiterin brauchte nicht lange, um festzustellen, dass er dort nicht hingehörte.

Inzwischen beschäftigt Michael ihn mit Bullshit-Aufgaben. Um ihm zu zeigen, wie nutzlos er ist, denkt Paul, oder um ihm zu zeigen, dass sie keine Schwager mehr sind, nicht einmal auf die inoffizielle, unangeheiratete Art. Auch wenn Michael das nie ausspricht.

12 Paul

Mit schrumpeligen Fingern öffnet Paul das Badfenster, um den Dampf hinauszulassen, und wechselt ins Schlafzimmer. Hose und Pullover pflückt er vom Boden, wo er sie am Abend fallen gelassen hat, er hat nicht vor, heute auf sein Äußeres zu achten. Während er die Arme durch die Ärmel schiebt, geht er in die Küche. Er holt sich die Reste einer Pizza aus dem Kühlschrank, schiebt die kalten, labbrigen Fetzen in den Mund, greift zum Handy und liest Schlagzeilen, ohne sie aufzunehmen. Den letzten Bissen kauend leert und spült er die Espressokanne, löffelt Kaffeemehl in den Trichter und stellt sie auf den Herd. Die Heizung gluckst. Paul öffnet auch das Küchenfenster und hält den Kopf hinaus. Kein Wind, kein Regen, nicht warm und nicht frostig.

Soll ich das Rad nehmen, fragt er Julie still.

Im Büro ist eine Besprechung wegen der neuen Website angesetzt, in Präsenz. Der Weg ist weit, aber die Bewegung würde ihm sicher guttun. Ob er es mit dem Rad sogar bis zum Keilsberg schafft, wenn Michael ihn das nächste Mal auf die Baustelle kommandiert?

Während er der Julie in seinem Kopf von seinem letzten Besuch dort berichtet, von der Wucht, die die Halle gewonnen hat, vom Blick über die Stadt und von seiner Entdeckung des weißen Friedhofs und während er sich vorstellt, wie Julie ihn mit klaren

Augen ansieht und alle Neuigkeiten aufnimmt, um ihn danach etwas Kluges zu fragen, steigt der Kaffee in der Kanne auf und faucht.

Paul war ein Jahr vor ihr nach Kassel gezogen. Er ging nicht oft aus, mit den Monaten verschaffte er sich jedoch einen Überblick, eine Kenntnis von den Möglichkeiten dieser Stadt, die er dann aktivierte, als Julie auftauchte. Man kann sagen, mit ihr kam er ein zweites Mal an.

Ihr Frühjahr wurde zu einem sonnigen, aber milden Sommer, und mehrmals bestaunten sie die Wasserspiele im Park, bei Sonnenschein radelten sie die Fulda hinab und hinauf und häufig gingen sie tanzen, etwas, das er zuvor lange nicht getan hatte. Paul führte sie ein – seine wunderschöne neue Freundin, die weit gereiste, weltläufige, zukunftsgewandte Datenanalystin an seiner Seite. Und sie führte ihn aus. Sie knipste ihn an. Ob er ohne sie je so viel erlebt hätte? So viel empfunden?

Paul lässt die leere Kaffeetasse in die Spüle gleiten. Von dem Tag, der vor ihm liegt, erwartet er nichts. Vor Julie hatte er sich verloren gefühlt, überfordert von wechselnden Ansprüchen seines Professors, verunsichert durch befristete Verträge und bedroht durch das Gerücht, in absehbarer Zeit käme ein neues Programm auf den Markt, das weite Teile seiner Arbeit der letzten Jahre in einer Stunde erledigt. Dann kam sie. Ihre Sicherheit gab ihm Sicherheit, ihre Ruhe machte ihn mutig und tatkräftig. In ihrer Gegenwart war er besser, als er sich eigentlich fand. Aber nur so lange, wie sie ihn gewollt hatte. Bis sie ihn ausknipste.

Er fährt mit dem Auto ins Büro und absolviert den Tag. Mit jeder Stunde nähert er sich einem Wochenende, mit dem er nichts anzufangen weiß.

13 Tom

20. Januar 1915

Lieber Vater, liebe Mutter, liebe Geschwister,
ist mein Brief angekommen? Der Leiter der Schreibstube hat mir
versichert, dass er die Zensur passiert hat. Ich übe mich in Ge-
duld – dass die Postwege zwischen verfeindeten Staaten rei-
bungslos funktionieren, während man sich auf dem Schlachtfeld
in Stücke schießt, ist wohl zu viel der guten Hoffnung.

Um Müßiggang und Stumpfsinn zu entgehen, erwäge ich,
auf ein Angebot einzugehen: Der Offizier, der die Schreibstube
leitet, spricht ausgezeichnetes Englisch, und wir kamen, als ich
nach dem Verbleib meiner Post fragte, ins Gespräch. Er schätzt
alles Britische, beteuert er, hat einige Zeit in Schottland ver-
bracht und interessiert sich sehr für die Stellung beim Viscount,
die ich vor meiner Zeit als Soldat hatte. Vom Rang der Gäste, die
ich bedient habe, zeigt er sich beeindruckt und will immer Neues
wissen von den Verwandtschaften und Beziehungen des Hauses
bis in die Königsfamilie und auch, wie lange ich als Lakai ge-
dient habe und wie man in England dieses oder jenes serviert.
Schließlich fragte er mich, ob ich mich zum Dienst in der Lager-
verwaltung melden will, genauer im Casino der Offiziere. Dort
werde jemand mit meinen Fähigkeiten gesucht.

Viele Männer werden inzwischen zur Arbeit herangezogen,
die Unglücklicheren leeren die Latrinen, das möchte ich mir
nicht antun. Meist sind es sowieso die Russen, die diese Arbeit
übernehmen und denen dies nichts auszumachen scheint. Viel-
leicht sind sie es nicht besser gewohnt aus ihren ärmlichen Dör-
fern. Ein verlaustes, grobes, schweigsames Volk ist das, sie mö-
gen unsere Waffenbrüder sein, aber ich bin froh, wenn sie auf
Abstand bleiben. Stinken tun sie, als seien sie dazu geboren, La-

trinenfässer zu füllen und hin und her zu schaffen. Vor einigen Tagen sind zugweise neue Russen eingetroffen, zuvor schon immer wieder einzelne Serben, jene stumm, diese allesamt laut bis zur Schmerzgrenze. Warum verschickt man Serben nach Preußen und behält sie nicht auf dem Balkan? Als gäbe es hier Platz. Im Lager leben mittlerweile an die 20.000 Mann auf der Fläche von wenigen Äckern. Denkt Euch, halb so viele Menschen wie in unserem ganzen Darwen!

Andere Gefangene verstärken die Baracken oder ebnen das Gelände ein, wenn eine neue gebaut wird. Nach und nach werden die Zelte ersetzt. Der Himmel weiß, warum die Deutschen dieses Lager nicht von vornherein an einem Ort errichtet haben, der nicht erst mühsam dafür vorbereitet werden muss.

Wieder andere arbeiten in der Wäscherei und kommen mit rissigen Händen von den Bottichen zurück. Da erscheint es mir doch besser, in einem Casino die Offiziere zu bedienen. Wenn ich auch ihrer Sprache kaum mächtig bin, so habe ich doch in einem großen Haus gedient und weiß um die Umgangsformen. Wer Mitgliedern der königlichen Familie, Admirälen und Ministern serviert hat, der wird in einem Casino nicht stolpern. So hat es vielleicht selbst an diesem Ort und in dieser Lage noch seinen Vorteil, dass ich damals, wie Du es vorgeschlagen hattest, in den Dienst des Viscounts getreten bin. Wir werden sehen, was daraus erwächst.

Sagt, wie geht es Euch in der Heimat? Lasst mich wissen, wie sich Walter schlägt, ich bin sicher, er meistert alle Herausforderungen, die sich ihm stellen, hervorragend. Und Priscilla? Lerne tüchtig in der Schule, Schwesterchen, und geh Deiner Mutter zur Hand. Seid nur recht fleißig und betet für das Ende dieses Waffengangs und meine Heimkehr. Ich vermisse Euch.
Euer Sohn und Bruder Thomas

14 Madelaine

Geliebter Thomas,

wie haben wir Nachricht von Dir ersehnt! Du lebst, Du lebst. Unsere Gebete wurden erhört. Thomas, uns fehlen die Worte. Alles, was wir bislang erhielten, war ein Schreiben der Armee, dass Du vermisst bist. Wir haben wenig geschlafen in den letzten Monaten, wenig geredet, wenig gegessen, wenig gelebt, an wenig anderes gedacht als an Dich. Fast jeden Tag haben wir in der Kirche Trost gesucht, selbst Walter ist mitgekommen. Priscilla war fast völlig verstummt, sie ist in Dein altes Bett im Jungenzimmer umgezogen, um nachts nicht alleine zu sein. Deine Geschwister denken an Dich. Deine Eltern sowieso. Monatelanges Bangen und dann kamen gleich zwei Briefe von Dir am selben Tag. Deine Hand wird genesen, sei zuversichtlich. Untersteh Dich, Dich für Deine Schrift zu entschuldigen! Was zählt, ist das Leben.

Wir haben im Gemeindezentrum nach dem Atlas gefragt, um nachzuschlagen, wo Du jetzt bist. Auch wenn es in der Tat kaum von Bedeutung ist, ob man Dich nun im Norden, Osten, Süden oder Westen Deutschlands gefangen hält. Nur das Klima mag sich unterscheiden. Ist der Winter bei Euch rau? Hast Du es warm genug? Was schreibst Du da von Kartenspielen und ob wir das missbilligen würden, es spielt doch gar keine Rolle! Bei allem, was Du erdulden musst.

Uns geht es gut. Wir sind alle gesund und leiden keine Not. Im Laden ist sowieso alles beim Alten, nur kaufen die Leute weniger; wer will es ihnen verdenken. Die Preise steigen und sein Geld kann man eben nur einmal ausgeben. Walter hat Deinen Vater überredet, auch Gartengeräte zu verkaufen, die werden *immer gebraucht, sagt er, gerade aber jetzt, da sich die Menschen noch mehr aus dem eigenen Garten ernähren. Vater hat eher widerwillig zugestimmt denn aus Überzeugung, aber letztlich freut er sich über Walters Elan. Dein Bruder erweist sich als tüchtiger Kaufmann, Vater ist glücklich über seinen Eintritt ins Geschäft, wenngleich er mit Lob spart. Auch deine Schwester geht uns zur Hand, Priscilla ist ein wunderbares, starkes Mädchen. In der Schule ist sie fleißig und nach Dreikönig ist sie den Pfadfinderinnen beigetreten.*

Was schreibe ich von diesen Nebensächlichkeiten. Du lebst und wir warten voller Ungeduld auf Neuigkeiten von Dir. Alle küssen Dich.

Deine Dich liebenden Eltern und Geschwister

15 Paul

Also: aufstehen von diesem Stuhl. Es ist Freitag, es ist Abend, es ist dunkel. Die Woche liegt hinter ihm. Paul erhebt sich und steht jetzt in der Küche herum, in der er die letzte Stunde hat verstreichen lassen, darauf wartend, dass in ihm von selbst eine Entscheidung reift, ob er mit den Kollegen ausgehen oder zu Hause bleiben soll. Das ist nicht eingetreten.

Marek hat ihn noch einmal an die Performance im alten Hauptbahnhof erinnert, er hat Paul sogar eine Nachricht geschrieben. Drei Rechtschreibfehler auf zwei Sätze, aber darüber sollte einer, der selten eingeladen wird, hinwegsehen. Paul hat nun zwei Einladungen für dieses Wochenende; wenn er beide ausschlägt, dann muss er sich eingestehen, dass er wirklich einsam ist, und zu so viel Ehrlichkeit fehlt ihm der Mut. Dann lieber Marek als Frau Ochs, dann lieber Spektakel als ein Vortrag im Gemeindezentrum. Er kann ja mit dem Rad hinfahren, so bekommt er etwas Bewegung. Also zieht er sich eine Jacke an und steckt den Geldbeutel ein, nimmt dann doch wieder das Auto und fährt zum alten Bahnhof, an dem kaum noch Züge halten, der nur noch Hauptbahnhof heißt, um Reisende zu täuschen.

Was stattfinden wird, ist unklar. Der Titel der Veranstaltung ist so rätselhaft, dass er ihn nicht behalten hat – es wird *crazy*, hat Marek angekündigt. Eine Performance halt, in einer aufgegebenen Lagerhalle.

Etwa dreißig Menschen warten im Vorraum, als Paul ankommt. Er geht zu einem Tapeziertisch, auf dem eine improvisierte Kasse und Getränke stehen, und zahlt bei einer in Mund und Nase gepiercten jungen Frau für Eintritt und Bier. Die Flasche in der Hand tritt er zu den anderen Besuchern.

»Hallo«, grüßt er die bekannten Gesichter.

»Hallo«, grüßen die Gesichter zurück.

Sie sind zu sechst, vier Kolleginnen und er und natürlich Marek. Gemeinsam stehen sie herum. Ihm ist nicht danach, mit den anderen anzustoßen, er merkt, dass sie leiser sprechen, seit er dabei ist. Halbherzig versucht er eine Unterhaltung mit einer Kollegin aus dem Lösungsraum, es ist die, die Mareks Zappeln auf dem Weg in die Mittagspause nachgeahmt hat, aber so ungezwungen ist sie jetzt nicht. Sie führen ein stockendes Gespräch über nichts, bis ein schmächtiger Jüngling dem ein Ende macht.

»Die ersten zehn«, ruft der Jüngling und hält fünf Finger hoch. Zehn kann er nicht zeigen, weil er mit der anderen Hand die Eisentür aufhält, durch die er den Raum betreten hat. Zögernd setzen sich erst eine Handvoll, dann fast alle Besucher in Bewegung, nach kurzer Absprache hat sich eine Gruppe von

zehn Leuten gefunden, zu denen Paul und seine Kollegen gehören, ein kleines Mädchen zählt nicht mit, als der Vater es auf den
Arm nimmt. Sie treten an dem jungen Mann vorbei in einen engen Flur, es ist eine Schleuse in die Finsternis. Die Tür hinter
ihnen fällt zu, es ist dunkel, eine Tür vor ihnen öffnet sich mit
einem Quietschen und einem Luftzug, den Paul im Gesicht spürt,
aber er sieht nichts. Paul spürt auch, dass der Raum, den sie jetzt
betreten, weit ist, doch wie weit, kann er nicht ermessen, weil
nicht der winzigste Lichtstrahl eindringt.

»Nicht am Eingang stehen bleiben«, mahnt der Jüngling.
Füße schleifen über den Boden, ein Witzbold kalauert über das
Munkeln in der Dunkelheit, eine Frau ermahnt ihn, der Witzbold
schweigt. Alle schweigen. Einer von ihnen muss erkältet sein,
denkt Paul. Oder Raucher, so schwer, wie der atmet. Oder die.

Schlagartig fällt Licht von der Decke, in einem halben Dutzend Kegeln in einem weiten Kreis. In den Schlaglichtern stehen
Musiker um die Besucher herum, und augenblicklich beginnen
sie zu spielen, laut und hart, eine hypnotische Melodie, schwer
von Bässen und E-Gitarren, in immer gleichen Wiederholungen.
Paul hält sich die Ohren zu. Aber nur kurz, die Musik übt einen
Sog aus, er möchte sie hören, wie laut sie auch ist. Im Halbdunkel
inmitten der Lichtkegel sieht er den Vater mit dem Mädchen auf
dem Arm; es gräbt das Gesicht in seinen Bart, doch der Vater, der
wohl am besten mit ihr hinausgehen sollte, löst sich ebenso wenig wie Paul und hört nur zu, sieht nur hin. Bässe, Gitarren, auch
ein Schlagzeug. Die meisten Besucher stehen starr und wirken
völlig überfahren. Dann fangen einige an, den Kreis der Musiker
abzuschreiten. Andere, unsicher, was sie mit der Musik anfangen
sollen, beginnen zu wippen, zu tanzen. Ihre Disco-Moves passen
nicht zum Rhythmus, aber etwas anderes haben sie nicht. Ist das
überhaupt Musik oder ist es ein lang gezogenes Geräusch?

Dann entdeckt jemand die Schalter. Vor jedem Musiker steht eine Säule mit einem Schalter. Eine Frau löst sich aus der Mitte, tritt an die Säule vor einem der Bassisten und drückt. Der Lichtkegel, in dem der Mann steht, erlischt, sein Instrument verstummt, wie eine schlaffe Marionette steht der Bassist im Schummerlicht. Ungerührt spielen die anderen weiter. Die Frau drückt erneut und mit dem aufflammenden Licht setzt der Bassist wieder ein.

»Krass!«, schreit einer der Tänzer und zappelt zum Schlagzeuger herüber, um ihn aus- und wieder einzuschalten. Derselbe Effekt: Licht aus, Schlagzeug aus, Melodie spielt weiter. Licht an, Schlagzeug an. Aus, ein, aus. »Krass!«, ruft der Mann noch einmal und hört nicht auf zu tanzen.

Paul sieht in die Gesichter seiner Kollegen. Marek ist in der Mitte stehen geblieben, die Hände in den Taschen seines Kapuzenpullis, und tippt mit dem Fuß. Karen aus der Personalabteilung folgt dem Tänzer und knipst den Schlagzeuger wieder ein und lacht. Die anderen gehen zu den Musikern und machen es ihr nach. Das Kind fängt an zu weinen, aber der Vater bleibt. Paul will gehen und kann nicht, wie hypnotisiert lässt er den Krach durch seinen Körper rauschen. Vorzutreten und auf einen Schalter zu drücken, bringt er nicht fertig.

»Julie ...«, denkt er und weiß nicht, wie der Satz weitergeht.

Ebenso plötzlich, wie es begonnen hat, ersterben Licht und Musik und alle stehen im Dunkeln. Eine andere Tür öffnet sich, sie werden hinausgeleitet und müssen unter einer Straßenlaterne erst einmal ein bisschen blinzeln. Niemand spricht. Paul ist erleichtert.

Das war's, denkt er. Er hat versucht, ein Leben fortzusetzen, wie er es mit Julie geführt hat, Ausgehen, Kunst, Action. Geht nicht. Er winkt seinen Kollegen zu und steuert ohne ein weiteres Wort den Parkplatz an, auf dem sein Auto steht.

16 Paul

Als er nach Hause kommt, tut er alles, was er nicht mehr tun will. Aus der Küche holt er sich drei Helle und einen der Marzipan-Laibe, die er kurz nach Weihnachten im Angebot und auf Vorrat gekauft hat, dann legt er sich aufs Sofa. Er würde jetzt gerne einen Boxkampf sehen, diese veredelte Prügelei lenkt ihn manchmal ab, aber im Fernsehen läuft schon wieder kein Boxen, deswegen öffnet er seinen Rechner und die erste Flasche Bier. Schaum quillt aus der Öffnung. Paul setzt schnell an und trinkt die Flasche in einem Zug zur Hälfte leer, danach reißt er die Marzipan-Verpackung auf und beißt in die zuckrige Masse. Dass er mit dem Schoko-Überzug das Sofa vollkrümelt, weil er den Laib frisst, als wäre er eine Laugenstange, ist ihm egal.

In seinen Ohren wummert noch der Sound aus dem Bahnhof. In seinem Kopf sieht er noch die Schalter und wie einige Besucher die Musiker, die da vor ihnen stehen, ein- und ausknipsen wie Spielzeug. Er leert die erste Flasche, angelt sich die zweite und lobt sich für seine Weitsicht, dafür jetzt nicht aufstehen zu müssen.

Wie immer fängt er mit den Namen an. Paul tippt *Julie Mascarov* in die Suchmaschine und durchsucht die Ergebnisse bis zur achten Seite. Keine neuen Treffer. Dann *Juliane Mascarov*, das bringt aber auch nichts. *Margarete Mascarov*, auch ihr zweiter Vorname liefert keine Ergebnisse, und als er die Vornamen mit dem Mädchennamen ihrer Mutter kombiniert, erhält er ebenfalls keinen Treffer. Er versucht verschiedene Varianten ihres Nachnamens – *Maskarov, Mascaroff, Mascarow*, wer weiß denn, wie sie sich jetzt schreibt – und erhält eine Menge Seiten, aber auf keiner davon geht es um die, die er sucht, und wenn er ehrlich zu sich ist, hat er das auch kaum erwartet.

Als Nächstes versucht Paul die Rückwärts-Bildersuche. Seine Freundin hat in seiner Wohnung wenig hinterlassen außer einer mittelharten Zahnbürste im Badezimmerschränkchen und Bildern auf seiner Festplatte. Erst im Nachhinein ist ihm aufgefallen, dass ihre Geschenke nie Dinge, immer Erlebnisse waren: Theaterkarten, Reisen, Abendessen, so etwas. Aber die Fotos, die sind ihm geblieben, die hat sie nicht löschen können. Er lädt ein paar Bilder in die Suchmaske hoch und durchforstet die Vorschläge, die die Maschine ausspuckt: ähnliche Pose, ähnliche Haare, sogar ein paar typähnliche Frauen, deren Fotos er zum Teil bereits kennt, aber Bilder von Julie sind nicht dabei, zumindest keine, die jünger als ein halbes Jahr wären. Warum auch? Es ist unwahrscheinlich, dass er sie ausgerechnet so, ausgerechnet auf ihrem ureigensten Gebiet, dem Web, erwischt und herausfindet, wo sie jetzt ist. Dass ein neuer Arbeitgeber oder irgendjemand anders ein Foto von ihr auf seine Website stellt und dass ausgerechnet er, Paul, das Internet beherrscht, und es findet. Trotzdem versucht er es alle paar Wochen wieder.

Das Schlimmste an diesen erfolglosen Suchen ist immer das Ende. Wenn er mit der Bildersuche fertig ist, bleibt er jedes Mal bei den Fotos von ihr hängen, er durchsucht die Ordner, schaut ihr in die Augen. Paul betrachtet ein paar Selfies von sich und Julie und überlegt, ob man über diesen Bildtypus nicht eine Doktorarbeit schreiben sollte. Abermillionen austauschbare Paare in derselben Pose: Köpfe aneinander, dann grinsen, langer Arm fürs Handy. Wie mit der Schablone gemalt vergewissert man sich, dass man *eine gute Zeit hat.*

Eines seiner Lieblingsfotos zeigt Julie beim Tanzen im B5, da posiert sie nicht, er hat es überraschend aufgenommen, und sie war ein bisschen sauer, als sie es gemerkt hat, aber nur ein bisschen. Auf dem Bild lacht sie ihn an. Um sie herum die Masse der

Menschen, die ihm alle egal sind, die auch ihr egal sind, und mittendrin sie.

Er stürzt den Rest des zweiten Biers hinunter und öffnet das dritte. Dann ärgert er sich, dass er nur einen Laib Marzipan mitgenommen hat, dass er nun doch aufstehen und in die Küche gehen muss.

17 Paul

Mit Julie zu tanzen war jedes Mal wie ein Geschenk. An den Wochenenden sind sie oft ausgegangen, auch wenn Julie spöttelte, wie klein die Auswahl an Clubs in Kassel ist. Es blieb ihre einzige Klage über diese Stadt – erstaunlich für jemanden, der weite Teile der Welt gesehen hat. Gerne haben sie das B5 besucht, eine Bar in der Stadtmitte, in der Funk aufgelegt wird. Das B5 ist ausgesucht nachlässig eingerichtet, zerkratzte Nierentische, Polstermöbel im Stil der Fünfzigerjahre. Hinter der Theke leuchten regalmeterweise Spirituosen, die Tanzfläche ist klein und liegt hinten im Raum; das allein verlieh den Abenden schon etwas Intimes.

Julie bewegte sich zurückhaltend, mit dosierten, sanften, aber rhythmischen Bewegungen voller Spannung und hielt dabei zu ihm Blickkontakt, als sei dies eine Absage an den Rest des Clubs. Paul registrierte die Blicke der anderen Männer (und Frauen), die auf seiner Freundin ruhten. Dieser Anblick gehört zu den Erinnerungen, die er sein Leben lang bewahren will, und in der ganzen Zeit, die sie ein Paar waren, konnte er nur schwer fassen, dass dies nur für ihn war: ihr Lächeln, der Schweiß auf ihrer

Stirn, die wasserpflanzenweiche Linie ihrer tanzenden Hüften, der weiblichen Taille, ihrer wippenden Brust. Wenn er jetzt, in der Küche seiner von ihr verlassenen Wohnung, an diese Abende zurückdenkt, schmeckt er einen Tropfen Angst, der ihm schon damals die Freude vergällt hat: die Angst, dass er ihr nicht genug sein könnte. Aber da bringt seine Erinnerung etwas durcheinander, korrigiert er sich. Diese Angst ist erst später gekommen.

Manchmal arbeitete eine von Pauls Studentinnen hinter dem Tresen, eine auf athletische Art hübsche Ukrainerin, die an seinen Literaturkursen an der Uni teilnahm. Ordentliche Noten. Manchmal ein bisschen schlecht organisiert. Gelegentlich schenkte Iryna ihm einen Drink aufs Haus ein. Sie war begeisterte Sportlerin und hatte versucht, Paul erst für Volleyball zu gewinnen, dann für Yoga, beides vergeblich. An der Uni verlieh ihr das Gerücht, sie habe in ihrer Heimat einen T-72 abgeschossen, etwas Legendäres. Paul verdrängte den Gedanken, dass sie Menschen getötet hatte, und mochte sie. Offenbar mag sie mich auch, hatte Paul an jenem Abend gedacht, und am Gin Tonic genippt, mit dem er sich fürs Tanzen aufwärmte, denn Iryna hatte es gut mit ihm gemeint und einen Extraschluck Gin hineingekippt.

Julie und er waren früh gekommen, das B5 füllte sich spät, wie meistens trafen sie niemanden, den sie näher kannten. Es waren gute Momente, um sich vom Tag zu erzählen, schweigend die Gäste anzuschauen oder ein paar Worte mit den Bedienungen zu wechseln.

Weil noch wenig Betrieb war, setzte Iryna sich zu ihnen und begann ein belangloses Gespräch über eine Volleyballmannschaft, in die sie eingetreten war. Julie saß neben ihnen und hörte zu. Das Gespräch streifte die Lage in Osteuropa, doch niemand hatte Lust, über Politik oder Krieg zu reden. Sie leerten ihre Gläser, es wurde voller, und Iryna ging zurück zum Tresen, um ihren Kollegen nicht allein zu lassen.

»Die ist was für dich. Ruf sie mal an.«

Es war keine Ironie aus Julies Satz herauszulesen gewesen, auch keine Boshaftigkeit. Im Rückblick, aber das hatte er damals noch nicht verstanden, erschüttert Paul vor allem das Fehlen von Eifersucht, mit dem seine Freundin ihm eine andere Frau empfahl. Er wusste nichts zu erwidern, Julie wandte ihren Blick von der Theke ab, griff nach seiner Hand und zog ihn auf die Tanzfläche, die sich inzwischen füllte. Die Musik war laut und gut. Sie tauchten ein. Er empfand die Menge wie einen Kokon, in dem er ganz bei seiner Freundin sein konnte und sie, selbst tanzend, sprachlos betrachtete.

18 Paul

Am Küchenfenster klebt Vogeldreck in Form eines Ausrufezeichens und Paul fragt sich, seit wann. Er sitzt am Esstisch, wartet, dass der Kater nachlässt, und glotzt abwechselnd aus dem Fenster und in das viel zu kleine Display seines Telefons. Er müsste mal den Müll rausbringen, aus dem Eimer stinken Zwiebeln von vorgestern, aber jetzt gerade stört ihn das nicht. Die Küche ist für ihn der helle Ort, obwohl die Sonne, falls überhaupt, nur kurz hineinscheint und dann auf den schmutzigen Herd, aber ins Wohnzimmer, an den dunklen Ort, geht er nur nachts, wenn er nicht schlafen kann. Sobald er den Raum betritt, spürt er das Grübeln, das darin hängt. In der Küche führt er immerhin ein Leben, hier isst er, hier klappt er seinen Laptop auf, hier kann er es riskieren, an seine Freundin zu denken, und er denkt natürlich an seine Freundin, wenn er an gestern Abend denkt, obwohl sie doch bei der Performance im Bahnhof gar nicht dabei war.

Hast du so etwas schon mal erlebt? Musiker ein- und ausschalten?

Hm.

In London vielleicht? Oder Stuttgart? Was hast du da so gemacht, Julie?

Studiert.

Nach der Uni, meine ich. Abends. Komm schon, London ist eine Weltstadt. Wie war das?

Größer als Wetzlar. Lass uns was essen gehen.

Jungs?

Keine Reaktion.

Er muss gar nicht viel erfinden in seinen erfundenen Dialogen. Einbildung und Erinnerung verschwimmen. So oder so ähnlich verliefen die Gespräche immer, wenn Paul nach ihrer Vergangenheit fragte. Verriet sie überhaupt etwas, dann legte sie ihm Fakten auf den Tisch: Abschlüsse in Stuttgart und London, Jobs in Frankfurt, Wien, Barcelona, Düsseldorf. Ein Leben aus Umzügen und Fortschritten. Zweifel schien sie nie gehabt zu haben. Männer kamen nur als folgenlose Randfiguren vor.

»Es gibt keine Schatten, die ich vertreiben muss?«, erkundigte Paul sich einmal leichthin, doch sie schaute ihn nicht einmal an, als sie darauf nichts erwiderte.

Wenn sie ihm Einblicke gab, dann in die Welt des Internet-Trackings, der User-Profile, des Daten-Handels und was sie sonst an Schwarzer Magie beherrschte. Er verstand gerade genug davon, um zu schaudern, und beneidete sie zugleich um die Unabhängigkeit, die ihr diese *skills* verschafften – ein paar Fremdsprachenkenntnisse obendrauf und man war auf der ganzen Welt begehrt. Umso unklarer, was sie nach Kassel gebracht hatte. Gefragt hatte er sie mehr als einmal.

»Warum bist du in diese mittelmäßige Möchtegerngroßstadt gezogen, Julie?«

»Der Job ist gut bezahlt. Ich habe viel Verantwortung.«

»Ja, okay, aber das könntest du woanders auch haben. Warum?«

Keine Antwort.

Paul vermutet, dass eher die Nähe zu ihrem Bruder den Ausschlag gegeben hatte, der sich gerade selbstständig gemacht hatte. Zu ihm hat sie ein enges Verhältnis. Zu ihrer Mutter gar nicht. Ganz zu schweigen vom aus ihrem Leben verschwundenen Vater, der ihr in keinerlei Hinsicht zu fehlen schien, über den sie nie ein Wort verlor und wenn doch, dann kein gutes.

»Hast du gesehen? Nächstes Jahr spielt Sting in der Stadt, hast Du Lust?«

»Ich mag den nicht.«

»Stimmt doch gar nicht.«

»Das ist noch ewig hin, Paul. Was machen wir am Wochenende?«

»Wenn wir uns das anhören wollen, müssen wir jetzt Karten besorgen. Das ist sicher schnell ausverkauft.«

»Was weiß ich denn, was nächsten Sommer ist. Wir hatten doch abgemacht, nicht über so etwas zu reden.«

Nein, das hatten wir nicht abgemacht, Julie. Das hast du so für dich entschieden. Für uns entschieden.

19 Paul

Zu ihrem 60. Geburtstag wollte Julies Mutter zur allgemeinen Überraschung ihre Kinder besuchen, aber zwei Tage vorher sagte sie ab und fuhr lieber mit ihrem Freund nach Paris – sie hatte Übernachtungen in einem Luxushotel und Karten für die Oper gebucht. Paul nahm mit stiller Erleichterung auf, dass das Familientreffen ausfiel, und beteiligte sich gerne am Geschenk der Geschwister, einem Gerät zur Zubereitung von italienischem Eis.

»Braucht meine Mutter nicht, freut sie sich aber wahnsinnig drüber«, wie Julie anmerkte.

Paul gratulierte per WhatsApp: »Wir feiern Deinen Geburtstag auf der Tanzfläche«, und machte sich fertig, um Julie abzuholen. Sie hatten beschlossen, den Abend auch ohne das Geburtstagskind gemeinsam zu verbringen.

Schon an ihrer Haustür merkte er, dass etwas nicht stimmte. Julies Gesicht war wie versteinert, ihre Stimme gepresst. Ohne ihn anzusehen, trat sie aus der Tür.

»Lass uns das Auto nehmen. Aber du fährst«, bestimmte sie.

»Okay. Aber eigentlich ...«

»Können wir es so machen, wie ich es will? Ohne große Diskussion?«, fauchte sie. Immer noch kein Blick.

»Klar. Wie du meinst.«

Sie schlug den Weg zu ihrem Mini ein, der ein paar Meter weiter in der nächsten Straße stand. Paul schloss sein Rad ab, eilte ihr nach und ließ sich den Autoschlüssel geben.

»Habe ich was falsch gemacht?«, fragt er, bevor er den Motor anließ. »Sollen wir lieber zu Hause bleiben?«

»Fahr einfach.«

»Hast du deine Mutter schon angerufen?«

»Fahr einfach, habe ich gesagt.«

Iryna winkte ihnen zu, als sie die Bar betraten. Die Ukrainerin stand hinter dem Tresen und putzte Gläser. Ein grünhaariger DJ wippte hinter seinem Pult. Es war Samstag, die blaue Stunde. Die Bar begann gerade, sich zu füllen, gut gelaunte junge Menschen tröpfelten herein. Paul steuerte Julie zu einem Tischchen mit zwei zerschlissenen Ledersesseln. Kaum hatten sie Platz genommen, erschien Iryna mit einem ihrer frisierten Gin Tonics und einem Wein für Julie.

Paul wehrte ab: »Heute nicht, danke, ich muss noch fahren.«

Julie griff nach seinem Glas. »Den kannst du dalassen. Den Wein nimmst du wieder mit.«

»Okay«, sagte Iryna überrascht.

Paul bestellte Tomatensaft. »Wenn schon alkoholfrei, dann kann ich mich auch gleich richtig quälen«, versuchte er einen Witz.

»Machen wir heute einen auf cool oder was?« Julie schaute abschätzig. Sie schlug die Beine übereinander und wippte mit dem Fuß.

»Da muss ich bisschen in Kühlschrank kramen. Genießt den Abend«, wünschte Iryna, griff nach dem Weinglas, warf Paul einen Blick zu und verschwand Richtung Tresen.

»Was ist das denn jetzt?«, blaffte Julie. »Willst du deine kleine Freundin beeindrucken?«

»Sie ist nicht meine kleine Freundin. Und nein, ich versuche nicht, mit Tomatensaft Eindruck zu schinden. Ich muss noch dein Auto fahren.«

»Tut mir ja leid, dass ich euer schönes Gin-Tonic-Ritual versaut habe.«

»Alles okay bei dir?«, fragte er noch mal.

»Nerv mich nicht.«

Pauls Kiefer verspannte sich, er versuchte, das Thema zu wechseln. »Hast du deine Mutter erreicht?«

Julie sah ihn nicht an. »Ich hab gesagt, nerv mich nicht.« Sie setzte das Glas an und stürzte die Hälfte in einem Zug hinunter.

Bis Irynas Kollege Pauls Bestellung brachte, schwiegen sie. Mit geschlossenen Augen kippte Julie den Rest ihres Gins, dann bestellte sie noch einen. »Sag der kleinen Blondine, sie soll für mich genauso viel reintun wie für ihn.«

»Na dann Prost«, sagte Paul. Er tröpfelte Tabasco in die rote Masse und hielt sein Glas in die Luft. »Auf das Geburtstagskind in Paris.«

Julie schaute kurz zu ihm, dann wieder weg. Der DJ drehte die Musik auf.

Auch ein Abend, der katastrophal beginnt, kann sich noch verschlechtern. Julie beließ es nicht bei den beiden Drinks, auch nicht bei drei oder vier. In der Bar wurde es eng und warm, Julie blieb stumm. Nachdem sie Irynas Kollegen angeschnauzt hatte, weil er ihrer Meinung nach zu langsam arbeitete, entschuldigte Paul sie bei ihm: »Sie meint es nicht böse.« Das war eine schlechte Idee. Julie schnellte kommentarlos hoch und drängelte sich auf die Tanzfläche.

Paul blieb sitzen. Ihm war weder nach tanzen noch danach, ihr zuzusehen. Eigentlich wollte er nach Hause. Unschlüssig schaute er eine Weile im Raum umher. Auf der Tanzfläche meinte er, hin und wieder ihre Kupferhaare zu sehen. Schließlich stand er auf, ging zur Theke und setzte sich auf einen Hocker.

»Kein guter Abend?« Iryna schaute zu ihm hinüber, während sie einem pickligen Milchbart ein paar Flaschen Bier über den Tresen reichte.

»Wieso? Läuft doch glänzend.«

»Du willst deine Sorgen sicher in zweitem Tomatensaft ertränken?«

»Haha. Ich glaube, eins kann ich mir erlauben.« Er ließ sich von Iryna ein Bier geben. Der Raum hinter der Theke war eng, aber sie bewegte sich fließend und so genau, als wäre ihre Arbeit ein Ballett, gab Flaschen über den Tresen, mischte Longdrinks, kassierte und fand dabei die Zeit, sich mit ihm zu unterhalten.

»Julia hat heute Ausstrahlung wie Elektrozaun«, rief sie.

»Julie«, verbesserte Paul. »Der Rest stimmt. Sie zappelt auch, als stehe sie unter Strom.«

Von der Theke aus hatte er einen besseren Blick. Ein Kreis von Bewunderern tanzte um seine Freundin herum, irgendjemand hatte ihr ein Bier gegeben. Sie trank einen Schluck, ohne dafür stehen zu bleiben. Die Flasche spritzte beim Absetzen.

»Was soll ich machen?«, befragte er Iryna. »Sie rausholen?«

»Zu früh. Sie macht dir Szene. Warte noch ein bisschen, bis Alkohol voll durchschlägt.«

Paul nahm einen Schluck. »Kann der noch mehr durchschlagen, meinst du?«, zweifelte er, aber er folgte dem Rat, trank sein Pils und sah zu, wie sich seine Freundin immer zügelloser bewegte. Ihre Haare klebten ihr an der Stirn, die Wangen glühten, die meisten Jungs um sie herum schienen das interessant zu finden, auch der Picklige von eben. Schließlich wurde es ihm zu bunt. Er legte einen Schein auf den Tresen, winkte Iryna zu und kämpfte sich zu seiner Freundin durch. Die warf ihm einen wütenden Blick zu, ließ sich aber widerstandslos an die Hand nehmen und durch die Menge nach draußen führen.

Sie standen auf dem Bürgersteig. Julie lachte giftig und streckte sich zu seinem Ohr. »Schäm dich ruhig für mich«, flüsterte sie.

»Wir gehen«, kündigte er überflüssigerweise an.

Sie machte sich von seiner Hand los, folgte ihm aber zum Auto. Als er sah, dass sie Probleme hatte, die Beifahrertür zu öffnen, half er ihr auf den Sitz. Sie roch nach Schweiß und Bier und auch ein bisschen nach einem Deo, das ihm fremd war. Während der Fahrt schwiegen sie, Julie fixierte das Handschuhfach. Er bugsierte sie in ihre Wohnung, brachte sie angezogen ins Bett, stellte einen Eimer daneben und legte sich in Unterwäsche auf ihr Sofa.

Am Morgen dankte sie ihm wortkarg und bat ihn zu gehen. Über diese Nacht sprachen sie nie.

20 Paul

Der Zwiebelgeruch wird langsam penetrant. Er nimmt sich vor, nachher den Müll runterzutragen, aber erst einmal zwingt er sich, auf das Display zu schauen. Paul räumt sein Handy auf, der Speicher ist voll, einige Videos hat er schon gelöscht und jetzt wischt er sich durch die Fotos. Die Bilder von der Hallen-Elektrik hat er sofort nach dem Überspielen runtergeschmissen, aber von vorangegangenen Baustellen-Besuchen finden sich noch Aufnahmen. Weg damit. Ein paar Aufnahmen von einem Flipchart aus dem letzten Workshop, die löscht er mit Vergnügen.

Die letzten Fotos, die er gespeichert hat, sind die vom Soldatenfriedhof und von den Grabsteinen für tote Briten. Er betrachtet die Türme, die ihn an sein Asien-Abenteuer erinnert haben, und sucht sich auf Spotify indischen Pop, aber den findet er nach wenigen Sekunden so zuckrig, dass er auf Schönberg umschaltet. Schönberg ist für ihn das, was für andere Entschlackungskuren sind: Er nervt, aber auf eine heilsame Art. Er kehrt zu den Fotos zurück, sieht sich die Grabsteine an und versucht sich vorzustellen, wie sich die Jahre 1913, 1914 angefühlt haben, als Arnold Schönberg sein Watschenkonzert dirigierte und die jungen Engländer sich für eine Armee meldeten, von der alle wussten, dass sie bald einen großen Krieg führen werde. Zogen sie, als es so kam, mit Begeisterung ins Feld? Keiner der Toten, sieht er auf den Steinen, die er fotografiert hat, war älter als 22. Was hatten sie erwartet von ihrem Leben? Wen vermisst, wen geliebt, an wen hatten sie in ihren letzten Momenten gedacht? Er wird es nicht herausfinden. Mit einem Fingertippen löscht er auch diese Bilder.

Als er zu den Gräbern der Unbekannten und dann zu den Plaketten für die Vermissten aus dem Lager gelangt, schaut er sich die Aufnahmen genauer an. Wie man in einem Gefängnis zum Vermissten werden kann, versteht er nicht. Noch seltsamer ist etwas anderes. Paul zoomt die Aufnahme groß. Auf der Plakette eines der Vermissten ist ein Todestag angegeben.

Es passt nicht zusammen: Thomas Barley, Soldat des South Lancashire Regiments im untersten Rang eines *Private*, ist im November 1915 gleichermaßen spurlos verschwunden wie mit Sicherheit gestorben.

Paul sucht ein paar Minuten erfolglos im Netz und schaut auf die Uhr. Er stellt fest, dass er schon 15 Minuten nicht an Julie gedacht hat. Dann nimmt er seine Jacke, vergisst den Müll, verlässt die Wohnung, und weil er es plötzlich eilig hat, stolpert er im Treppenhaus und schlägt beinahe hin, aber bloß beinahe. So schmerzt nur sein linker Fuß, mit dem er ungünstig auf dem Treppenabsatz aufgekommen ist.

21 Tom

1. Februar 1915

Liebe Eltern,

erhaltet Ihr meine Briefe? Im Lager ist keine Post für mich angekommen, versichert mir der zuständige Offizier. Schreibt mir,
ich muss wissen, wie es Euch geht.

In der zurückliegenden Woche hat es nichts anderes gegeben
als Kohlsuppe jeden Tag. Das Essen hier ist miserabel, aber so
mies wie jetzt war es noch nie. Um es noch schlimmer zu machen, bekommen wir Briten unsere Portionen zuerst, die Franzosen zuletzt – wir von der Brühe, die oben schwimmt, die paar
Kartoffeln am Kesselboden bleiben für die Pomadenbärte. Ein
Kamerad hat sich beim wachhabenden Offizier beschwert und
die Antwort erhalten, der Dank gehe an die Royal Navy. Die
Deutschen haben wegen der Seeblockade selber wenig zu beißen
und die Wachmannschaften sehen kaum weniger verhungert
aus als wir. Was der Hauptmann unterschlug: Die Tische der
Offiziere sind reicher gedeckt.

Die Glücklichen unter uns erhalten Lebensmittel-Pakete aus
der Heimat. Mit diesen Rationen und den Resten aus der Lagerküche hat sich ein schwunghafter Handel etabliert, auf einem
schlammigen Karree hinter der Küche unseres Lagerblocks, un-
weit der Aborte. Man muss ignorieren, was die Nase meldet,
wenn man sein Brot gegen Kartoffeln oder sein Salzfleisch gegen
Tabak tauscht. Wer baut Latrinen neben der Lagerküche? War
nicht genügend Zeit, um wenigstens ein bisschen Sorgfalt für die
Planung unserer Bretterstadt aufzubringen? Haben unsere Feinde nicht damit gerechnet, Gefangene zu machen, Siege zu errin-
gen? Oder wollen Sie uns damit peinigen? Wie dem auch sei,
wenn Ihr diesen Brief erhaltet und wenn es Euch möglich ist –

ist es vermessen, Euch um ein Paket zu bitten? Corned Beef?
Tabak?
Ich umarme Euch,
Thomas

22 Madelaine

9. Februar 1915

Geliebter Thomas,

natürlich darfst Du bitten! Polly Brown hat begonnen, in der
Gemeinde Lebensmittelpakete für unsere Jungs an der Front
zu organisieren. Sie sagt, das Rote Kreuz sorge dafür, dass Sen-
dungen auch die Gefangenenlager erreichen. Wir vertrauen da-
rauf – mögen Dir die Dinge in diesem Paket nutzen. Ich habe
auftreiben können, was Du Dir gewünscht hast.

Uns geht es gut, wir haben alles, was wir brauchen. Die Men-
schen rücken zusammen, es ist, als würde aller Streit, der sie
sonst trennt, beiseitegeschoben. Wie läppisch und klein wirken
angesichts des Krieges die Sorgen, von denen man sich früher
den Alltag trüben ließ. In Whalley wird die Armee ein Hospital
für Kriegsversehrte einrichten, Pfarrer Gershwin und einige
Frauen aus der Gemeinde organisieren Unterstützung für unsere
verwundeten Helden. Wir sammeln Spenden für Krücken, Pro-
thesen und dergleichen und für den Juni planen wir ein Kultur-
programm mit Musik und anderer Zerstreuung.

Die britische Expeditionsarmee kämpft tapfer und hält ihre
Stellungen, Seite an Seite nicht nur mit den Franzosen, sondern
mit Indern, Australiern und so weiter. Das ganze Empire wirft

sein Gewicht in die Waagschale. Das nächste Weihnachten werden wir wieder alle zusammen feiern. Bis dahin hat die Regierung bestimmt die Gefangenen heimgeholt.

Bleib gesund bis dahin.

Deine Dich liebenden Eltern

23 Tom

21. Februar 1915

Geliebte Eltern,

das Corned Beef und der Tabak und alles andere haben mich erreicht! Ohne Zeilen von Euch. Sind sie verloren gegangen? Den meisten Kameraden geht es umgekehrt, das Papier erreicht sie, das Essen kommt unterwegs abhanden. Aber nun bestätigt mir doch wenigstens Euer weit gereistes Paket, dass Ihr meine Post erhalten habt, dass Ihr wisst, wo ich bin, dass Ihr wohlauf seid und an mich denkt. Ich bin sehr dankbar dafür.

Was gibt es zu berichten? Wir sind zu einer Attraktion geworden. Östlich des Camps läuft ein Feldweg den Hügel hinauf, über den die Bauern des Dorfes ihre Äcker erreichen. Morgens, wenn die Lerchen in der Luft stehen, stapfen sie bergauf. Entweder blutjunge Burschen oder Männer um die 50 oder runzelige Altbauern, die sich sicher schon auf ihren Austrag zurückgezogen hatten und nun ihre Söhne noch einmal am Pflug vertreten müssen. Manchmal sind auch Weiber dabei oder Mädchen, die kaum älter als Priscilla sind, aber hager und zäh. Es gehört zu den wenigen Unterhaltungen, die wir haben, ihnen dabei zuzusehen, wie sie ihre Sommergerste zur Aussaat tragen oder einen

Gaul am Halfter hinter sich herzerren oder nach dem Tagwerk in ihre Bauernhäuser zurückschlurfen. (Und ja, wenn Du jetzt denkst, den Frauen werden sie besonders gerne zusehen, dann magst Du Recht haben. Was soll's? Die jungen Mädchen schauen kichernd weg, die Männer scheinen keinen Anstoß daran zu nehmen.) Bisweilen schüttelt einer seine Hacke und ruft uns ein paar Drohungen zu, mehr pflichtschuldig als erbost. Gar so groß scheint die Feindseligkeit nicht zu sein.

Gestern nun näherte sich nicht die übliche Handvoll Bauern – es kam eine Prozession. Es schien, als sei das halbe Dorf Niederzwehren nach dem Gottesdienst aufgebrochen, jetzt da es einmal ein paar Tage trocken geblieben ist und die Wege in Straßenschuhen halbwegs passierbar sind. Frauen rafften ihre Röcke, Männer rauchten ihre Pfeifen, Jungs und Mädchen sprangen ihnen um die Füße herum, und als sie alle zusammen, das ganze halbe Dorf, an unserem Zaun angekommen waren, blieben sie stehen und steckten die Hände in die Hosentaschen, um uns zu begutachten: So schauen sie also aus, die Franzosen, die Engländer, die Belgier, die unseren Männern die Schädeldecken einschlagen. Wir standen uns gegenüber und betrachteten einander, sie aus Neugierde, wir aus Langeweile, die einen so dreckig wie die anderen. Halblautes Gemurmel drang zu uns hinüber. Die Dörfler senkten ihre Stimmen, als fürchteten sie, dass wir ihre Sprache verstehen, und als hätten sie kriegswichtige Geheimnisse zu hüten. Nur ein paar verrotzte Wickelkinder plärrten von den Armen ihrer Mütter herab. Wir schwiegen. Die Sonne blinzelte hinter Schleierwolken hervor. Dann zerstreuten Wachen die Menge.

Was mögen unsere Besucher über uns erzählen? Wie werden sie über uns reden, während sie ihre Sonntagssuppe löffeln? Ich versuche, uns mit ihren Augen zu sehen: eine eingepferchte Her-

de, die nach der Farbe ihrer Felduniformen in Gruppen zerfällt. Die Entfernung, die der doppelte Stacheldraht zwischen uns erzwingt, ist nicht groß. Ich erkenne ihre Gesichter. Würden sie genau hinsehen, dann könnten auch sie den einen Mann vom anderen unterscheiden. Aber das tun sie nicht. Für sie sind wir eine geschlagene feindliche Armee, die stumm zu ihnen hinüberglotzt. Und wenn sie es doch täten, dann sähen sie in den Gesichtern nur unsere Müdigkeit, sie sähen nicht die Schrecken, die wir verkapseln, die hilflose Liebe zu jenen, die wir zurückgelassen haben, das Heimweh und die Hoffnung, unsere Liebsten bald wiederzusehen. Euch bald wiederzusehen.

Ich kann Euch über das Leben hier nichts Neues schreiben. Wir stehen auf, wir stehen herum, wir essen den gleichen Fraß wie am Vortag, wir spielen Karten. Jeden Tag führen wir dieselben Gespräche über das Essen, das Herumstehen, das Kartenspielen, die Heimat, den Krieg, als sagten wir einen Text auf. Die Zeit schleppt sich voran wie ein Grubengaul. Das Jahr tut, was es muss, es nimmt seinen Lauf. Es wird wärmer. Aber das ist zu nichts gut.

Euer Thomas

24 Madelaine

7. März 1915

Geliebter Tom,

es tut gut zu lesen, dass unsere Pakete ankommen und Segen bringen. Du findest diesmal auch warme Wäsche, noch wirst Du sie gebrauchen können, wir hoffen, dass sie Dir gut passt. Ich habe eine Nummer enger gewählt, als ich sie in Erinnerung habe. Und ein Buch. Welche Verschwendung von Zeit und Jugend ist das, wovon Du da berichtest. Müßiggang hat noch niemandem gutgetan.

Auch hier kündigt sich zaghaft der Frühling an, nach all der Kälte und vor allem dem Regen, den wir um den Jahreswechsel hatten. Deine Schwester Priscilla und Dein Bruder Walter sind uns eine große Stütze. Walter ist zu einem ernsthaften Mann gereift, die Flausen der Jugend hat er hinter sich gelassen. Du weißt, wie schwer es Vater damals getroffen hat, dass Du Dich nicht von ihm hast anlernen lassen. Du wolltest immer fort von zu Hause, raus aus Darwen. Vater hat es nie verstanden, anders als ich, aber er macht jetzt seinen Frieden damit, da er sieht, wie Walter mehr und mehr in die Rolle des Kaufmannes hineinwächst. Doch bald wird er 19, und in der Nachbarschaft bestürmen sie ihn, zur Fahne zu eilen.

Am Sonntag nach dem Gottesdienst haben wir lange mit den Browns gesprochen. Wir kennen sie schon so lang, und ich vergesse nicht, wie sie uns damals, an Deinem sechsten Geburtstag, geholfen haben. Du kennst die Geschichte. Dennoch hat sich unsere Freundschaft nie entwickelt; wir sind so verschieden im Naturell. Nun bringt der Krieg uns näher und ich freue mich darüber. Arthur und Polly sind sehr patriotisch und halten Deinen Einsatz in höchsten Ehren. Sie senden Dir die wärmsten Grüße und ihre beiden Töchter Mary und Elizabeth ebenfalls.

Polly ist wirklich ganz großartig darin, Unterstützung für unsere Soldaten auf die Beine zu stellen. Das Gemeindezentrum ist zu ihrem Hauptquartier geworden, bis zur Decke liegen dort Bündel mit warmer Kleidung und Proviant, die sie von den Familien aus dem Kirchspiel entgegennimmt, mit ihren Helferinnen sortiert und an die Front schickt. In der vergangenen Woche

stand sogar ein Bericht darüber in der Zeitung. Nur auf ihre Äl-
teste färbt ihre Zuversicht kaum ab: Elizabeths Verlobter ist bei
der Kriegsmarine und sie kommt um vor Sorge. Blass stand sie
zwischen ihrer Mutter und ihrer Schwester, bekam kaum ein
Wort heraus und musste sich von ihrer Schwester Mary schelten
lassen, dass es ihr an Gottvertrauen und Kampfesmut mangele.
Temperamentvoll war Mary ja schon immer, inzwischen ist sie
eine richtige Dame geworden, eine ausgesprochen hübsche noch
dazu, nach der die Jungs in den Kirchenbänken sich verstohlen
die Augen ausgucken.
Genug. Schreib Du uns, wie es Dir geht und was es Neues gibt.
Bleib zuversichtlich, wir denken jeden Tag an Dich,
Deine Eltern

25 Paul

»Sie kommen noch rechtzeitig, der Vortrag beginnt erst in einigen Minuten.« Ein älterer Herr nimmt Paul am Eingang des Gemeindezentrums St. Matthäus in Empfang und läuft voraus zum Kleinen Saal. Paul humpelt hinterher. Der Fuß schmerzt jetzt doch ein bisschen stärker und ihm scheint, dass er auch anschwillt.

»Schauen Sie mal, wo Sie noch einen Platz finden.«

30 Holzstühle, sechs davon sind besetzt – zwei von den Eheleuten Ochs. Frau Ochs winkt ihn zu sich. Als Paul sich neben sie setzt, stellt er fest, dass sie ihr Make-up der Kleidung anpasst, ein pfirsichfarbener Lippenstift harmoniert heute mit einem pfirsichfarbenen Rock. Sie riecht sogar etwas fruchtig. Keine Gum-

mistiefel. Der Dutt sitzt fest. Ihr Mann trägt dieselbe beige-beige Kombination wie letztens und blickt missmutig zu ihm herüber.

»Ich wusste, dass er kommt«, brummt er und zupft sich ein Haar vom Scheitel.

»Ich wusste es, ehrlich gesagt, nicht«, erwidert Paul. »Jedenfalls nicht bis eben.«

»Umso schöner, dass Sie da sind.« Frau Ochs lächelt ihn an. »Was hat Sie bewogen, doch zu kommen?«

Eine leere Wohnung und ein Kopf voll mit den falschen Gedanken, könnte Paul sagen. Und dass ihm, als er die Fotos der Gräber betrachtet hat, Fragen gekommen sind. Und dass er deswegen eine Viertelstunde nicht an seine Freundin gedacht hat.

Er kommt aber um eine Antwort herum, denn ein in dunklen Tweed gekleideter Herr nähert sich – graue Haare, fast schwarze buschige Augenbrauen – und begrüßt alle Gäste, auch ihn, per Handschlag. Herr Peters, wie sich herausstellt, pensionierter Oberstudienrat, Vorsitzender des Geschichtsvereins Niederzwehren und Redner des Tages.

»Und wer sind Sie?« Während er das fragt, schweift Peters' Blick bereits durch den Raum zu einem weiteren Neuankömmling.

Paul stellt sich vor, vernuschelt aber den Job bei DroneCon. Stattdessen lässt er seine Karriere als Dozent für englische Literaturgeschichte etwas länger und erfolgreicher erscheinen.

»Englische Geschichte – hochinteressant!«, stößt Peters hervor. »Evolution statt Revolution. Hätten wir doch nur mehr von den Briten gelernt. Welche Epoche?«

»Literaturgeschichte«, präzisiert Paul. »Viktorianisches Zeitalter, Dickens und so. Die Brontë-Schwestern.«

»Aha. Ausgezeichnet. Ich habe selber hin und wieder als Geschichtslehrer ausgeholfen«, fährt Peters unbeirrt fort. »Eigentlich unterrichte ich Latein und Politik und Wirtschaft. Habe unterrichtet, vielmehr. Aber wenn Not am Mann war ...« Der Oberstudienrat i. R. lässt den Satz unvollendet, gibt jedoch mit einer Geste zu verstehen, dass er sich dem Flehen seiner Schulleitung schlecht widersetzen konnte.

Paul versucht, das Gespräch auf das Thema des Tages zu lenken: »Ich bin gespannt auf Ihren Vortrag. Frau Ochs hat eine unselige Vergangenheit des Lagers angedeutet, aber im Netz habe ich nicht viel gefunden. Auf was muss ich mich gefasst machen – Massaker? Revolten? Hunger?«

Peters überhört die Frage und wendet sich dem nächsten eintreffenden Gast zu, den er offensichtlich kennt und für wichtiger hält. Irritiert tauscht Paul einen Blick mit Frau Ochs. Um ihre Augen spielen Fältchen, die Taktlosigkeiten des Vereinsvorsitzenden amüsieren sie. Na gut, sagt sich Paul, setzt sich und fragt sich, was er zu erwarten hat. Kann jemand, der sich so desinteressiert an seinem Gegenüber zeigt, allen Ernstes kleinkarierte Tweedanzüge trägt und solche Brauen hat, jemand, der ganz offensichtlich nichts vorbereitet hat als einen aus der Tasche seines Jacketts hervorlugenden Notizzettel, kann so jemand einen fesselnden Vortrag halten? Im 21. Jahrhundert?

Er kann.

26 Tom

15. März 1915

Geliebte Mutter, geliebter Vater,
eben händigt man mir Euren Brief aus. Ihr ahnt nicht, wie gut es tut, von Euch zu lesen, zu wissen, dass Ihr mit den Gedanken bei mir seid wie ich bei Euch. Dass Du, liebe Mutter, mit gebrochener Hand schreibst, hätte ich kaum bemerkt, hättest Du es nicht erklärt. Möge sie schnell heilen.

Seit zwei Wochen arbeite ich im Offizierscasino. Welche Ironie: Aus dem Haushalt des Viscounts bin ich in die Armee geflohen und mein Soldatsein hat mich jetzt zum Tischdiener des Feindes gemacht ... So trage ich nun also den Hunnen die Suppe auf. Die Deutschen, die noch vor wenigen Monaten auf mich geschossen haben, behandeln mich wenn nicht warmherzig, so doch immerhin anständig. Das Frühstück der Offiziere findet vor dem der Gefangenen statt. Mir macht der zeitige Start in den Tag nichts aus, weder die morgendliche Kälte noch die Dunkelheit. Im Gegenteil, ich genieße es, für eine Weile der Masse der Leiber und dem Grunzen der Kameraden zu entkommen und die spärlich beleuchtete Badestube für mich zu haben, nichts zu hören als das Plätschern des Wassers, wenn ich mich wasche. Seltene und kostbare Momente der Ruhe und des Bei-mir-selbst-Seins.

Nach den Mahlzeiten bekomme ich in der Offiziersküche meine eigene Portion vom Speiseplan der feinen Herren, wenn auch auf kleinerem Teller. Die Kameraden schauen mit Neid auf das Fleisch, das ich auf meinen Rippen trage, während sie immer knochiger werden, und ich schäme mich dafür.

Die meisten Offiziere sprechen nur Deutsch und etwas Französisch. Damit ich die Herren besser verstehen kann, erteilt mir der Offizier, von dem ich Euch schrieb, an manchen Abenden Sprachunterricht und ich kenne jetzt Wörter wie Fettenbrot (Schmalz auf Schwarzbrot) und Eintopf (eine Art Stew) und eine wachsende Menge an Verben im Imperativ. Der Mann heißt unter den Lagerinsassen »der Oberst«, wenngleich er das nicht ist, sondern ein Leutnant. Im Camp präsentiert er sich gerne und geht auf die Gefangenen zu, sein Auftreten hat etwas Schneidiges, Weltläufiges, Souveränes, gleichzeitig sehr Zugewandtes. Er spricht ein Englisch ohne Fehler, dafür mit einer kuriosen deutsch-schottischen Färbung, weil er drei oder vier Semester an der Universität von Edinburgh studiert hat. Im Lager ist er für das Dolmetschen ins Englische bzw. Deutsche zuständig und verantwortet zugleich die Poststelle.

Offenbar hat er Gefallen an mir gefunden und freut sich, mit mir in meiner Muttersprache zu reden. Ich gebe es unumwunden zu, ich bin froh, einen Gönner zu haben, und noch wertvoller als die Kalorien, die er mir dann und wann zusteckt, ist der Austausch mit ihm, der mich zumindest viertelstundenweise von den düstersten Gedanken ablenkt (danke auch für den Lesestoff!). Die meisten Männer, die Augen hohl wie Brunnenschächte, haben das nicht und ziehen sich in Einsamkeit und Schweigen zurück. Andere sind leicht reizbar oder krankhaft misstrauisch, als gäbe es hier etwas, das der eine dem anderen wegnehmen könnte. Wieder andere wechseln zwischen diesen Zuständen ohne erkennbares Muster hin und her. Wir nennen es »Stacheldrahtkrankheit« und man könnte glauben, sie sei ansteckend.

Um dem zu entkommen, redet Martin davon, eine Fußballmannschaft aufzustellen. Einer der Kanoniere im Bett über uns, sein Name ist Watson, kommt aus der Gegend von Birmingham und spielt offenbar in regelrechten Wettkämpfen. Er ist begeis-

tert. Sobald das Wetter besser und Watson das Fieber los ist, das ihn seit ein paar Tagen plagt, wollen sie beim Baracken-Ältesten vorstellig werden. Der soll sich bei der Lagerleitung dafür einsetzen, dass sie Ball, Spielfeld und Erlaubnis bekommen. Ob ich mich an der Mannschaft beteiligen soll? Flink bin ich ja.

Es ist gut, zu lesen, dass Ihr alle wohlauf seid und Walter und Priscilla im Geschäft mit anpacken. Ich bin mir sicher, sie sind Euch eine große Hilfe, Walter mit seiner Muskelstärke und Tatkraft und die Kleine mit ihrem Fleiß und ihrer Aufgewecktheit. Bleibt zuversichtlich, bleibt (werdet) gesund und behaltet mich in Euren Herzen.

Euer Euch liebender Sohn Thomas

27 Madelaine

4. April 1915

Geliebter Thomas,

wir sind von so vielen von Sorgen gezeichneten Menschen umgeben; wie deutlich wird uns die große Gnade vor Augen geführt, die uns Gott erweist. Walter und Priscilla haben wir bei uns, wir sind alle bei guter Gesundheit und Du bist in Sicherheit. Auch wenn es eine Sicherheit ist, die ihre eigene Mühsal mit sich bringt.

Die Stimmung in der Gemeinde ist zugleich gedrückt und tröstlich. Viele bringen ihren Kummer mit, aber es ist eine Stärke zu spüren, die uns alle verbindet und trägt. Selbst Dein Bruder lässt keinen Gottesdienst mehr aus; die spitzen Bemerkungen über die irrlichternden Predigten des Pfarrers hat er sich abge-

wöhnt. *Priscilla ist dem Chor beigetreten, auch wenn die Leiterin wohl insgeheim gehofft hatte, Deine Schwester würde es sich anders überlegen. Die Arme, das wird eine Herausforderung. Aber wer weiß, vielleicht bringt sie Priscilla am Ende doch noch das Singen bei.*

Arthur und Polly Brown lassen grüßen. Sie erkundigen sich immer eingehend nach Dir, auch Mary. Sie ist zu einer hübschen jungen Frau herangereift, schlägt nach ihrer Mutter und trägt das schwarze Haar jetzt ebenso hoch aufgetürmt. Mary ist eine geistreiche Person, etwas vorlaut, aber das hat Dich ja nie gestört. Ich bin mir sicher, sie wird sich freuen, Dich wiederzusehen.

Priscilla, Walter und ich standen nach dem Gottesdienst lange mit ihnen und wir sprachen über die Lage an der Front. Mary und ihre Eltern sind vollkommen optimistisch und glauben, dass die neue britische Armee den Krieg im Herbst beendet, sie würden am liebsten jeden jungen Mann noch heute an die Front schicken, um die Sache zu beschleunigen. Elizabeth sieht es ganz anders, sie malt in den schwärzesten Farben und erwartet noch drei, vier Jahre des Kampfes und der Opfer. Nun ja, das Kindchen hat von Politik und Krieg keine Ahnung. Es ist schon erstaunlich, wie die eine Tochter in allem – Aussehen, Ansichten, Naturell – so ganz nach den Eltern schlägt und die andere überhaupt nicht.

Walter hat eine Registrierkasse angeschafft, jetzt klingelt es im Laden jedes Mal, wenn ein Kunde bezahlt. Die Kasse ist ein Ungetüm aus Eisen, Tasten und Kurbeln, aber Vater und er sparen sich dadurch Zeit. Behauptet Walter. Ich glaube, das ist nur die halbe Wahrheit, der andere Teil ist sein Besitzerstolz. Es sei ihm gegönnt. Das Gerät war eine teure Anschaffung, aber es rentiert sich beinahe schon dadurch, dass mehr Kundschaft

kommt – die Leute stehen staunend davor und freuen sich auf
die Glocke und den automatisch ausgeworfenen Bon.
Du siehst, alles ändert sich, selbst in unserer kleinen Stadt.
Bleib Du zuversichtlich,
Deine Dich liebenden Eltern

28 Paul

Das Niederzwehrener Kriegsgefangenenlager, hört Paul, wurde
zum Schauplatz einer Katastrophe, in der sich Hochmut und
Dilettantismus des Deutschen Reiches offenbarten. Kurz nach
Kriegsausbruch errichteten die Behörden es hastig am Südrand
des Dorfes, das damals noch eine selbstständige Gemeinde vor
den Toren Kassels war. Das Gelände war offensichtlich ungeeig-
net, es lag am Hang, der Boden war tonig, bei Regen verwandelte
es sich in eine Schlammrutsche. Der einzige Grund für die Orts-
wahl: Es stand zur Verfügung. Das XI. Armeekorps hatte das
Grundstück einige Jahre zuvor als Übungsgelände erworben.
»Man hätte dort recht hübsch den Sturm auf eine Anhöhe exerzieren können«, kommentiert Peters.

Frau Ochs beugt sich zu Paul herüber. »Ein eitler Gockel«,
flüstert sie ihm zu. »Aber reden kann er, nicht wahr?«

Sie hat Recht. Peters redet frei, mit fester Stimme, ein struk-
turierter Vortrag mit plastischen Schilderungen, selbst seine ge-
legentlichen Ausrufe sind geschickt dosiert. Paul blickt sich um:
Das Dutzend Besucher, das zusammengekommen ist, hört ihm
aufmerksam zu. Vor allem der weibliche Teil, auch die pfirsich-
farbene Frau Ochs, obschon sie doch den Inhalt der Ausführun-

gen bereits kennen muss. Die Spottfältchen um ihre Augen sind verschwunden. Paul ist neidisch, denkt an die Seminare, die er gegeben hat; gelehrt hat er immer so gerne.

Bereits Ende September 1914, fährt Peters fort, trafen die ersten französischen und belgischen Soldaten in Niederzwehren ein. Der Schlieffen-Plan funktionierte noch, sie waren vom deutschen Vorstoß überrollt worden und in eine Gefangenschaft geraten, auf die die preußische Armee selbst nicht vorbereitet war. Mit einer nennenswerten Zahl Kriegsgefangener hatte Berlin nicht gerechnet, mit einem längeren Aufenthalt der Inhaftierten erst recht nicht. 1870/71 hatte es ja auch nicht lange gedauert. Das Lager am Keilsberg bestand im Wesentlichen aus Zelten: Soldaten des Landsturms, im zivilen Leben Schuster oder Fabrikarbeiter, zogen ein paar Bahnen Stacheldraht herum und liefen fortan mit der Flinte über der Schulter um den Zaun, das war's. Kommandiert wurde das Lager von Generalmajor Benno Kruska, der gerne deftig aß und seine Ruhe haben wollte.

Der Oktober brachte die kalten Nächte und die Russen. In Ostpreußen war die 8. deutsche Armee in die Offensive übergegangen und nahmen Zehntausende Soldaten des Zaren gefangen: Russen, Balten, Ukrainer, Tataren. Das Kriegsministerium hatte telegraphisch angewiesen, sie auf die Lager im Reich zu verteilen, um die Nationalitäten zu mischen. Das Kalkül, dadurch Spannungen zwischen den Insassen und damit den Kriegsgegnern zu schüren, ging auf. Die Russen standen ganz unten in der Lagerhierarchie und mussten die niedersten Dienste verrichten, die Soldaten anderer Nationalitäten verachteten sie, häufig kam es zu Schlägereien. Den Soldaten aus den französischen und belgischen Kolonien ging es nur wenig besser. Auch der Strom neuer Gefangener aus Flandern und der Champagne riss nicht ab. Wie andere Lager schwoll das Camp am Keilsberg innerhalb

weniger Wochen massiv an. Erst jetzt begann das Generalkommando damit, Baracken zu bauen und die Zelte zu ersetzen.
Die Versorgung mit Trinkwasser war schlecht. Ein Brunnen, den
die Soldaten im Lager gebohrt hatten, war bereits nach den ersten Tagen verunreinigt. Hatten die Gefangenen Schuld? Oder
die Ingenieure? Unklar. Die Behörden legten eine Leitung und
zweigten Wasser aus dem Kasseler Netz ab, das daraufhin stun-
denweise abgeschaltet werden musste. Es gab eine einzige Latri-
nenanlage im Camp, aber keinen Abfluss. Russische Gefangene
schöpften sie mit Kellen aus und kippten den Inhalt in den Esels-
graben, einen kleinen Bach, der das Lager begrenzte und dann
in die Fulda mündete. Der Gestank war bestialisch. Im abwärts
gelegenen Kassel verbot das preußische Innenministerium das
Baden und Waschen im Fluss.

Zu essen gab es wenig, und was auf den Tisch kam, war für
die Franzosen und Belgier, Russen, Engländer und Italiener
ungewohnt und schwer verdaulich. »Keine Schikane!«, ruft Peters und reckt den Zeigefinger in die Höhe. »Die Deutschen hatten selber nichts!« Es habe in Deutschland einfach nicht genug
Nahrungsmittel gegeben – die Bauern an der Front, der Seehan-
del von der englischen Flotte blockiert. Soldaten, Bevölkerung
und Gefangene vereint im Hunger. Jeder Gefangene habe etwa
2500 Kalorien pro Tag erhalten, führt Peters aus, eine Ration, die
im Verlauf des Krieges noch auf 1500 Kalorien gekürzt worden
sei. »Das haben Sie am Sonntagnachmittag mit zwei Stück Torte
drin.«

Ein paar Damen kichern.

Die Katastrophe kam in den Uniformen der Russen. Im Januar
1915 erkrankten erst eine Handvoll, dann immer mehr Gefangene an einem rätselhaften Fieber. Am 19. Februar diagnostizierte
der Lagerarzt bei einem russischen Gefangenen Fleckfieber, eine

Krankheit, die von Kleiderläusen übertragen wird und in Mitteleuropa nur Experten bekannt war. Im Lager lebten zu diesem Zeitpunkt 20.000 Männer auf engstem Raum. Ihre Körper waren durch die Mangelernährung ebenso ausgezehrt wie durch die Kälte. Die Hygiene hatte sich nicht verbessert. Im Mai erreichte die Epidemie ihren Höhepunkt. An jedem Tag starben 40 Menschen. Weder die Kasseler Neuesten Nachrichten noch der Casseler Stadtanzeiger berichteten davon. In Marburg beruhigte die Hessische Landeszeitung, das in einigen Gefangenenlagern sich ausbreitende Fleckfieber stelle keine Gefahr für die Bevölkerung dar; das sei von amtlicher Seite garantiert. Kommandeur Kruska ließ einen Friedhof anlegen, der sich schnell füllte, und tat ansonsten wenig. Als er zum Ausheben neuer Gräber beim Generalkommando 30 zusätzliche Spaten anforderte, riss der Armeeführung der Geduldsfaden.

»Am 15. Mai 1915 erhielt Kruska sein Entlassungsschreiben«, berichtet Peters, »verbunden mit den besten Wünschen für die geplante Badekur zur Verbesserung des werten Befindens.«

29 Tom

14. April 1915

Geliebte Eltern,

ein Fieber greift um sich. Watson, der Artillerist, von dem ich Euch schrieb, hat sich Tage und Nächte gequält. Er schwitzte und entwickelte zugleich Schüttelfrost, schien gleichermaßen entsetzlich unter Hitze und Kälte zu leiden. Martin und ich konnten nicht mehr tun, als im Wechsel Wache zu halten und ihm nasse Tücher auf die Stirn zu drücken. Wie Watson ergeht es anderen Männern. Einige kommen mit ein paar Tagen Kopfschmerzen davon. Andere zeigen einen rötlich-blauen Ausschlag und werden von Krämpfen geschüttelt.

Es ist nicht vorauszusagen, wen es trifft und wen nicht, wen hart und wen milde. Umso größer ist die Angst, sich anzustecken. Viele Männer machen so gut es geht einen Bogen um die Erkrankten, andere weichen unterschiedslos allen aus – es könnte das Gegenüber ja bereits den Keim in sich tragen. Kameraden, die gemeinsam in Gewehrläufe geblickt haben, wenden sich im Angesicht dieser unsichtbaren Gefahr voneinander ab und sind selbst zum Handschlag nicht mehr bereit. Die Angst war im Schützengraben brutaler, aber man machte sie mit sich allein aus. Jeder kämpfte so gut, er konnte, gegen das eigene Ungeheuer an. Hier ist sie zu etwas Ansteckendem geworden, etwas Zwischenmenschlichem.

Manchmal schlägt die Angst in Wut um, die sich einen Weg bahnt. Vorgestern hat es eine üble Keilerei zwischen einem Grüppchen Franzosen und einigen Russen gegeben. Die Franzosen werfen den Russen vor, sie hätten den Typhus ins Lager eingeschleppt. Dreckig wie sie sind, ist das nicht einmal unwahrscheinlich. Doch ob das Prügeln gegen die Krankheit hilft? Sicherlich würden sich die Elenden aus dem Zarenreich nicht dagegen sträuben, würde man ihre Zelte dielen und sie öfter unter die Dusche lassen. Die Wachmannschaften beendeten die Keilerei mit ihren Gewehrkolben. Aber erst, nachdem sie dem Treiben einige Zeit feixend zugesehen hatten.

Ich selbst begegne der Situation mit Gottvertrauen oder doch wenigstens mit Schicksalsergebenheit. Wir sitzen auf zu engem Raum, als dass man jedem ausweichen könnte. Und wir können die kranken Kameraden nicht sich selbst überlassen. Von den

Deutschen schert sich niemand um sie. Die nachdrückliche Forderung unseres Kompanie-Sprechers, dass einer der Lager-ärzte Watson visitieren möge, missachtete die Kommandantur zunächst beharrlich. Erst als ein französischer Krankenpfleger durch die Baracke gegangen war und die schlimmsten Fälle aufgenommen und gemeldet hatte, kamen zwei Sanitäter, nahmen ihn und andere mit und verbrachten sie in die Krankenbaracke. Wessen Fieber nicht hoch genug ist, der muss aber im eigenen Bett leiden. Und wer mitgenommen wird, der kann Pech haben und findet in der überfüllten Krankenstation keine Aufnahme. Den legen die Sanitäter in ein Zelt auf eine Strohmatratze und vergessen ihn. So kann er zwar auf ärztliche Hilfe nicht zählen, aber auch niemanden anstecken, und das Problem ist gelöst.

Der Ordonnanz-Dienst und damit meine Extra-Kost sind vorläufig ausgesetzt – auch die Herren Offiziere fürchten sich vor Ansteckung. Nur der »Oberst« lässt es sich nicht nehmen, den Unterricht weiterzuführen, wenn auch im Freien bei Spaziergängen. Hin und wieder bringt er mir eine Stärkung mit; auch ein zusätzliches Stück Seife und ein Säckchen mit Insektizid-Pulver hat er mir neulich zugesteckt, weil er überzeugt ist, dass es Läuse sind, die die Krankheit übertragen. Und dann sind da noch Eure Pakete. Ich bin besser genährt als so manche Wache. Macht Euch also um mich nicht allzu viele Sorgen.

Bleibt Ihr nur tüchtig und zuversichtlich – Priscilla soll in den Chor gehen und recht fleißig üben, ich finde gar nicht, dass sie als Sängerin hoffnungslos ist. Sie hat eine schöne Stimme, den Rest kann sie lernen. Walter soll seinen Frieden machen mit dem Pfarrer, er ist ein rechtschaffener Mann; ich glaube, dass er die Gemeinde in diesen Zeiten zusammenhalten kann. Walter muss ja nicht hinhören, wenn er predigt. Wer tut das schon.

Gratuliere ihm in meinem Namen zur Anschaffung der Kas-
se, ich bin beeindruckt. Wie schnell sich die Verhältnisse ändern,
alles wird modern und Maschinen treten neben Mensch und Tier.
Wer weiß, was die Technik uns noch alles bringen wird, wir ste-
hen wahrlich auf der Schwelle zu einer neuen Zeit. Man erkennt
es auch in diesen kleinen Dingen.
Es bleibt mir, Euch und die Geschwister aus der Ferne zu umar-
men.
Euer Thomas

30 Madelaine

2. Mai 1915

Geliebter Sohn,
wir lesen die fürchterlichsten Dinge aus dem Deutschen Reich.
Bist Du wirklich wohlauf? In den Zeitungen ist von katastro-
phalen Zuständen in den Gefangenenlagern die Rede, von Ge-
fangenen, die unter freiem Himmel schlafen, von Seuchen, die
zu Hunderten Opfer fordern. Wir glauben dem, was wir von Dei-
ner eigenen Hand lesen, und danken Gott dafür, dass er Dich an
einen Ort geführt hat, der von diesen Prüfungen ausgenommen
bleibt.

So wie Du es schilderst, bringen die Deutschen ihre Kriegsge-
fangenen besser unter als die Briten ihre Soldaten – feste Behau-
sungen, weiche Betten, kann das wahr sein? Ich wünschte, ich
hätte eine solche Rosshaar-Matratze hier in meiner Kammer,
dann wären meine Träume sicher ein wenig unbeschwerter. Und
jeden Sonntag Fleisch auf dem Teller? Unsere Zeitungen berich-

ten, dass alle deutschen Bauern an der Front seien, die Felder brachliegen, die Royal Navy die Seewege kontrolliert und den Mittelmächten nichts durchgehen lässt, keinen Treibstoff, kein Getreide, keine Futtermittel. Doch auf die Versorgung im Deutschen Reich scheint dies nach Deinem Zeugnis nicht durchzuschlagen. Das sollte der britischen Admiralität Kopfzerbrechen bereiten, freut mich aber vollständig unpatriotisch, wenn es Dir reiche Mahlzeiten beschert. Iss Dich nur tüchtig satt. Vor allem beruhigt mich, dass Ihr von den Krankheiten verschont bleibt, die in anderen deutschen Lagern angeblich wüten und einen grässlichen Tribut fordern, wie immer wieder berichtet wird. Von Hunderten, von Tausenden Toten ist die Rede. Oder ist das unsere Propaganda? Wem soll man glauben in einem solchen nie da gewesenen Krieg? Ich vertraue auf das, was Du schreibst, und rechne es Euren Bewachern an, dass sie gut für Euch sorgen.

Sei es, wie es sei, wir wollen hoffen, dass es bald vorbei ist. Überall fügen die Verbündeten den Mittelmächten schwere Verluste zu. Sogar in der Türkei sind Jungs aus Lancashire gelandet und schnüren dem Sultan die Luft ab. Aber der Preis ist hoch. Mit Pfarrer Gershwin und Polly bin ich nach Whalley gefahren, um unsere Wohltätigkeitsveranstaltung im Juni vorzubereiten, vor drei Wochen ist dort das Lazarett eröffnet worden. Der Stellvertreter des leitenden Arztes nahm uns in Empfang und führte uns herum, ein gebeugter Herr mit leiser Stimme, der immer an einem vorbeischaute. Die Anlage ist vorteilhaft, moderne Gebäude stehen in Reih und Glied in einem Park, die Fenster in den Fluren waren weit geöffnet und ließen Licht und Luft und den Gesang von Vögeln hinein. Das Grauen wartete auf den Zimmern.

Sechs Männer lagen im ersten Krankenzimmer, in das uns der Doktor führte. Sechs Menschen und nur fünf Beine. Einem fehlte zusätzlich ein Arm. Einer weinte, einer zitterte, einer stierte uns wortlos und unansprechbar an, drei hielten regungslos die Augen geschlossen. Ich hielt sie für bewusstlos, aber als ich den Arzt flüsternd fragte, schüttelte der den Kopf. Oh, Thomas, und so ging es weiter, Raum um Raum, bis unser Führer meinte, uns genug gezeigt zu haben. Was wollte er uns damit demonstrieren? Arme fehlten, Beine fehlten, Augen fehlten, Gesichter fehlten. Und wir wollten mit unserem Chor und unserem Theaterstück und den bunten Girlanden kommen und Freude verbreiten! Was haben wir uns dabei gedacht? Keiner von uns sprach viel auf der Rückreise, es war nicht nötig.

Das ist alles nur der Spiegel des Schreckens, den Du hautnah erfahren hast, Thomas. Du hast nie davon geschrieben, aber Du hast das, was solche schrecklichen Verwundungen anrichtet, selbst erlebt. Nie wieder wollen wir in unserer Familie streiten, wenn dies alles vorbei ist.
Deine Dich liebenden Eltern

31 Tom

16. Mai 1915

Geliebte Eltern,
am Hang über uns wächst ein Wald von Kreuzen. Jeden Morgen wirft sich ein Trupp Gefangener Hacken und Spaten über die Schulter und zieht durch das Süd-Tor, um auf der Kuppe Gruben auszuheben, die sich ebenso schnell füllen. Auch Watson liegt jetzt dort, Gott erbarme sich seiner Seele. Im Lazarett werden jeden Tag Plätze frei für die nächsten Kranken. Die meisten

verlassen es durch den Hinterausgang auf einer Bahre. Hinter den Baracken brennt ihre Kleidung.

Der Lauf des Fiebers ist nicht mehr einzudämmen. Die Wachmannschaften ziehen sich hinter ihren Stacheldraht zurück und überlassen die Behandlung einer Gruppe deutscher, vor allem aber russischer Ärzte, auch ein paar Franzosen und Briten, die man aus anderen Lagern zusammengezogen hat. Kaltblütige Menschen sind das, die ohne Zögern ihre Pflicht erfüllen, wo das Leben, der Krieg und das Generalkommando sie hinstellen. Martin hat sich zum Dienst als Sanitäter gemeldet; ich bringe die Courage nicht auf. Mit den anderen Sanitätern schläft und isst er jetzt in einem Block in der Nähe des Lazaretts, sie sollen die Krankheit nicht in die Kompanien tragen (als wäre das nicht längst geschehen). Aber hin und wieder treffen wir uns zu einer bestimmten Stunde auf eine Pfeife am Zaun, der das Lazarett vom Rest des Lagers trennt; er drüben, ich hüben.

Das Bild, das er zeichnet, ist nicht weniger erschreckend als das, was Du in Whalley gesehen hast. Martin berichtet, dass Ärzte und Sanitäter den Kranken gegenübertreten wie gepanzerte Ritter, mit Kautschuk-Handschuhen bis zu den Ellenbogen, mit Lappen vor dem Mund und mehreren Kitteln übereinander, bestäubt mit Pulver gegen die Läuse, die man wohl als Überträger der Krankheit ausgemacht hat (schlauer Oberst!). Dennoch, auch zwei französische Ärzte sind bereits unter den Toten. Es fehle an tauglichen Medikamenten, sagt Martin, und überhaupt an einer Idee, wie dieses Fieber bekämpft werden könne, wenn es erst einmal Besitz vom Körper ergriffen hat. Diese Krankheit war den Medizinern bislang nicht bekannt, deshalb enthielten auch die Impfungen, die wir hier nach unserer Ankunft erhalten haben, kein Gegengift. Nur die russischen Ärzte, munkelt man, kennen den Bazillus, wissen aber auch keinen anderen Rat als zu desinfizieren und die Kranken von den Gesunden zu trennen – was man alles bislang sträflich missachtet hat.

Gestern machte die Nachricht die Runde, dass der Kommandant wegen der Zustände im Lager des Kommandos enthoben wurde. Der Generalmajor ist für viele hier zum Ziel von Spott und Hass geworden – diejenigen, die ihm Überforderung nachsagen, spotten; die anderen, die ihm Absicht unterstellen, hassen. Er gilt als frommer Mann, hängt irgendeiner Spielart des kontinentalen Protestantismus an. Aber es wird erzählt, er habe in seiner Ansprache zum letzten Weihnachtsfest geäußert, er führe den Krieg im Lager auf seine Weise ... Erleben wir jetzt, was er damit gemeint hat? Nun, er ist fort. Dafür ist ein Medizin-Professor im Lager eingetroffen und soll die Seuche bekämpfen. Es kann nur besser werden.

Dank wie immer für Eure Sendung, auch für den Lesestoff. Wenn Ihr habt, legt das nächste Mal Seife und Mittel gegen Ungeziefer bei. Ich kann es gut gebrauchen, und was mir übrig bleibt, tausche ich auf dem Markt.

Denkt an mich,

Thomas

32 Madelaine

30. Mai 1915

Geliebter Thomas,

vorgestern kam Dein Brief. Nachricht von Dir ist immer ein Segen für uns alle. Vater, Bruder, Schwester und natürlich ich finden an diesen Tagen leichter in den Schlaf, wenn wir wissen, *dass Du in Sicherheit bist. Und es kommt ganz bestimmt von all den Katastrophen, dem Hunger und den Krankheiten, von denen in den Zeitungen die Rede ist, nichts in Deinem Lager an? Wir danken dem Herrn dafür. Schreib uns nur weiter ausführlich von Deinem Alltag, ich kann gar nicht genug lesen von dieser Ereignislosigkeit, denn sie bedeutet, dass es Dir gutgeht, dass Du wiederkommen wirst.*

Stattdessen sprichst Du Politik und Krieg an – nun ja, was soll ich dazu sagen? Du fragst, wie das Land die Gasangriffe der Deutschen aufnimmt. Was erwartest Du anderes als Abscheu? Den Kampfesmut verringern diese Gräuel nicht. Aber ich mag darüber gar nicht weiter schreiben.

Bleiben wir bei unserem Leben: Walters Vorstoß, auch landwirtschaftliche Geräte zu verkaufen, erweist sich als glücklich. Selbst Saatgut haben wir in den vergangenen Monaten in unser Angebot aufgenommen.

Dein Bruder arbeitet tüchtig im Laden, wächst mehr und mehr in die Rolle des Nachfolgers hinein. Doch wenn die Arbeit getan und das Abendbrot gegessen ist, verschwindet er und niemand weiß, wo er sich herumtreibt. Wir machen uns Sorgen. Er ist launenhaft, wirkt oft abwesend, wie von Gedanken weit fortgetragen, dann wieder fällt er einem fast um den Hals und wieder ein anderes Mal reagiert er gereizt auf die geringste Ansprache. Hat er ein Geheimnis? Ich denke, dass Druck auf ihm lastet, weil sein Geburtstag naht. Auf der Straße werden junge Burschen bloßgestellt, die augenscheinlich wehrtüchtig sind und dennoch keine Uniform tragen. Polly hat berichtet, wie ihr Neffe auf der Straße angepöbelt worden ist. Der Junge hatte sich sogar gemeldet, meint Polly, wurde aber wegen seiner schlechten Zähne ausgemustert – mit diesen Stumpen könne er unmöglich die Hartkekse und das Trockenfleisch der Feldverpflegung kauen.

Vielleicht noch sein Glück, dass er so selten einen Zahnstocher
benutzt, aber in jenem Moment nützte ihm das rein gar nichts,
denn eine Gruppe Halbstarker verwünschte ihn sehr fühlbar,
und einige junge Frauen versuchten, ihm eine weiße Feder anzu-
stecken. Als Britin missbillige ich Feigheit. Als Mutter hoffe ich,
dass Walter bleibt. Krieg oder Schande?
Bleib unserer Liebe gewiss,
Mutter

33 Paul

Ob sie gerne an Peters' Stelle dort vorne stände? Paul beobachtet,
wie Frau Ochs stumm und aufmerksam den Ausführungen des
Oberstudienrates i. R. folgt. Einen spannenden Vortrag traut er
auch ihr ohne Weiteres zu. Er nimmt sich vor, sie nach ihrem Beruf zu fragen. Und was hat früher wohl ihr Mann gemacht, der
sich gerade ein Haar nach dem anderen vom Kopf reißt und, das
kann doch nicht wahr sein, in den Mund steckt? Er frisst sich
selbst die Haare vom Kopf, staunt Paul.

Peters schildert die Wende im Lager: Kurz vor der Entlassung
Kruskas hatte das Generalkommando – entsetzt von der Hilflosigkeit des Lagerkommandanten – einen Mediziner und Hygie-
niker aus Jena nach Niederzwehren beordert: Professor August
Gärtner, einen spitzbärtigen Gelehrten, Reserve-Offizier und
vormaligen Assistenten Robert Kochs am kaiserlichen Gesund-
heitsamt. Gärtner brachte eine Handvoll deutscher Kollegen mit
und forderte zur Verstärkung französische, britische und russische Militär-Ärzte an, die in anderen Lagern einsaßen; die Rus-

sen waren besonders wertvoll, sie hatten Erfahrung mit dem Erreger. Gärtner griff durch. Er ordnete strenge Quarantäne für Erkrankte an, separierte die Baracken und schränkte den Umgang der Gefangenen untereinander ein. Jeder einzelne Gefangene wurde entlaust, jede Unterkunft desinfiziert. Der neue Kommandant zeigte ebenfalls Elan, ließ weitere Latrinen ausheben und das Lager an die Kanalisation anschließen, außerdem weitere Unterkünfte bauen, damit die Männer auf mehr Raum lebten. Doch bis die Maßnahmen griffen, dauerte es, erst im Juni beruhigte sich die Lage. Wie viele Opfer die Epidemie forderte, ist unklar. Die Schätzungen reichen von 1000 bis über 3000 Toten.

Für die Überlebenden verbesserten sich mit der Hygiene auch andere Bedingungen. Denn Soldaten der Mittelmächte saßen in Lagern der Entente fest und umgekehrt, beiden Seiten wurde mit den Monaten klar, es würde noch eine lange Zeit so bleiben, und je besser man die gefangenen Feinde behandelte, desto besser behandelte der Feind die eigenen Leute. Das galt im ganzen Deutschen Reich und auch in Niederzwehren.

»Die Lagerleitung förderte die erstaunlichsten Dinge«, berichtet Peters. »Es entstanden Theater, Bibliotheken und Sportstätten, vom Boxring bis zum Fußballplatz.«

Schon zuvor hatte das Rote Kreuz für die Gefangenen aller Armeen einen Briefverkehr über neutrale Staaten etabliert. Die Angehörigen durften sogar Pakete schicken. Alleine die Schweiz wickelte bis Kriegsende fast 500 Millionen Briefe und Karten und 115 Millionen Pakete ab. Die Vorgaben ließen zweimal im Monat je vier Seiten à 13 Zeilen zu, Bemerkungen über Kriegsereignisse oder schwierige Zustände im Lager waren tabu. Peters beschrieb, wie in Niederzwehren ein wachsender Stab von Übersetzern die Korrespondenz der Gefangenen streng überwachte. Ein ganzes Dutzend sprachkundiger Einheimischer war dafür abgestellt, die

Briefe der Internierten bis zur Inhaltslosigkeit zu zensieren und nichts durchrutschen zu lassen, was ein schlechtes – ein wahrheitsgetreues – Licht auf die Bedingungen im Lager hätte werfen können. Umgekehrt durchleuchteten die Übersetzer die eintreffende Post der Angehörigen auf kriegswichtige Hinweise: ob nicht einer Bemerkung zu entnehmen war, wo wann ein Kriegsschiff ausgelaufen war, wie es um die Versorgungslage und den Kriegsmut der Bevölkerung stand oder wie es mit den Rekrutierungen in den Ländern der Entente voranging. Bis ihnen die Antworten auf ihre Briefe ausgehändigt wurden, mussten die Gefangenen wegen dieser Prozedur manchmal wochenlang warten.

»Etwas, das sich niemand von uns mehr vorstellen kann«, ruft Peters.

Doch, denkt Paul.

Im Laufe des Jahres wurden immer mehr Gefangene zu Arbeitseinsätzen abkommandiert – je nach Einsatzort bedeutete das harten Frondienst oder eine weitere Verbesserung der Umstände.

»Aber wie und warum«, Peters verbeugt sich, »das soll ein anderes Mal berichtet werden.«

Die Zuhörer klatschen.

»Klassischer Cliffhanger«, kommentiert Frau Ochs in den Applaus hinein. »Bleiben Sie noch auf eine Tasse Kaffee?«

34 Tom

1. Juni 1915

Geliebte Eltern,

endlich unternehmen die Deutschen etwas. Den Russen haben sie Stacheldraht in die Hände gedrückt, mit dem diese nun unsere Baracken trennen. So sollen Ausbrüche von vornherein eingedämmt werden. Keine Wache bleibt länger als nötig in unserer Nähe, sie überlassen es den Gefangenen, den Draht zu spannen. Zwischen Zaun und Baracke bleiben nur wenige Meter Platz, auf dem wir uns an der Luft bewegen können; wir fühlen uns nun endgültig wie Tiere in einem Zoologischen Garten. Nur mit triftigem Grund dürfen wir unser Gehege verlassen. Der Ein- und Ausgang wird mit der Rute in der Hand kontrolliert.

Jeden Morgen gehen die Ärzte durch die Baracken und überprüfen den Zustand der Gefangenen. Wer Fieber hat, den nehmen sie mit. Hilfswillige desinfizieren dann die Bettgestelle des Kranken mit Kresol und Ätzkalk, überschwemmen den Boden der Baracke mit einer desinfizierenden Lösung und kalken die Wände. Die Matratzen werden gleich ganz verbrannt. Vor ein paar Tagen hat man damit begonnen, uns alle zu rasieren: Haare, Bart, Körper. Ich war gestern an der Reihe. Ein französischer Trupp hat eine leer geräumte Baracke bezogen und dort mit Laken notdürftig Kabinen abgetrennt. Die Männer nennen sie das »Lousoleum«.

Ich machte mich vorstellig, stopfte meine Kleider und die mitgebrachte Decke in einen alten Sack, dann ging es schon los. Viel Federlesens machten die Franzosen nicht. Nach der Rasur schickten sie mich – völlig nackt – in einen Raum, in dem es nach Petroleum stank. Von Kopf bis Fuß musste ich mich mit dem Öl einreiben, erst zwanzig Minuten später durfte ich es abduschen, da hatte meine Haut schon begonnen, sich zu röten.

Während der ganzen Zeit hing der Kleidersack in einem Dampf-
schrank. Als Belohnung für die Prozedur erhielt ich immerhin
einen Satz frischer Wäsche, so dass ich die entlausten, aber klam-
men Sachen nicht direkt auf der Haut tragen musste. Ich rieche
immer noch wie eine Lampe.

Es ist gut, dass Ihr mich nicht sehen könnt, Glatzkopf, der ich
jetzt bin. Es schaut hier aus wie in einem Hühnerstall, nur dass
nicht die Hennen herumlaufen, sondern die Eier. Manche Gefange-
nen versuchen tatsächlich, sich vor der Entlausung zu drücken, sie
fürchten das Petroleum oder wollen ihre Haare nicht verlieren, ich
verstehe es nicht. Es ist natürlich zwecklos – nicht einmal unsere
Wachen übersehen einen Haarigen unter Glatzen. Auch die Ka-
meraden sorgen dafür, dass jeder drankommt, denn ein Einziger,
der die Tiere noch am Leib trägt, kann die Krankheit wieder ver-
breiten und den Erfolg der ganzen Unternehmung zunichtema-
chen. Und jeder hofft doch, dass das Sterben jetzt ein Ende nimmt.

Weil nicht genügend Geistliche für jeden Glauben aufzutrei-
ben sind, beerdigt an manchem Tag ein Katholik auch die Pro-
testanten und umgekehrt. Ein Pope für die Russen und Serben ist
schon gar nicht zu finden, und die Handvoll Mohammedaner,
die es hier auch gibt, sprechen ihre unverständlichen Totengebe-
te für jeden Glaubensbruder selber. Der Tod überfordert unsere
Bewacher nicht weniger als die Sorge für die Lebenden.

Liebe Eltern, ich will Euch mit meinen Zeilen nicht ängstigen.
Ich denke, das Schlimmste ist jetzt überstanden, und ich habe
nie auch nur das kleinste Anzeichen einer Infektion gehabt, ob-
wohl ich der Epidemie doch schon lange ausgesetzt bin. Manch
einer scheint immun zu sein. Auch kommt der Sommer, der
Schlamm trocknet und wir frieren nicht mehr. Alles wird gut.
Seid umarmt,
Thomas

35 Madelaine

Geliebter Thomas,

Deine Handschrift sieht von Brief zu Brief sicherer aus. Wie wunderbar ist es, mit eigenen Augen zu sehen, dass es Deiner Hand besser geht.

Weil Du Dich nach den Rekrutierungen erkundigst: Im Königreich strömen weiter so viele junge Männer in die neue Armee, dass sie mit dem Ausbilden kaum hinterherkommen. Im Sommer sollen die neuen Truppen in den Krieg eingreifen und die Wende bringen.

Aber genug davon. Aus der Heimat muss ich Dir etwas ganz anderes, Unschönes berichten. Dein Bruder hat uns enttäuscht. Wir wissen jetzt, mit wem er sich die ganzen letzten Wochen herumgetrieben hat, wenn er abends im Haus fehlte. Vater war vor ein paar Tagen im Fox and Pheasant, Arthur hatte Geburtstag und Vater eingeladen. Dass die Pubs nur noch Leichtbier ausschenken und bereits um halb zehn schließen, ist für die meisten Männer enttäuschend – Vater machte es die Zusage einfacher, Du kennst ihn ja. Er geht also früh nach Hause, die Abende sind hell, und auf dem Heimweg sieht er – Walter und Mary poussieren, auf der Bank hinter der Kapelle! Du kannst Dir denken, was los war. Walter ist kein Kind mehr, und Mary ist ein feines Mädchen aus einer anständigen Familie. Aber uns so zu hintergehen! Ich habe Vater mit Mühe davon abgehalten, ihn aus dem Haus zu werfen. Seitdem wird wenig gesprochen unter diesem Dach.

Der Haussegen bei den Browns hängt nicht weniger schief als unserer. Mary hatte ihre Eltern angelogen, sie helfe einer Freundin beim Flicken, während sie in Wirklichkeit seit Wochen un-

serem Walter schöne Augen macht. Und er läuft ihr hinterher!
Wir werden sehen, wie die Sache weitergeht. Wenn er sie tat-
sächlich liebt, mag er in Gottes Namen einen neuen Anlauf neh-
men, aber bitte auf schickliche Weise. Polly sieht es genauso. Für
Vater ist natürlich jede Verbindung ein für alle Mal gänzlich
ausgeschlossen.

Diese ganze unselige Episode trübt meine Vorfreude auf unser
Fest: Wir haben Abstand genommen von unseren Plänen, nach
Whalley zu fahren. Es erscheint uns zu absurd, nach allem, was
wir dort gesehen haben. Stattdessen geben wir übernächste
Woche ein Sommerfest an der Kirche, bei dem wir Spenden für
unsere Soldaten sammeln – die verwundeten, die kämpfenden
und die gefangenen! Ich habe durchgesetzt, dass auch Ihr in
Deutschland nicht vergessen werdet. Guter Thomas, gibt es in
Niederzwehren britische Kameraden, die keine Pakete von An-
gehörigen empfangen? Unsere Mittel werden kaum für alle
reichen, aber sende uns doch bitte vier oder fünf Namen von
jenen, die es nötig und verdient haben. Wir werden gutes Essen
schicken. Wenn es etwas gibt, das sie, das Ihr besonders benö-
tigt, dann lass es mich bitte in Deinem nächsten Brief wieder
wissen.
Für den Moment sei umarmt und geküsst. Vater, Priscilla und
vermutlich auch Walter lassen grüßen,
Deine Mutter

36 Paul

Im Foyer des Gemeindezentrums hat jemand einen Tisch mit Kaffeekannen und Kuchenplatten aufgebaut. Frau Ochs steuert die beiden Männer neben eine Zimmerpflanze und geht ans Buffet. Ihr Mann betrachtet den Benjamini, der sich aus seinem Pflanzengranulat dem Fenster entgegenstreckt, Paul betrachtet die Gesellschaft. Hände werden geschüttelt, Tassen gefüllt, Torten geteilt. Man kennt sich. Ein Grüppchen Damen belagert Herrn Peters.

Frau Ochs balanciert drei Teller Richtung Pflanze und Männer und reicht jedem ein Stück Nusskuchen. »Unsere halbe Tagesration Kalorien. Lassen Sie es sich schmecken.«

Von Kaffee ist nicht mehr die Rede.

»Hat Ihnen der Vortrag gefallen?«, fragt Frau Ochs. »Jetzt wissen Sie, wofür wir eine Informationstafel aufbauen wollen. Denken Sie, das ist gerechtfertigt, als Beinahe-Historiker, der Sie sind?«

Paul tut, als höre er die Spitze in ihrer Frage nicht, fragt sich aber, ob sie ihn ärgern will. »Absolut. Ich kann Ihnen nur viel Erfolg dabei wünschen. Ich verstehe bloß immer noch nicht, wie aus dem Lager-Friedhof für 3000 Seuchen-Opfer eine exklusive Ruhestätte für Briten und Australier wurde.«

Das kann Frau Ochs erklären: »1922 haben die Briten ein Abkommen mit der Weimarer Republik geschlossen und ihre Toten an einer Handvoll Orte zusammengezogen. Jeder tote Soldat aus dem Commonwealth, der in Hessen, Thüringen oder Niedersachsen begraben war, kam nach Niederzwehren. Dafür haben die anderen Toten Platz gemacht. Ein Heidenaufwand muss das gewesen sein.« Sie gabelt an ihrem Nusskuchen herum. »Die Italiener wurden nach Köln umgebettet. Die Franzosen nach

Frankreich. Um die Russen kümmerte sich niemand, in Moskau war man mit der Revolution beschäftigt. Die liegen unter den Bäumen nebenan.«

Sie schaut ihn ein paar Sekunden an. »Als wir uns neulich kennenlernten, erzählten Sie, dass Sie für eine Drohnenfirma arbeiten. Das ging gegenüber Herrn Peters ein bisschen unter, oder?«

Paul zuckt mit den Schultern.

»Englische Literaturgeschichte also. Warum haben Sie an der Universität aufgehört?«

»Eine lange Geschichte.«

»Die meisten langen Geschichten lassen sich erstaunlich kurz zusammenfassen.«

»Ärger mit dem Doktorvater, eine Dissertation, die nicht vorankam, ein Vertrag, der auslief. Das ist die Zusammenfassung.«

»Ich verstehe. Das tat sicher weh.« Sie legt ihre Gabel an die Lippen und scheint über etwas nachzudenken. »Wollen Sie die Arbeit nicht woanders einreichen? Das geht doch, oder? Den Doktorvater wechseln. Schreiben Sie denn weiter an dem Text?«

»Theoretisch ja. Ungefähr so, wie ich theoretisch Sport treibe.«

Frau Ochs lacht ein mädchenhaftes, kurzes Glucksen. Wie ihre Augen mitlachen, gefällt ihm. So lange sie so lacht, ist das Make-up keine Maske. »Worum geht's denn in Ihrem Projekt?«

»Interessiert Sie das wirklich?«

»Sie wären erstaunt, wenn Sie wüssten, was mich alles interessiert.«

»Also gut.« Paul bläst die Wangen auf und lässt die Luft wieder raus. »Mein Professor ist auf ein Konvolut von handschriftlichen Texten aus dem späten 19. Jahrhundert gestoßen, die bei einer damals populären Zeitung eingereicht worden waren. Die

Autoren hatten sich um den Zuschlag für einen Fortsetzungsroman beworben, das war damals eine Mode. Gibt es ja heute noch: jeden Tag ein abgeschlossenes Kapitel im Blatt. Die Sammlung meines Professors ist das, was die Redaktion in die engere Wahl gezogen hatte. Lauter kleine Nachahmer von Charles Dickens.«

»Ich verstehe«, sagt sie wieder. »Wunderbares Material, um seine Nachwirkung zu erforschen. Und der Herr Professor hatte keine Zeit, die Texte selbst zu entziffern, tippe ich richtig?«

»Sie tippen richtig. Dafür hatte er mich. Das war schon okay, aber natürlich muss eine Doktorarbeit aus mehr bestehen als aus Transkriptionen von eingescannten Handschriften. Ich wollte die Texte auswerten, Vergleiche mit Dickens und anderen Schriftstellern, Sie wissen schon. Na ja, es war einfach zu wenig Zeit dafür.« Wenn er jetzt, mit Abstand, ehrlich ist, dann war schon genug Zeit dafür. Er hatte es einfach nicht genug gewollt, das war wohl die Wahrheit. Und sich im Betreuer einen Schuldigen gesucht.

»Was macht Ihr Professor jetzt ohne Sie?«

»Er hat eine Software eingekauft, die die Dokumente einliest, und einen Studenten eingestellt, der die Software bedient.«

Frau Ochs nickt. »Sie werden sicher immer gefragt, was Sie mit der Promotion anfangen wollten.«

»An der Uni bleiben, schätze ich.«

»Stattdessen verkaufen Sie jetzt Drohnen.«

»*It pays my bills.* Meine Freundin hat mir den Job besorgt.«

»Warum auch nicht.«

Sie schweigen einen Moment und stochern auf ihren Tellern herum. Herr Ochs krümelt Nusskuchen auf den Boden. Paul nimmt sich vor, seinen Knöchel zu kühlen, wenn er nach Hause kommt.

»Und Sie?«, fragt Paul.

Frau Ochs zeigt wieder ihre Fältchen. »Das erzähle ich Ihnen ein anderes Mal. Es hat mit Kindern und ein paar Chancen zu tun, die in den 70er-Jahren auf dem Land fehlten. Warum haben Sie Ihre Freundin nicht mitgebracht?«

Paul setzt den Teller ins Pflanzengranulat. »Ich muss jetzt los.«

»Gleich ist er weg«, freut sich Herr Ochs.

»Entschuldigen Sie, Herr Antheim«, bittet seine Frau, »ich stehe wohl im Fettnapf.«

Sie legt ihm eine Hand auf den Arm. »Es war wirklich schön, dass Sie gekommen sind. Bevor Sie gehen: Haben Sie nächsten Samstag Zeit für einen Besuch? Ich würde Ihnen gerne etwas zeigen, das Sie interessieren dürfte. Sie würden mir und meinem Mann eine große Freude machen, und ich verspreche Ihnen, mein Kuchen ist besser als dieser trockene Brocken hier.«

37 Paul

Er wählt die Wetzlarer Nummer.

»Mascarov.«

»Hallo, Sabine.«

Zwei Sekunden Stille. »Hallo, Paul, das ist ja eine Überraschung. Geht es dir gut?«

Die Floskelhaftigkeit von Julies Mutter hat ihn schon immer genervt, heute findet er sie noch unpassender.

»Geht schon. Hast du was von deiner Tochter gehört?«

»Ich? Nein«, gibt Sabine zurück. »Du weißt doch, dass sie mich nicht anruft.«

Das stimmt. Es stimmt auch, dass ihr das nie viel ausgemacht hat. Paul hatte Julie und ihre Mutter nie etwas anderes austauschen hören als Belanglosigkeiten. Sabine ist in den Tagen nach Julies Abtauchen ebenso wenig eine Hilfe gewesen wie Michael, gab sich unbeteiligt und machte sich ganz offenkundig wenig Gedanken, was mit ihrer Tochter los war und wo sie sich aufhielt. Das hat sich in all der Zeit, da Julie nun fehlt, nicht geändert.

Trotzdem will er noch einmal mit Sabine reden. »Ich meine: Hast du in den letzten Wochen mal versucht, sie zu erreichen?«

»Ich war mit Bernd am Lago di Garda. Hör auf, dir Sorgen zu machen. Julie geht es sicher blendend.«

»Es geht nicht nur um sie, Sabine.«

Paul hört, wie sich Sabine eine Zigarette anzündet. Im Hintergrund ruft ihr Lebensgefährte etwas und sie ruft zurück: »Moment.« Sie nimmt einen Zug. »Man muss nicht immer alles verstehen im Leben.«

»Sabine, wenn du weißt, dass es ihr gutgeht, dann sag es mir«, bettelt er.

»Ich melde mich, sobald ich etwas höre, Paul. Jetzt muss ich Schluss machen, Bernd wartet. Mach's gut.«

»Ja, du auch.«

Paul legt auf. Wie immer hinterlässt das Gespräch mit Sabine bei ihm das Gefühl, gar kein Gespräch geführt zu haben. Um noch nicht schlafen gehen zu müssen, sucht er sich auf YouTube einen Boxkampf. Schulz gegen Foreman, 1995.

38 Paul

An der Vogelscheiße vorbei starrt Paul aus dem Küchenfenster in einen ausdruckslos beginnenden Tag. Er hat wieder von dem Erdhaufen geträumt. Julie liegt darunter verschüttet, er versucht, sie herauszuziehen, zerrt an einem Arm oder Bein, das aus der Erde ragt, schafft es aber nicht. Die Erde riecht modrig, die Umgebung ist unbestimmt feindselig. Ihr Gesicht sieht er nie. Er weiß aber, dass sie es ist und dass sie genau so lange noch lebt, wie er nicht aufgibt. Er muss immer weitermachen, er kann sie nicht gewinnen und er darf sie nicht verlieren, immer weiter graben, ziehen, graben. Wenn er aufwacht, sind seine Muskeln jedes Mal schwer wie Stein.

Ihm kommt es so vor, als habe der Traum Stunden angedauert. Im Hof lässt einer den Mülltonnendeckel knallen. So früh, das gibt Ärger.

Das Letzte, was Julie an jenem Tag, das Letzte, was sie überhaupt zu ihm sagte, war: bis morgen. Das war an einem Freitag vor fünf Monaten. Wie jeden Morgen war sie vor ihm aufgestanden, hatte schon geduscht und sich angezogen, als er, noch im Schlaf-Shirt, in die Küche bummelte. Er erinnert sich, dass es nach Kaffee roch und nach ihrem Parfum, von dem sie immer einen Hauch zu viel auftrug, dass Sonne auf den frisch geputzten Herd fiel und Staub in den Strahlen flirrte. Sie saß am Tisch und aß sein Müsli, ein Bein hochgezogen, den Fuß auf dem Stuhl, wie so oft. Sie fragte, ob sie am Wochenende Squash spielen wollten, was er zusagte, hauptsächlich ihr zuliebe, denn meistens verlor er. Sie freute sich, so erinnert er sich, und kündigte an, für den Samstag einen Platz zu reservieren. Sie stand auf und setzte einen frischen Kaffee auf, nur für ihn. Sie zog den Mantel an. Sie küsste ihn. Sie sagte »Bis morgen« und verließ die Wohnung, um zur Arbeit zu fahren und für immer zu verschwinden.

Woran er sich nicht erinnert: an ihr Gesicht an jenem Morgen. Er kann nicht sagen, ob ihre Haare offen oder zum Zopf gebunden waren, ob sie ihre Kontaktlinsen eingesetzt oder Brille getragen und wie sie ihn angesehen hat. Hat in ihren Augen schon ein Abschiednehmen gelegen, ein genauerer Blick, um sich ihn noch einmal einzuprägen? Wehmut vielleicht? Oder Überdruss, Verachtung gar? Wenn er sich nur an ihren Blick erinnern könnte, dann könnte er gesunden. Dann wüsste er, warum sie gegangen ist.

Julie schickte ihm am Abend noch eine Nachricht, Ort und Zeit für die Squash-Partie am nächsten Tag. Am Sportzentrum wartete er am Samstagabend vergeblich. Keine Nachricht von ihr. Über ihr Handy war sie nicht zu erreichen, in ihrer Wohnung nicht anzutreffen. In seiner Küchenschublade suchte er ergebnislos nach dem Zweitschlüssel ihres Appartements. Um Mitternacht rief er Michael an. Der gab sich ahnungslos und beschwichtigend. Abwarten, Paul, keine Sorgen machen.

In der Nacht schlief Paul zum ersten Mal nicht. Am Sonntagmorgen meldete er sich bei der Polizei. Ein Beamter fragte ihn nach ihrer Beziehung – nein, kein Streit, nein, keine Depressionen. Der Polizist versicherte ihm, dass sich die allermeisten Verschwundenen nach kürzester Zeit meldeten. Dass es Leute gab, die ihre Telefone verlegten und Termine vergaßen. Von einer Vermisstenanzeige riet er ab, dafür sei es viel zu früh. Immerhin versprach er, bei den örtlichen Krankenhäusern nachzufragen. Zwei Stunden später rief er an. In keinem Krankenhaus war eine Juliane Mascarov eingeliefert worden.

»Das ist eine gute Nachricht, Herr Antheim. Machen Sie sich keine Gedanken.«

Paul legte auf und fixierte die Kante seines Schreibtisches. Dann sprang er auf, zog im Laufen seinen Anorak an und fuhr noch einmal zu Julies Wohnung.

Sie öffnete auf sein Klingeln wieder nicht. Er drückte auf die anderen Knöpfe. Zweimal nichts, aber Herr Kurtmeier antwortete, der Dicke, den er ein paar Mal im Flur gegrüßt hatte. Er ließ Paul, als er darum bat, ins Haus und empfing ihn an der Wohnungstür.

»Was gibt's?« Hinter Herrn Kurtmeier lief ein Fernseher. Eine Quizshow.

»Entschuldigen Sie.« Paul war außer Atem vom Treppensteigen. Er lehnte sich ans Geländer, obwohl das zu lässig wirkte. Wenn er die Arme bewegte, roch er seinen sauren Schweiß. »Ich bin der Freund von Frau Mascarov, wir sind uns schon mal begegnet.«

»Ich weiß.«

»Wissen Sie, wo sie ist? Ich kann sie seit gestern nicht erreichen.«

Julies Nachbar hatte einen massigen Körper, auf dem ein massiger Kopf saß, den er jetzt schüttelte. »Sie fragen mich, wo sie ist?«

»Ja. Ich mache mir Sorgen.«

»Also hier bestimmt nicht mehr.« Gelächter aus dem Fernseher.

»Warum nicht?«

Mit dem nächsten Satz schlug Pauls Angst in Scham um.

»Ich dachte, das wüssten Sie. Am Freitag war der Umzugswagen da.«

39 Paul

Julie blieb fort. Und Herr Kurtmeier hatte nicht ganz Recht. Es war kein Umzugswagen, der an jenem Freitag vorgefahren war.

Als Paul den Vermieter anrief, zierte der sich – Datenschutz –, verriet dann aber, dass der Mietvertrag für die Wohnung Bädergasse 30, zweiter Stock links, zwei Monate zuvor gekündigt worden war: »Schade. Frau Mascarov war eine angenehme Mieterin.« Er habe ihr einige Möbel abgekauft, vor allem die Kücheneinrichtung und den Esstisch. »Den Rest wollte sie dem Sozialkaufhaus spenden. Sie haben eine sehr großzügige Freundin.«

Das Sozialkaufhaus hatte drei Männer mit einem Lieferwagen in die Bädergasse geschickt. Julie, erfuhr er am Telefon, hatte nicht nur eine Monatsmiete verschenkt, sondern auch ihren halben Hausstand. So eilig hatte sie es gehabt, zu verschwinden. Ihren Job hatte sie kurzfristig gekündigt. Der Arbeitgeber gab ihm keine Auskunft, doch Paul passte zur Feierabendzeit einen Kollegen aus Julies Team ab, den er von ein oder zwei Begegnungen in der Mittagspause kannte.

»Vorletzte Woche hat sie die Brocken hingeschmissen. Das war Tagesgespräch und hat richtig Wirkung in der Chefetage hinterlassen. Julie war hier nicht ganz unwichtig und sie ist danach nicht mehr in der Firma aufgetaucht. Von heute auf morgen weg, das reißt ein großes Loch.« Der Kollege zeigte mit den Händen, wie groß das Loch war.

»Hat sie begründet, warum sie geht?«

»Niemandem. Den Kollegen nicht und auch nicht den Chefs. Wir waren alle sicher, dass sie hier sehr zufrieden war. Großes Rätselraten.«

»Wie kann sie denn von einem Tag auf den nächsten gehen? Gibt's bei euch keine Kündigungsfristen?«

»Resturlaub. Deine Liebste hatte ganze Monate an Überstunden und Resturlaub.«

Julies Telefon blieb stumm. Funkstille auf all ihren Social-Media-Profilen und ihr Mail-Account schickte nicht einmal eine Abwesenheitsnotiz. Auch Michael war keine Hilfe und stellte nur lapidar fest, sie wolle offensichtlich nicht gefunden werden.

»Es gibt keinen Unfall und kein Verbrechen. Meine Schwester ist nicht krank, sie ist volljährig und sie kann tun, was sie für richtig hält. Wart's einfach ab.«

»Danke für deine Hilfe, großer Bruder.«

»Julie braucht keine Hilfe.«

»Sie nicht.«

Eine Woche später fuhr Paul mit dem Fahrrad in den Norden der Stadt. Hinter den Bahngleisen erstrecken sich ehemalige Fabriken, in denen einmal Arbeiter Lokomotiven, Zwangsarbeiter Waffen und Industrieweber Jute-Säcke hergestellt hatten, dann niemand mehr arbeitete, bis die Hallen für kleines Geld an Speditionen, Installateure und junge Menschen vermietet wurden, die dort längere oder kürzere Karrieren als Maler oder Bildhauer begannen. Hier bietet das Sozialkaufhaus gespendete Möbel, Kleidung, Geschirr und andere Dinge zu tiefsten Preisen an. Paul wich auf dem Parkplatz einem abfahrenden Transporter aus, schloss das Rad an eine Laterne und betrat das Gebäude, dessen Backstein man dick mit roter Farbe übertüncht hatte. Ein hagerer Bursche stützte sich mit den Ellenbogen auf den Kassen-Tresen, offenes Hemd, Metallica-T-Shirt. Paul fragte, ob er sich umsehen dürfe.

»Klar, Mann. Sie dürfen sich umsehen. Sie dürfen auch alles kaufen. Wir verlangen hier keinen Bedürftigen-Nachweis, wenn Sie das hören wollen. Hübsche Schuhe.«

Ohne zu antworteten, wandte sich Paul der Ausstellung zu. Die Halle war groß und mehrere Meter hoch, sie mochte einmal als Montagehalle gedient haben, und voll mit Waren wie mit Menschen; offensichtlich traf hier ein Angebot auf eine Nachfrage, Überfluss auf Not. Was aus den Häusern und Kellern der Wohlhabenden geräumt worden war, stand unter Neonlicht in großen Gruppen beieinander: Dutzende von Fernsehern und Spielekonsolen, Regale und Schränke, Betten und Sofas, Teller, Schüsseln und anderes Geschirr und dazwischen Leute, die gedämpft sprachen. Leise lief Paul auf die Möbel zu und durch eine lange Reihe lose sortierter Stühle. Links und rechts Küchenstühle, Bürostühle, Klappstühle, dann Hocker, schließlich ging das Sortiment in Sessel über, in allen Größen und Formen. Ein Vater rief zwei kleine Kinder zur Ordnung, die von einem Ledersessel zum anderen hüpften und dann zurück. Paul hielt vor einem mit rotem Stoff bezogenen, klobigen Ding mit einer niedrigen Lehne und breiten Armpolstern. Guter Zustand. Nur wer genau hinsah, fand am Stoff abgewetzte Stellen, Julies Spur, die darauf im Pyjama gesessen hatte, einen Fuß auf dem Sitz, während sie ihren Laptop bearbeitete. Der Sessel hatte mit dem Rücken zum Wohnzimmerfenster gestanden, und an hellen Tagen war die Sonne durch ihre ungekämmten Locken gefallen, die dann glänzten wie frische Münzen. An der Lehne hatte jemand mit Tesafilm einen Zettel befestigt; er verlangte für den Sessel 35 Euro.

Zwei Reihen weiter fand Paul ihr Bett. Er stand nur ganz kurz davor und machte sich nicht die Mühe, nach einem Preisschild zu schauen.

40 Paul

Im Schritttempo radelt Paul die Rückseite einer Häuserzeile entlang, dahinter lärmt eine sechsspurige Straße. Seine Hände sind kalt, er hat nicht daran gedacht, sich Handschuhe anzuziehen, er ist das Radfahren nicht mehr gewohnt. Aber eines hat er richtig gemacht, nämlich nicht, wie das Handy vorgeschlagen hat, auf der Hauptstraße zu fahren. In den 70er-Jahren – da war Niederzwehren bereits eingemeindet – hatten die Stadtplaner einen Durchlass in der dörflichen Bebauung zur Ausfallstraße erklärt, mit dem Bagger Platz gemacht und die Schneise in einem Viertelkreis um den verbliebenen Dorfkern gelegt, so eng, dass Beifahrer heute aus dem Fenster schier nach den Resten des Fachwerks greifen können. Die Straße führt zügig vom Stadtzentrum zur Autobahn, von dort geht es zum Frankfurter Flughafen und in Ferienträume, in denen man den Lärm und die Hast und die Hässlichkeit des deutschen Alltags hinter sich lässt. Was an Höfen und Handwerkerhäuschen übrig geblieben ist, drängt sich nun wie eine Herde Schafe um den kantigen Wehrturm der Dorfkirche.

Der Turm steht trutzig und ungerührt da, denkt Paul, und lässt den Verkehr und die Jahrhunderte an sich vorüberziehen. Er erkennt die Kirche wieder: Im Gemeindesaal daneben hat Peters seinen Vortrag gehalten, danach hat Frau Ochs ihn eingeladen. Deswegen ist er jetzt hier. Er radelt durch die Siedlung, Gärten im Winterschlaf. Bei einem mit weißen Eternitplatten verkleideten und hinter einem Baugerüst halb verborgenen Gebäude macht der Weg einen Knick und steigt ganz behutsam an. Sein Handy findet den Bungalow der Eheleute Ochs. Von den Terrassen ihrer Neubauten haben die Nachbarn einen schönen Blick auf den Kirchturm, die Herde der Häuser und das Herkules-Bauwerk auf den Bergen dahinter.

»Schön, dass Sie da sind«, begrüßt ihn die Hausherrin. »Kommen Sie herein. Wie geht es dem Fuß? Es schien mir, als hätten Sie zuletzt etwas gehumpelt.«

»Besser, danke.«

Da scheint jemand sein Umfeld genau wahrzunehmen, denkt Paul und ist ein kleines bisschen beeindruckt. Wieder kommt sie daher wie aus dem Ei gepellt: rotes Etuikleid, feuerwehrfarbener Lippenstift. Sie trotzt dem Winter, versteht er, und dem Alter. Er hängt Mantel und Helm an die Garderobe, und sie führt ihn in ein aufgeräumtes, helles Wohnzimmer, in dem es nach Narzissen riecht. Ein riesiger Strauß leuchtet auf einer antiken Kommode. Über der Vase – sollte sie sogar so etwas aufeinander abstimmen? – hängt ein abstraktes Aquarell in Osterglockengelb und Ocker. Große Fenster gehen auf den Garten.

»Nehmen Sie Platz. Mein Mann setzt gerade Wasser auf, wenn alles gutgeht. Sie trinken Kaffee, nicht wahr? Oder lieber einen Tee?«

Kaffee. Frau Ochs verschwindet in der Küche. Er hört, wie sie mit ihrem Mann spricht, wie hantiert wird und ein altmodischer Wasserkessel pfeift. Dann taucht Herr Ochs mit zwei Tellern auf, stellt sie grußlos auf den Tisch und kehrt zurück in die Küche. Im Gegenzug erscheint seine Frau mit einem Tablett.

»Die Schwarzwälder Kirsch ist selbst gemacht. Ich hoffe, Sie achten nicht auf Ihre Linie.«

Sie bedient ihn unaufdringlich mit Koffein und Kalorien und verwickelt ihn in eine leichte Plauderei, die bei Gartenpflege im Winter beginnt, kurz das Alltagsleben in Niederzwehren erörtert, die Themenkomplexe Freundin und DroneCon taktvoll ausspart und dann auf die englische Literatur und Gesellschaft des 19. Jahrhunderts einbiegt. Er fragt sich, worauf sie hinauswill. Er ist nicht zum Plaudern gekommen, irgendetwas will sie schließlich von ihm, aber er registriert, wie versiert sie als Gastgeberin ist und wie gut ihm das tut. Höflichkeit wirkt, stellt er fest, auch wenn sie nicht von Herzen kommt. Oder tut sie das? Mag sie ihn etwa?

Von ihrer Bildung ist Paul beeindruckt, nachdem er jedoch beim letzten Mal abgeblitzt ist, traut er sich nicht, sie nach ihrem Beruf oder ihrem Werdegang zu fragen. Er hält es für möglich, dass sie sich eingelesen hat, um ihm das Gespräch leichter zu machen, und ist davon gerührt. Sie weiß von der Struktur der frühen Fortsetzungsromane, bespricht mit ihm kundig den Schock der industriellen Revolution und die gegensätzlichen Reaktionen in der englischen Kunst: die Sehnsucht nach Weltflucht und den harten Realismus.

»Bewegte Zeiten waren das, nicht wahr? Voller Möglichkeiten für die einen, für die meisten unerträglich.« Sie nimmt einen Schluck Kaffee. Das Service ist aus dünnem Porzellan und trägt ein feines Blumenmuster. Wenn sie ihre Tassen absetzen, geben sie einen zarten Ton, aber bei ihr nur ganz leise, als hätte sie das jahrelang geübt. »Warum haben Sie sich für Ihr Promotionsthema entschieden?«

»Die Bewerbungen für einen Fortsetzungsroman?«

»Für die Manuskripte. Für das, was jemand vor mehr als 100 Jahren zu Papier bringt, um Charles Dickens nachzueifern. Warum überhaupt promovieren?«

»Ich glaube, ich wollte einfach an der Uni bleiben. Professor zu sein hätte mir gefallen.«

Sie legt den Kopf schief. »Klingt ein bisschen beliebig. Ich glaube Ihnen nicht, dass das alles ist.«

Er zögert einen Moment. »Ich verbeiße mich gerne in ein Thema. Ich liebe es, Dinge freizulegen, in all ihrer Vielschichtigkeit. Was unter dem liegt, was wir unmittelbar wahrnehmen, und welche Wirkung es entfaltet, oft, ohne dass wir es merken. Wissen Sie, in der Literaturwissenschaft gilt im Grunde das Gesetz des größten Mauls. Wer seine Ansichten nur vehement genug vertritt, kommt durch. Mein Prof war anders. Er hat eine überprüfbare Methode entwickelt, um Texte objektiv zu analysieren und ihre tiefere Bedeutung freizulegen. Plötzlich machte alles, was ich las, Sinn, auch jeder Film, jedes Computerspiel. Und ich bin gut darin, die Methode anzuwenden.«

Wenn das Leben doch nur ein Roman wäre, denkt er, oder ein Spiel.

»Ich schätze, das ist alles, was ich kann.« Paul zuckt mit den Achseln, ist aber ganz gegen seine Gewohnheit ins Reden gekommen. »Es gibt aber noch einen Grund, einen ganz eitlen. Ich weiß gerne mehr als andere. Und sei es etwas über 150 Jahre alte Feuilleton-Romane.«

Sie nickt, das leuchtet ihr offenbar ein. »Sie haben gerne unterrichtet?«

»Furchtbar gerne.«

»Und das Thema?«

»Ist mir so zugefallen. Mein Prof hat mich gefragt, ich habe Ja gesagt, dann ist er aus Berlin hierher gewechselt und ich bin mitgekommen. Es hat sich herausgestellt, dass er ein begnadeter Wissenschaftler, aber kein fairer Chef ist. Vielleicht war ich auch selbst ein bisschen schuld.«

In der Küche klappert ihr Mann mit Geschirr, was ihm ungewöhnlich laut vorkommt. Paul fühlt sich ein wenig blümerant. »Ist Schnaps in der Torte?«

»Natürlich.«

Er ist kurz fassungslos. »Und das wollten Sie mir nicht vorher sagen?«

»Ich bitte Sie, das weiß man doch. Siri, was sind die Zutaten für Schwarzwälder Kirsch?«

Das glaubt er jetzt nicht. Nicht nur, dass sie ihn alkoholisiert, die Blümchenporzellantassenfrau hat einen Sprachassistenten im Wohnzimmer stehen. Paul hat ihn nicht bemerkt, aber jetzt bestätigt das Ding gehorsam, dass das Originalrezept Kirschwasser verlangt. Paul überlegt, ob er gehen soll. Er hasst es, nicht gefragt zu werden, er hasst es, belehrt zu werden, und er hasst offene Mikros.

»Herr Antheim, ich möchte Sie für etwas gewinnen.«

»Ich dachte, Sie wollten mir etwas zeigen.«

»Ich will Ihnen etwas zeigen und ich will Sie damit für etwas gewinnen.«

Sie lächelt, steht auf, schreitet zur Kommode und stellt die Vase mit den prächtigen Frühlingsblumen vorsichtig auf den Boden. Ein Schwall Narzissenduft weht herüber.

»Sicherheitshalber. Die Schublade klemmt«, erklärt sie. Dann greift sie nach den Messingbeschlägen, und mit einem heftigen Ruck, den er ihr nicht zugetraut hat, zieht sie die Lade auf.

41 Paul

Aus der Schublade nimmt Frau Ochs ein Paket, das in eine Plastiktüte gewickelt ist. Sie rammt die Lade zurück in die Kommode, kehrt zum Wohnzimmertisch zurück und setzt sich. Die Narzissen bleiben auf dem Boden stehen.

»Hierum geht es. Schauen Sie rein.« Sie legt das Paket auf den Tisch.

Paul rührt sich nicht. »Was ist das?«

»Ein Fund unserer Nachbarn. Haben Sie das weiße Haus in unserer Straße gesehen?«

»In der Kurve? Mit dem Gerüst an der Fassade?«

»Genau das. Es ist kaum noch zu erkennen, aber eigentlich ist das ein Bauernhof. Und zwar der Hof, zu dem das ganze Land gehörte, auf dem diese Siedlung steht. Wie so viele haben die Bauersleute irgendwann den Betrieb aufgegeben. Nette Menschen übrigens. Vor mehr als 20 Jahren war das. Mein Mann hat sein Elternhaus verkauft, von dem Geld haben wir von ihnen dieses Grundstück erworben und diesen Bungalow darauf gebaut.« Sie sieht sich um, als wäre ihr das Wohnzimmer neu. »Die Kinder waren gerade flügge geworden, wissen Sie, und wir wollten uns noch einmal verändern.«

»Verstehe.«

»Alles ebenerdig. Barrierefrei würde man es heute nennen. Na ja, jedenfalls der alte Hof wird nun mit allen Nebengebäuden ebenfalls verkauft, und die Kinder sanieren gerade das Austragshaus, um einen besseren Preis zu erzielen.«

»Austragshaus? Da wohnen die Altbauern, oder?«

»Wenn sie sich zur Ruhe setzen, ja. Das Altenteil. Dieses Austragshaus war allerdings seit Langem vermietet. Seit über 100 Jahren schon.« Sie zeigt auf das Paket. »Das hier haben sie unter einem Dielenbrett gefunden.«

Paul nimmt die Tüte jetzt doch vom Tisch. Er greift hinein und hat ein mit Bindfaden verschnürtes Bündel in der Hand. »Briefe?«

»Vor allem, ja.«

»Wieso kommen die Finder damit zu Ihnen?«

»Schauen Sie aufs Datum.«

Vorsichtig löst er den Faden, nimmt den obersten Umschlag und zieht den Brief heraus, faltet das brüchige Papier auseinander und legt es auf den Tisch. Auf einem eng beschriebenen Bogen ein englischer Text in einer zarten, schwungvollen Handschrift. *Beloved father, beloved mother, Your son is well. One has assured me ...*, liest er. Oben das Datum: *The 4th of January 1915.* »Erster Weltkrieg. Noch ganz am Anfang.«

»Ziemlich, ja. Die Zimmer im Austragshaus waren während des Krieges an Offiziere des Landsturms vermietet. Offiziere, die unser Gefangenenlager bewacht haben.«

»Eine kleine Kaserne?«

»Eher eine Soldaten-WG. Das waren Privatunterkünfte, mit denen die Dörfler ihr Budget aufgebessert haben. Drei Zimmer, zwei Bewohner. Wechselnde Offiziere.«

»Sie glauben, dass diese Briefe wichtig sind für den Heimatverein.«

»Sagen wir, dass sie zumindest interessant sind. Das hoffe ich, ja.«

»Sie haben sie noch nicht gelesen?«

»Das kann ich nicht«, erwidert Frau Ochs und schaut ihn an. »Ich spreche kein Englisch.«

Paul versucht, sich seine Überraschung nicht anmerken zu lassen, und untersucht die Kirschkerne auf seinem Porzellanteller. »Aber sicher doch andere im Verein.«

»Sie haben von Ihrem Professor berichtet, der andere die Arbeit machen lässt und dann den Applaus erntet. Das hat Ihnen auch nicht gefallen.«

Es dämmert ihm. »Herr Peters ist das Problem?«

»Dieser aufgeblasene Pfau!« Sie versteift sich. Ihr Make-up lässt an den Wangen ein bisschen natürliches Rot durch. »Ich bin es einfach leid. Meine Nachbarn haben mir die Briefe gegeben, weil sie wollen, dass ich etwas damit anfange. Und genau so gedenke ich es zu tun. Herr Peters wird zu gegebener Zeit davon erfahren. Außerdem ...« Sie interessiert sich jetzt ebenfalls für die Kirschkerne auf ihrem Teller.

»Außerdem?«

»Er weiß nicht, dass ich kein Englisch spreche. Niemand im Verein weiß das. Und ich werde das ganz bestimmt nicht offenbaren, indem ich die Briefe übergebe und nicht über den Inhalt mitreden kann. Jahrelang hat mir mein Mann geholfen, wenn es drauf ankam, aber der fällt ja nun aus. Inzwischen benutze ich Apps auf dem Handy. Aber bei Handschriften funktionieren die Programme nicht. Jedenfalls nicht bei dieser Handschrift. Ich habe es ausprobiert.«

Er hat jetzt überhaupt nicht mehr das Bedürfnis zu gehen. »Und weil ich ein verhinderter Experte für alte englische Handschriften bin, soll ich Ihnen helfen und die Dinger übersetzen?«

»Exakt.«

»Hm. Und weil Sie meinen, dass ich Ihren Groll auf Alphatierchen verstehen kann?«

»Exakt.«

»Und weil ich einen Schrottjob habe, der mich weder fordert noch interessiert, und eine sinnvolle Beschäftigung brauche?«

»Das haben jetzt Sie gesagt.«

Paul lässt ihre Worte stehen und sieht sich den Brief noch einmal an. Die Schrift ist nicht ganz einfach zu lesen, aber mit etwas Geduld und Einarbeitung sollte es kein Problem sein. Auch der Umfang ist mehr als machbar: etwa 40 Briefe und ein paar Zettel. Zuunterst liegt eine auf Pappe aufgezogene Schwarzweiß-Fotografie, das Gruppenbild einer Schauspieltruppe. Wie gehört die in diese Sammlung?

»Was machen Sie mit den Briefen, wenn sie übersetzt sind?«, fragt er.

»Das kommt auf den Inhalt an. Zur Lokalzeitung gehen. Vielleicht sind sie auch relevant für die Informationstafel, die wir aufstellen wollen. Vielleicht haben Sie auch eine noch bessere Idee. Verstehen Sie mich nicht falsch, ich bin keine Egoistin, ich brauche nicht den ganzen Applaus alleine. Ich würde mich sehr freuen, wenn wir zusammenarbeiten würden. Mehr als Ruhm und Ehre und ein bisschen Ärger mit dem Vereins-Pascha kann ich Ihnen allerdings nicht anbieten. Ein Budget habe ich nicht.«

Paul grinst. »Sie verstehen es, Angebote zu machen, die man nicht ablehnen kann.«

Das mit der Torte nimmt er ihr übel, aber was soll's, denkt er, er hat schon wieder nicht an Julie gedacht, und das fast eine volle Stunde lang. Wenn der Erste Weltkrieg zu irgendetwas gut war, dann vielleicht dazu, ihn mehr als hundert Jahre später auf andere Gedanken zu bringen.

»Also gut, ich bin dabei. Aber ich habe gleich eine Frage: Warum, glauben Sie, sind diese Briefe auf Englisch, wenn doch auf dem Bauernhof deutsche Offiziere gewohnt haben?«

Er bekommt ein Lächeln zurück. »Ich bin mir sicher, das finden wir heraus, wenn wir Ihre Übersetzungen lesen«, antwortet seine neue Verbündete.

42 Paul

Der Rückweg ist weiter als der Hinweg, so kommt es ihm vor. Paul kommen Bedenken, ob das mit dem Radfahren eine gute Idee gewesen ist. Am ersten Anstieg steigt er vom Rad und schiebt hinauf. Ein Mann mit weißem Pferdeschwanz unterm Helm fährt an ihm vorbei. Paul blickt ihm nach und erkennt auf dem Gepäckträger die Batterie: E-Bike, Kinderspiel. Aber ohne Elektroantrieb zieht sich der Weg. Paul keucht ein bisschen. Er überlegt, wann er das letzte Mal Sport getrieben hat. Squash hat er nicht mehr gespielt, seit er an jenem Samstagabend vergebens vor der Halle gewartet hat. Irgendetwas anderes auch nicht.

Immerhin gehe ich zu Fuß einkaufen, sagt er still. Manchmal.

Über den Besuch bei Herrn und Frau Ochs ist es spät geworden, die Scheinwerfer eines entgegenkommenden Autos leuchten in den Abend hinein. Ein Waschbär läuft vor ihm über die Straße, duckt sich unter einem Gartenzaun hindurch und klettert einen Kirschbaum hinauf. Es fängt an zu nieseln. Paul hofft, dass der kleine Damenrucksack, den Frau Ochs ihm geliehen hat und den er auf dem Rücken trägt, wirklich wasserdicht ist, denn er transportiert eine wertvolle Fracht, das Bündel der Briefe. Die dürfen keinen Schaden nehmen, sonst könnte er sie womöglich nicht mehr lesen und nicht transkribieren. Das wäre schlimm. Dass er in der kommenden Woche nichts vorhat, ist gut, die Feierabende wird er für die Übersetzung benötigen. Vielleicht beschäftigt ihn das Bündel sogar für länger als eine Woche. Das wäre auch gut.

Am oberen Ende der Straße angekommen steigt Paul wieder in den Sattel, bleibt aber noch einen Moment stehen. Vor ihm, unter ihm liegt in hellen Flecken ein Stück Stadt. Darüber zerteilt plötzlich eine grüne Linie den Himmel, oben das tiefgraue Nachtmeer, unten der funkelnde Teppich der Straßenlaternen. Kein Zucken, kein Aufflammen, von einem Moment auf den anderen ist der Schnitt einfach da und leuchtet neongrün. Paul kennt das schon: Man fragt sich, ob man den Lichtstrahl die ganze Zeit übersehen hat. Seit er weiß nicht welcher Documenta schießt der Laser jede Samstagnacht vom Stadtzentrum auf den Herkules oben auf seinem Berg, und eine ganze Weile mochte Paul, wie der Strahl kalt und duldsam über den westlichen Stadtvierteln hing, über den Nachtschwärmern, den Vergnügungssuchenden, den Berauschten, über Julie und ihm.

Als Julie weggegangen war, hat er phantasiert, dass der Laser den Herkules herunterschießt von seinem Sockel. Dass er die ganze unerträgliche Schönheit dort oben versengt und verbrennt, den Tuffstein in Lava zurückschmelzt, die sich den Berg herunter ergießt und alles mitnimmt, Tempel, Park und Schloss. Das hat der Laser nicht getan.

Der Regen wird stärker. Wenn Paul genau schaut, erkennt er, wie der Regen durch den Strahl fällt und das Grün flimmern lässt. Er versucht, jenen Zerstörungshass noch einmal zu fühlen, aber es gelingt ihm nicht. Stattdessen denkt er an einen Leuchtturm. Der Laser hat seinen Ursprung in einem Turm am Friedrichsplatz und irgendwo dahinter muss, von hier aus gesehen, Pauls Wohnung liegen. Er peilt den Anfang des grünen Strichs an und rollt los. Auf dieser Seite ist der Hügel steiler, das Rad nimmt Tempo auf. Er spürt ein Gefühl, von dem er nicht weiß, was es ist.

43 Madelaine

27. Juni 1915

Geliebter Thomas,

in Niederzwehren müssten fünf Pakete angekommen sein – plus dieses hier, also sechs. Da ich keinen Brief von Dir und keine speziellen Wünsche erhalten habe, haben wir vor allem nahrhafte Lebensmittel hineingetan. Siehst Du zu, dass sie möglichst gerecht an jene gehen, die sie am nötigsten haben? Jedes Paket hat denselben Inhalt. Stärkt Euch und schreib mir bitte, ob Ihr alles erhalten habt.

Das Fest war wirklich ein Erfolg. Wir haben 14 Pfund an Spenden eingenommen, alleine die Tombola hat fast acht Pfund eingespielt. Priscilla hatte ein reizendes Kissen dafür genäht, Vater eine Gießkanne zur Verfügung gestellt. Der Hauptpreis war ein gepackter Picknickkorb! Ein junges Mädchen hat ihn gewonnen, sie will ihre Eltern auf einen Sonntagsausflug zum Jubilee Tower mitnehmen. Du weißt, dass ich selbst den Ort seit damals nicht mehr aufsuche. Aber es wird sicher schön dort oben am Turm und ich wünsche ihnen von ganzem Herzen einen unbeschwerten Sonnentag. Den größeren Teil der Einnahmen wenden wir für das Queen Mary's Hospital auf (von Prothesen und Krücken haben die Patienten wohl mehr als von schönen Liedern – es war die richtige Entscheidung) und für Lebensmittel-Pakete an die Front. Ich bin glücklich, dass auch Ihr wenigstens einen kleinen Teil von dem Segen abbekommt.

Vater und Walter reden wieder miteinander, wenn auch nur das Nötigste, im Laden kommen sie eben nicht drumherum. Walter war sogar mit auf dem Fest, wenngleich ich vermute, nicht um den Picknickkorb zu gewinnen. Mary war allerdings nicht zu sehen. Dein Bruder lief mit einem Gesicht wie sieben Tage Regenwetter durch die Stände und wich allen Gesprächen aus.

Inzwischen scheint Mary wieder aus dem Haus zu dürfen. Oder wissen ihre Eltern nicht, dass sie in der Stadt herumläuft? Ich habe sie gestern in einem Fähnlein Demonstranten mitmarschieren sehen, darunter zwei stadtbekannte Suffragetten, die mit ihren Schildern von den Markthallen zum Rathaus zogen und die allgemeine Wehrpflicht forderten. »Alle Männer in den Kampf!«, »Eure Frauen sagen: Geht!« usw. Wie stellen sie sich das vor, wer ersetzt dann die Männer in der Heimat? Ich müsste wohl *Polly berichten, was ich gesehen habe, aber ich verspüre wenig Lust dazu. Die beiden jungen Leute haben ihre Strafe bekommen, damit ist die Affaire für mich bereinigt, und in die Familienangelegenheiten der Browns mag ich mich nicht einmischen. Bei uns Barleys wird beharrlich über den Vorfall geschwiegen. Weder mit Vater noch mit Walter ist auch nur ein Wort darüber zu wechseln. Was Walter jetzt vorhat? Liebt er sie? Keine Antworten. Es wiederholt sich ein Zerwürfnis wie damals mit Dir.*

Thomas, wir hoffen, dass es Dir gutgeht. Lass bitte von Dir hören und vergiss uns nicht.

Deine Dich liebende Mutter

44 Tom

3. Juli 1915

Geliebte Eltern,

verzeiht, dass ich Euch lange nicht geschrieben habe. Ihr habt Euch sicher gesorgt. Die Seuche hat mich noch erwischt, als das Schlimmste für das Camp schon vorbei schien. Jetzt ist es überstanden.

Ich fühlte mich dem Tod näher als im Schützengraben. Über Nacht bekam ich hohes Fieber und Schüttelfrost. Drei Wochen mag das her sein, sagt Martin. Die Krankenpfleger holten mich ins Lazarett, an die folgende Zeit erinnere ich mich wie an eine einzige Nacht: Kopfschmerz, Karbolgeruch, Dämmernis, Schlafsucht. Erst seit einigen Tagen fühle ich mich wacher. Ich liege in der besten Baracke des Krankenlagers, wenn ich Martin glauben darf. Er war der erste Mensch, mit dem ich wieder gesprochen habe. Ich habe es warm, liege weich und bekomme genug zu essen. Ein Sanitätsoffizier aus London sieht regelmäßig nach mir. Ihm fehlt eine Hand. Wie oft kommt es vor, dass der Patient mit dem Arzt nicht tauschen will?

Ein paar Tage werde ich weiter im Krankenbett bleiben müssen. Der Kopfschmerz ist noch nicht ausgestanden, auch ein steifer Nacken peinigt mich. Lindernde Medikamente sind nicht vorhanden, sagt der englische Doktor. Manchmal lässt er mich dennoch eine Substanz schlucken, mit der ich mich für eine Weile leichter fühle. Es wird von Tag zu Tag besser.

Nachtrag, 5. Juli 1915

Es ist alles gut. Gestern bin ich aus dem Lazarett entlassen worden. Geheilt, wenn auch noch von einer Müdigkeit gebremst, die aber, so versichert mir Martin, abklingen wird.

Zum ersten Mal, seit ich in Niederzwehren bin, fühle ich so etwas wie Zuversicht. Gewiss, weil ich selbst aus einem tiefen Tal herausgefunden habe, der wesentliche Teil des Gefühls aber ist etwas Gemeinschaftliches, ich habe teil an einem großen Aufatmen. Jeder spürt es. Das Lager, in das ich aus der Krankheit zurückkehre, ist ein anderes geworden.

Der stärkste Eindruck, als ich zum ersten Mal aus der Baracke und in den Sommer trete: der Geruch. Ich brauchte ein paar Sekunden, um die Veränderung festzustellen. Martin stützte mich, als ich die Stufe auf die Erde, auf festen, sonnenharten Boden hinuntergetreten bin. Die Luft ist jetzt heiß und klar. Kein Rauch liegt darin und keine Notdurft mehr. Monatelang haben die Kleider und die Matratzen der Kranken und Toten gebrannt, hat der Qualm sich in unsere Kleidung gesetzt wie eine Erinnerung an die Von-uns-Gegangenen und unsere Augen gereizt, als stände es nun mal geschrieben, dass Tränen fließen müssen, auch für *die, um die sonst niemand weinen würde. Ist der Geruch nicht sogar durch das Fenster in mein Krankenlager gekrochen? Oder täusche ich mich? Jetzt ist er weg.* Und mit ihm, das noch größere Wunder, der Gestank der Latrinen, der hier vom ersten Tag an alles überdeckt hat. Der deutsche Professor habe durchgesetzt, dass ein Rohr gelegt wurde, sagen die Kameraden. Sieh an, denke ich, und atme tief ein: Auch in Preußen gibt es Linden.

Liebe Mutter, lieber Vater, ich schreibe Euch von meinem Bett, einstweilen bin ich noch vom Appell und allen Diensten befreit. Man hat mich wieder in dasselbe Gebäude eingeteilt, in dieselbe Stube, in der ich schon zuvor gewohnt habe. Und doch: So viel ist anders. Die Gänge sind breiter, die Betten stehen weiter auseinander, die Fenster offen, es fällt Licht und Leben hinein. Ein Einverständnis mit der Lage liegt in der Luft, fast schon Heiterkeit. Manche der alten Stubenkameraden sind noch da, neue Gefangene sind gekommen. Offensichtlich geht der Krieg da draußen weiter.

Vorgestern war auch ein Mann aus Darwen unter den Neuen, der in derselben Einheit diente wie Cecil Backhouse. Sie sind in heftige Kämpfe verwickelt gewesen. Cecil ist gefallen. Ich habe ihn vor Augen, groß und stark und vorlaut. Cecil Backhouse war kein einfacher Bursche, aber nie ein Feigling. Ich glaube sofort, wenn der Kamerad sagt, er habe tapfer gekämpft und sei wie ein echter Soldat gestorben. Lasst dies Mr und Mrs Backhouse wissen, es möge ihnen ein Trost sein. Friede Cecils Seele.

Ich danke Euch für Eure Sendungen, auch für die Bücher, obwohl sie vielleicht bald nicht mehr nötig sein werden. Der neue Kommandant lässt eine Bibliothek mit englischen, italienischen und französischen Büchern einrichten (Russen und Serben hält er offenbar für Analphabeten). Ich bin gespannt, was wir zu lesen bekommen. Frühling im Juli.

Genug von mir. Was ist mit Walter und Mary? Ich kann mir ausmalen, wie Vater geschäumt hat. Aber dass ein junger Mann sich nach den Mädchen umsieht, kann Euch doch nicht wundern, und aus dem Poussieren (Küssen?) allein ist noch nie eine Kalamität erwachsen. Die eigentliche Frage lautet doch: Ist es ihm ernst? Ich sehe Mary vor mir, wie sie in ihrem grauen Schleifenkleid auf der Kirchenbank sitzt. Wie alt ist sie nun, 17 oder 18? Sie kann kein schlechtes Mädchen sein. Seid nicht zu harsch mit Walter.

Grüß ihn. Grüß ebenso Vater und Priscilla. Ich hoffe, Euch allen geht es gut.

Euer Tom

45 Madelaine

16. Juli 1915

Geliebter Thomas,

erfreulich zu lesen, dass Du Deine Unpässlichkeit überstanden hast. Deine Schwester war ebenfalls krank, sehr ernsthaft sogar. Ihr Gesicht schwoll plötzlich an und sie bekam hohes Fieber, es war wohl Mumps, den hatte sie noch nicht gehabt. Etliche andere Kinder im Viertel waren erkrankt. Ich muss sagen, dass ich mir ein oder zwei Tage lang große Sorgen gemacht habe; je später die Kinder die Krankheit bekommen, desto schwerer verläuft sie, und sie ist ja doch schon 14. An solchen Tagen brechen dunkle Erinnerungen an die kleine Elsie auf, es kann einer Mutter wohl gar nicht anders gehen. Nachts habe ich das Gesicht Deiner ersten Schwester im Traum gesehen, bete für ihre Seele. Aber Pris-

cilla ist rasch und vollständig genesen. Sie fragt viel nach Dir. Ich habe ihr berichtet, dass Du für Nachsicht mit Walter plädierst, dass wir nicht so harsch mit ihm sein sollen und dass Du auch Mary verteidigst. Aber glaube mir, sie ist nicht mehr das Mädchen mit dem Schleifenkleid, von dem Du schreibst. Sie ist eine junge Frau, die weiß, was sie tut.

Von Pfarrer Gershwin habe ich gehört, dass diese Zeiten nun auch Deinen Viscount erreicht haben, mag er sich auch sonst noch so entschieden gegen jede Veränderung abschirmen. Das Haus ist zu einem Sanatorium für Veteranen geworden! Kriegsversehrte, die zu gesund sind für das Hospital, aber noch Schonung und Erholung brauchen, oft auch Training mit ihren Prothesen oder andere Hilfe für das neue zivile Leben. Der Pfarrer konnte mir nicht sagen, ob der Viscount seinen Familiensitz freiwillig hergegeben hat oder gezwungen werden musste. Da es sich um ein Heim für Unteroffiziere und einfache Soldaten handelt, würde ich sagen: Freiwillig hat er das nicht zugelassen ... Für Dich muss doch die Vorstellung eine Genugtuung sein, wie die Söhne von Bauern, Schustern und Kaufleuten an der Tafel des vornehmen Herrn speisen, unter seinen Lüstern in seinen Ledersesseln sitzen und sich von Erlebnissen erholen, die in keinem größeren Kontrast zu der edlen Welt der Herrschaft und seiner Frau Gemahlin stehen könnten. Ein Jahr dauert dieser Waffengang nun schon. Manchmal denke ich, er wird das Gefüge unseres Landes stärker verändern, als er die Ordnung Europas bewahren wird.

In der vergangenen Woche war Audrey Backhouse im Laden, Du erinnerst Dich, die Mutter von Cecil Backhouse. Wir sind uns nie besonders nah gewesen, bis zu dem Moment, als unsere Söhne ins Feld gezogen sind. Es zeigt sich doch in diesen Monaten wieder, dass uns Menschen viel mehr verbindet als trennt. Man

muss nur die Oberfläche des Alltags durchstoßen, den dünnen
Firnis aus Eigennutz und Eitelkeit, um zu erkennen, dass wir
dieselben Bedürfnisse und Wünsche in uns tragen und eine Liebe,
die sich aus derselben Quelle speist. Die Ärmste vergeht vor Sor-
ge, das steht ihr ins Gesicht geschrieben, ganz zusammengefal-
len sieht sie aus, und als hätte sie seit Wochen nicht geschlafen.
Die Kleidung hängt ihr in Falten den Leib herunter. Ich weiß nur
zu gut, wie es ihr geht. Es ist noch nicht allzu lange her, da wuss-
ten wir nicht, ob Du lebst. Auch Cecil ist vermisst, schon seit
Monaten, und sie hat Angst, dass er nie mehr zurückkehrt. Ich
mache ihr mit Deinem Beispiel Mut. Cecil dient beim East-Lan-
cashire-Regiment – gibt es nicht im Lager jemanden aus seiner
Einheit, der etwas über sein Schicksal sagen kann?

Was gibt es Neues in Deutschland? Ausgezeichnet, dass Ihr
bald eine Bibliothek erhaltet! Ich hoffe nur, die Deutschen stellen
die richtigen Bücher ins Regal.
Lieber Sohn, bleibe gesund und schreibe uns,
Deine Mutter

46 Paul

»Haben Sie lange dafür gebraucht?« Frau Ochs betrachtet die
Ausdrucke seiner Übersetzungen auf dem Esstisch. Sie duftet
heute wieder nach Pfirsich, er muss nicht einmal dicht bei ihr
stehen, um es zu riechen. Die Narzissen sind fort, unter dem
Aquarell steht eine leere Vase. Paul schüttelt den Kopf.

»Seine Handschrift war kein Problem, wenn man sich ein
bisschen eingewöhnt. Die der Mutter war etwas schwieriger, mit

ihren engen Bögen und Schnörkeln; schauen Sie hier.« Er nimmt eines der Originale und fährt mit dem kleinen Finger eine Zeile entlang. »Eine schöne, markante Frauenhandschrift, aber es wirkt, als sei sie immer ein wenig in Eile gewesen. Haben Sie alles gelesen?« Nachdem er ihr die Übersetzungen in den Briefkasten geworfen hat, hat er Frau Ochs ein paar Tage Zeit gegeben. Er hat sie ungeduldig gezählt.

Sie nickt.

»Und?«

»Sie wissen, wer er war?«, fragt sie zurück.

»Ein Soldat aus Nordengland.«

»Thomas Barley ist einer von zwei Insassen des Kriegsgefangenenlagers, die dort gestorben sind, aber kein Grab in Niederzwehren haben. Er galt offiziell zunächst als vermisst.«

Paul ruft sich das Bild der Plaketten in Erinnerung, die er auf dem Friedhof gesehen hat. »Es gibt ein Schild mit seinem Namen und einem Todesdatum. Wie geht das? Gleichermaßen gestorben und vermisst. Eine seltsame Geschichte.«

»Die Briefe machen sie noch seltsamer«, findet Frau Ochs. »Sie passen nicht zueinander und passen doch. Was soll das mit der *Unpässlichkeit* zum Beispiel? Er schreibt seiner Mutter, dass er knapp dem Tod entronnen ist, und sie antwortet lapidar mit dem Mumps der Schwester.«

»Mumps war eine gefährliche Krankheit.«

»Kommen Sie, Sie wissen, was ich meine. Er schildert seitenweise die Zustände in Niederzwehren, um ihn herum sterben die Kameraden, und sie preist Gott, dass er in so einer Art Luxus-Pfadfinderlager gelandet ist. Auch dieser tote Cecil. Sie zitiert das Schleifenkleid von Mary, aber *überliest* im selben Brief den gefallenen Nachbarsjungen?«

»Rätselhaft«, bestätigt Paul. Er spürt die Aufregung von Frau

Ochs. Sie spielt mit einer Kette, die sie sich um den Hals gelegt hat. Zartes Gold und ein Anhänger, der für ihn nach Elfenbein aussieht. Nicht mehr ganz zeitgemäß, würde er ihr gerne sagen, fragt aber stattdessen: »Meinen Sie, die Briefe können für Ihr Info-Tafel-Projekt von Belang sein?«

»Dazu müsste ich erst wissen, was es mit ihnen auf sich hat.«

Paul kommt ein Gedanke. »Dass Barley auf seiner Gedenktafel als vermisst geführt wird und zugleich ein Todestag angegeben ist, muss jemand veranlasst haben. Wir könnten herausfinden, wer das in Auftrag gegeben hat.«

»Schon geschehen«, winkt Frau Ochs ab. »Ich habe die War Graves Commission angeschrieben, das ist die Kriegsgräberfürsorge auf britisch. Man kann es sich nicht erklären. Sie haben dazu keine Unterlagen.«

Er blickt sie verdutzt an und sie lächelt.

»Ich habe es Ihnen doch erklärt, ich nutze Software. Ich lasse mir den Text von einer KI übersetzen, bevor ich ihn abschicke. Beim ersten Mal war ich unsicher, weil ich nicht lesen kann, was beim Adressaten ankommt. Aber es funktioniert. Jedenfalls bekomme ich jedes Mal etwas Sinnvolles zurück. Übrigens habe ich auch gleich den Geschichtsverein in Darwen angeschrieben, seiner Heimatstadt. Die suchen noch, ob sie etwas über ihn haben.«

Nicht schlecht die Alte, denkt Paul. Er fühlt sich herausgefordert, auch etwas beizutragen, nimmt das Bündel der Originale und sortiert sie. Die Schreiben von Thomas legt er auf eine Seite, geordnet nach Datum. Die Antworten der Mutter auf die andere, ebenfalls chronologisch. Frau Ochs macht es ihm nach mit den deutschen Fassungen.

»Was wir hier haben, entspricht nicht gerade den Vordrucken, von denen Peters gesprochen hat: 50 Zeilen und alles muss schön belanglos bleiben«, gibt Paul zu bedenken. »Warum durfte er mehr schreiben? Und dann: Die Deutschen hatten sicher kein Interesse, dass Berichte über Mangelernährung und Epidemien nach außen dringen. Wie konnte Barley glauben, dass das durch die Zensur kommt?«

»Ist es ja auch nicht. Die Briefe sind offensichtlich in Deutschland geblieben. Sonst lägen sie jetzt nicht auf diesem Tisch. Haben Sie das gesehen?« Frau Ochs tippt auf den Umschlag von Thomas Barleys ältestem Brief, der einen roten Stempel trägt: »*Geprüft. Nicht freigegeben. Postprüfungsstelle Kgl. Kommandantur Kriegsgefangenenlager Cassel*«.

»Habe ich gesehen. Der Stempel findet sich aber nur auf den ersten beiden Umschlägen.«

»Exakt. Die anderen Briefe sind gar nicht gestempelt«, stellt sie fest. »Ich weiß aber, dass alles, was aus dem Lager rausging, einen Freigabe-Vermerk benötigte. Entweder freigegeben oder nicht freigegeben – einer der beiden Stempel musste auf jedem Brief sein.«

»Hoppla.« Paul legt die Stirn in Falten. »Was wurde denn hier gespielt? Vielleicht hat jemand die Briefe für ihn aus dem Lager geschmuggelt? Der Oberst? Immerhin hat Barley Antworten erhalten.«

»Seine Mutter hat Antworten geschrieben, das stimmt. Ob Barley sie erhalten hat, ist eine andere Frage. Wieso liegen sie jetzt vor uns? Und umgekehrt genauso: Sind seine Briefe bei seiner Mutter überhaupt angekommen? Wie wären sie dann zurück nach Niederzwehren gelangt, unter die Dielenbretter des Austragshauses? Das müssten schon sehr verschlungene Pfade gewesen sein.«

Paul überlegt einen Moment. »Woher wissen Sie, dass alle Schreiben, die durch die Zensur gekommen sind, gestempelt wurden?«

»Peters.«

»Sie haben ihn gefragt?«

»Unter falscher Flagge. Wenn man ihm ein bisschen schmeichelt und die richtigen Stichwörter hinwirft, fängt er an zu sprudeln. Er ahnt nichts.«

Paul schmunzelt. »Und ich nehme an, Sie haben immer noch nicht vor, ihn einzuweihen?«

»Natürlich nicht!«, wehrt Frau Ochs ab. »Jetzt wird es doch erst interessant.«

Er betrachtet die aufgefächerten Briefe auf dem Tisch, die feinen Linien der Schrift, das fragile Papier. Seit mehr als hundert Jahren sind sie die ersten Menschen, die sie studieren. Wer außer Tom und seiner Mutter hat sie damals in der Hand gehalten? Ihm kommt der Gedanke, dass das Papier Fingerabdrücke trägt. Aber selbst wenn sie eine Möglichkeit hätten, sie sichtbar zu machen, womit sollen sie die Abdrücke vergleichen?

Er sagt: »Ich glaube, die Antwort auf unsere Fragen liegt in dem, was Barley und seine Mutter schreiben. Vielleicht zwischen den Zeilen. Wir sollten ihre letzten Briefe gemeinsam noch mal sorgfältig lesen.«

47 Tom

20. Juli 1915

Geliebte Mutter,
ich bin wieder ganz hergestellt, von der Seuche ist nichts in meinem Körper zurückgeblieben. Inzwischen weiß ich, dass ich dies nicht Gott allein, sondern auch dem Oberst verdanke. Er hat dafür gesorgt, dass ich in die Vorzugsbaracke kam, er war es auch,

der den Stabsarzt aus London zu mir schickte. Martin hat es vom Arzt direkt erfahren.

Was schert einen deutschen Offizier mein Leben? Ich habe ihn gefragt. Der Oberst und ich haben unsere Spaziergänge wieder aufgenommen und damit unsere Sprachübungen. Wir blieben aber nicht diesseits des Zauns, sondern er nahm mich mit auf einen Ausflug aus dem Lager und den Hügel hinab, bis er mir das Dorf Niederzwehren zeigte, das unserem Lager den Namen gibt und dessen winzige Häuschen und trutzigen, hoffärtigen Kirchturm ich nun zum ersten Mal sah. Ich schreibe dies und glaube es selbst kaum. Noch vor wenigen Wochen war das unvorstellbar, jetzt genügte ein Nicken zur Wache, die artig strammstand, salutierte und dann das Tor und den mit Stacheldraht bewehrten Rand der Welt weitete. Wir gingen hindurch, einfach so. Und ich fühlte vor allem Scham, blickte mich um, ob etwa einer meiner Kameraden mich sähe. Womit hatte ich verdient, wovon alle träumen: die halbstündige Freiheit, den Blick auf Friedhof und Fluss, Stadt, Dorf und Eisenbahn – und auf das Lager von außen? Womit hatte ich den Arzt verdient und das warme Bett, als andere sich in einem Zelt quälten? Womit, Herr Baron?

Ich will das folgende Gespräch nicht referieren. Es ist eine Nähe zwischen uns entstanden, wie sie zwischen Männern verfeindeter Nationen vielleicht nicht entstehen darf. Aber wer sagt das? Wenn dies wirklich der Krieg ist, der alle Kriege beendet, wie es in den Zeitungen stand – setzt das nicht die Möglichkeit eines Friedens voraus, in dem der Deutsche so viel zählt wie der Engländer, der Russe so viel wie der Italiener? In dem Freundschaften über die Grenzen der Völker hinweg reichen? Eines Tages vielleicht sogar Ehen, wer weiß, wenn zwei sich finden? In Amerika passiert es doch schon und in den Adelshäusern ist's seit Jahrhunderten so üblich.

Am Nordende des Lagers haben sie ein Sportfeld abgesteckt und spielen dort Fußball: Engländer und Russen, Italiener und Deutsche, Wachen und Gefangene. Das ist natürlich Martins Werk. Er hat erst unseren Barackenältesten überzeugt und dann den Kommandanten überredet, der ließ einen Lederball anschaffen. Spieler gibt's genug, nicht nur unter den Engländern und Schotten. Schon die zweite Partie fand unter den Anfeuerungen von Zuschauern statt, und schnell waren die Italiener dabei, dann kamen die Franzosen und zuletzt die Serben und Russen, für die der Sport freilich erkennbar fremd ist. Jeden Nachmittag legen die Kameraden ihre Uniformjacke ab, Martin pfeift auf den Fingern und wirft den Ball ins Feld. Ihr kennt das Spiel und wisst, wie elegant der Lederball von Spielerfuß zu Spielerfuß durch die Luft fliegt. Davon kann hier keine Rede sein. Ich stehe am Spielfeldrand und verfolge, wie sich eine staubende Menschentraube hin und her bewegt und das Leder von einem Tor zum anderen treibt. Martin müssten diese Unzulänglichkeiten am meisten ärgern, aber er lacht nur: »Schau in die Gesichter, Tom!« Und tatsächlich: rot und glücklich. Am Samstag marschierte dann wahrhaftig ein Trupp Preußen in Turntrikots am Spielfeld auf und forderte eine unserer englischen Mannschaften heraus. Es floss kein Blut.

Liebe Mutter, Euch muss das alles befremden. Passt das zu Eurer Wirklichkeit, in der Nachbarn ihre Söhne im Kampf gegen eben diese Preußen verlieren? Fußballspiele und Sportsgeist zwischen Deutschen und Engländern, Deutschen und Schotten ... Ich selber halte mich hübsch heraus, will meine wiedererlangte Gesundheit nicht auf die Probe stellen, überlege aber etwas anderes: Unter den Kameraden hat sich ein englisches Theater gegründet, es probt ein Stück von Shakespeare ein und sucht Schauspieler. Was meinst Du?
Dein Thomas

48 Madelaine

31. Juli 1915

Geliebter Sohn,

*Fußball? Die Welt ändert sich wirklich. Ich meine, man überlässt
diese Knochenbrecherei besser denjenigen, die zu viel Zeit haben;
gut, dass Du nicht daran teilnimmst. Andererseits: An Zeit man-
gelt es Deinen Kameraden momentan ja nicht. Seht zu, dass sie
dann wenigstens gewinnen gegen die Deutschen (und gegen die
Schotten natürlich). Erinnerst du dich, dass Dein Cousin George
vor dem Krieg nach Sunderland gefahren ist, nur um ein Fuß-
ballspiel anzusehen? Unvorstellbar. Er hätte doch leicht eine andere Beschäftigung finden und seinen Eltern mehr zur Hand gehen können.*

*Welch ein Zufall, dass Du nach der Kriegsmarine fragst. George
ist jetzt ein stolzer Seemann. Auf welchem Schiff – und welche
Meere er durchkreuzt –, das ist natürlich geheim. Tante Margaret schreibt aber, es gehe ihm gut und die Einsätze seien erfolg-
reich. Ob er auf Unterseeboote trifft? Ich weiß es nicht, aber ich
wünsche mir, dass er möglichst oft einen Ölfilm auf dem Wasser
schillern sieht. Onkel Albert, schreibt sie, läuft jede Nacht Pa-
trouille, um Brücken zu sichern. In Hartlepool und Umgebung
treiben wohl viele Spione ihr Unwesen. Die Deutschen haben es
auf den Hafen abgesehen, meint Margaret, und das nächste Mal
kämen sie nicht nur auf einen Besuch. Sie rechnen sicher nicht
damit, dass Onkel Albert schon auf sie lauert. Richte ihnen aus,
dass sie ihr blaues Wunder erleben werden.*

*Dass Du Spaziergänge außerhalb des Lagers unternimmst,
freut mich sehr. So wird die Welt wieder etwas größer. Schau
nur, dass Du Dich ausreichend bewegst und beschäftigst. Vielleicht ergeben sich Möglichkeiten, einer sinnvollen Tätigkeit*

nachzugehen, statt einem Ball nachzujagen oder Theater zu spielen. Es muss doch auch im Lager etwas geben. Du schreibst von Gottesdiensten – vielleicht braucht der Geistliche Hilfe? Priscilla ist sehr glücklich bei den Pfadfinderinnen. Sie bieten in der Stadt ihre Hilfe an, graben Gärten um, manchmal ziehen sie durch die Straßen, um Altmetall zu sammeln. Auch die Kleinen tragen bei zur großen Kraftanstrengung.

Falls Du noch ein paar Worte zu Vater und Walter erwartest: Sie gehen sich aus dem Weg. Sie haben keinen Frieden, eher einen Waffenstillstand geschlossen. Was kann ich tun, um sie zu versöhnen? Aber was frage ich Dich. Lieber Tom, ich richte Dir regelmäßig Grüße deines Vaters aus. Die Wahrheit ist, dass er nicht viel nach Dir fragt. Vorgestern Abend sah ich ihn alleine im Laden. Ich hatte etwas vergessen und ging noch einmal hinunter, da stand er im Geschäft und bemerkte mich nicht. Die Tür war abgeschlossen, mit dem Aufräumen war er fertig, doch er betrachtete stumm einen Zettel oder ein Stück Papier, ich konnte es von der Stufe, auf der ich verharrte, nicht genau erkennen. Nach einiger Zeit zog er die Schublade der Ladentheke auf und legte es hinein. Gestern ging ich früh hinunter und öffnete die Lade. Es war Dein Foto, Du in Uniform.

Bleib gesund,

Deine Mutter

49 Tom

10. August 1915

Liebe Mutter,

was für ein Mensch der Oberst ist? Ich weiß nicht, warum Du es fragst, aber ich will versuchen, ihn Dir zu beschreiben.

Im Juli hat er 40 Lebensjahre erreicht, ist aber Junggeselle, von asketischer Gestalt, dunkelhaarig. Sein Name ist Randolf von Mangersheim. Unter allen unseren Bewachern, Mannschaftsgraden wie Offizieren, sticht er heraus, und das gleich in mehrerlei Hinsicht. Ich habe beobachtet, wie er das Casino betritt und alle, auch die Ranghöheren, sich zu ihm wenden und, willentlich oder nicht, stumm darum betteln, dass sein Blick auf sie fallen möge. Eine Aura leuchtet ihm voraus.

Eine seiner Eigenarten: Er raucht nie. Wir gehen inzwischen regelmäßig außerhalb des Lagers spazieren und ich lasse mir dabei die ein oder andere Pfeife schmecken. Natürlich habe ich ihm von dem Tabak angeboten, den Ihr mir schickt. Er hatte keinerlei Interesse. Stattdessen hielt er mir einen langen Vortrag darüber, wie das Rauchen nicht nur der Lunge schade, sondern noch viel mehr der Seele. Alkohol trinkt er ebenfalls nicht. Vor einiger Zeit spottete er über Wachen, die mit geröteten Augen den Dienst antreten und noch den Schnaps vom Vorabend ausatmen. »Puppen«, nannte er sie, »Papiermenschen«. Alkohol sei ein noch stärkeres Gift als Tabak und hindere den Menschen, zu sich selbst zu finden, ja überhaupt ein Mensch zu sein, so drückt er das aus. Auch ist er ein Anhänger der Freikörperkultur, die im Deutschen Reich eine erstaunliche Anhängerschaft hat. Auf einem unserer Ausflüge erzählte er mit diebischer Freude, wie er eines Sommers mit Gleichgesinnten ein öffentliches Badeschiff für Männer auf der Fulda besucht hat und sie splitternackt ins Wasser gesprun-

131

gen sind. *Große Aufregung unter den Badegästen! Der Besitzer eines Anwesens am anderen Flussufer nötigte gar die Behörden, gegen den Betreiber der Badeanstalt vorzugehen. Ich stelle mir den Skandal vor, sollte jemand bei uns nackt in den Fluss steigen. Nun, das verhindert schon der Dreck der Mühlen und Fabriken.*

Von Mangersheim ist einer der widersprüchlichsten Menschen, die ich kenne. Sein Dienstgesicht ist das eines schneidigen, strengen und herrschaftlichen preußischen Landsturm-Offiziers. Er ist gehorsam gegenüber seinen Vorgesetzten und duldet keinen Widerspruch von seinen Untergebenen, den er aber auch nie erfährt: Sie respektieren ihn über alle Maßen, manche verehren ihn förmlich. Zugleich ist er einer der großzügigsten Menschen, die ich kenne, teilt, was er besitzt, verzichtet auf manches Privileg und ist sich für keinen Einsatz für das Wohl eines anderen zu schade. Einem Gefreiten aus Frankfurt, dessen Frau in den Wehen lag, gab er dienstfrei und schickte ihn zwei Wochen nach Hause. Er würde einen guten Frontoffizier abgeben, dem seine Männer bedingungslos gegen die feindlichen Linien folgen. Stattdessen leitet er im Lager die Schreibstube, durch die alle Post aus dem Lager geht, auch alle Post ins Lager hinein. Dass ich Briefe in dieser Länge schreiben kann, statt der vorgesehenen 50 Zeilen oder so, verdanke ich ihm allein. Er muss eine gute Stellung bei seinen Vorgesetzten haben, um dies zu ermöglichen. Oder er geht ein hohes Risiko ein.

Unter seiner Uniform schlägt das Herz eines feinsinnigen Gelehrten. Im Zivilberuf arbeitet er an der hiesigen Kunstakademie und erteilt dort Unterricht im Zeichnen und in Schönschrift. Eine seiner Leidenschaften ist die Graphologie. Auf seine Fähigkeit, aus der Schrift eines Menschen allerlei Charaktereigenschaften herauszulesen, hält er selbst sehr viel. Vor Kurzem erbat er von mir eine Schriftprobe, die er dann sogleich, noch unter meinen Augen, studierte, um aus den Bögen, Winkeln und selbst aus dem Druck, mit dem ich die Feder aufs Papier setze, allerlei Mutmaßungen über mein Naturell abzuleiten. Versuche es einmal selber: Was sagen Dir die Schwünge meiner Schrift über meinen Charakter? Was verrät Dir die Schleife des »S«? Ich nehme es vorweg: Dein Sohn leidet an Sehnsüchten und Ruhelosigkeit, an dem Wunsch nach einer tiefen inneren Verbindung zur Welt, zu sich selbst und zu Gleichgesinnten. Und so weiter und so weiter und so weiter.

Ich spöttele jetzt. In Wahrheit sind die Spaziergänge mit dem Oberst eigentümliche, geradezu erlösende Erfahrungen. Er zwingt mich alleine durch seine Gegenwart zu einer vorbehaltlosen Ehrlichkeit, ihm gegenüber, aber auch mir selbst gegenüber. Wir schlagen in unseren Gesprächen weite Bögen und er öffnet mir Welten, die ich bislang nur von Ferne gesehen habe: die Kunst, die Musik, die Philosophie, die Geistesgeschichte Europas. Überhaupt Europa, das Thema lässt ihn nicht los. Er sieht sich nicht als Preuße oder Deutscher, mich nicht als Engländer, er sieht uns als Europäer, betont die gemeinsamen Wurzeln und scheint die Nationen nicht als prägende Kraft anzuerkennen – zumindest nicht, was Westeuropa betrifft, zu dem er Deutschland offensichtlich zählt. »Alles Wesentliche liegt darunter, Thomas.« Das ist ein Satz, den er schon mehrmals wiederholt hat. Seine Auffassung steht im auffälligen Kontrast zu dem Gemetzel, das gerade stattfindet, und zu dem Stolz, mit dem er seine Uniform trägt. Er hält den Krieg für eine notwendige Reinigung, die uns den Fluch der Technik vor Augen führt und den Menschen wieder auf den Weg zu sich selbst bringen wird, »zur Natur, zu Gott«, wie er letztlich raunte, ganz ergriffen von seinen eigenen Worten. Darum befürwortet er diesen Waffengang als geschichtlich notwendiges Übel. Was natürlich leichter fällt, wenn man 500 Kilometer von der Front entfernt eine Kleinstadt von abgestumpften Heimwehkranken bewacht und abends in weiche Kissen fällt.

Auf den Oberst geht auch die Idee zurück, das Lagertheater zu gründen, und auch die Auswahl des Stücks. Ihm ist es wichtig, dass wir uns mit Kultur (»europäischer Kultur!«) beschäftigen und nicht nur mit Warten und Fußballspielen. Für mich ist das die glücklichste Entwicklung. Sei nicht böse, Mutter, ich habe Deinen Rat gar nicht erst abgewartet und mich als Schauspieler gemeldet. Seit zwei Wochen proben wir »Twelfth Night« von Shakespeare. Mit mir als Olivia! Wir haben ein großes Zelt im Süden des Camps zugewiesen bekommen, die Schreiner bauen eine Bühne und zwei Russen malen uns die Kulissen. Sie haben in ihrer Heimat als Gehilfen in einer Ikonenwerkstatt gearbeitet, sie machen das sehr kunstfertig, und es ist schon jetzt erkennbar, dass ihre Kulissen das Fachmännischste an unserer Aufführung werden – von uns Schauspielern hat nur ein Kamerad aus Sussex je auf einer Laienbühne gestanden, was ihn bereits zum Regisseur qualifiziert. Alle anderen, und das künftige Publikum ebenfalls, kennen Shakespeare immerhin vom Hörensagen.

Das Stück ist gut gewählt, es handelt von zwei Geschwistern, die in einem fremden Land stranden und sich dort zurechtfinden müssen; wir können uns leicht hineinfühlen. Den Bruder spielt ein lispelnder Ire, den Part seiner Schwester Viola ein tumbfröhlicher Bursche aus Newcastle mit einem Gedächtnis wie ein löchriger Eimer. Olivia, die ich übernehme, ist eine verliebte Gräfin. Anderntags war ein Photograph im Lager, um Bilder für eine örtliche Zeitung aufzunehmen. Dem Volke soll gezeigt werden, wie gut wir es haben ... Jedenfalls arrangierte der Oberst, dass der Mann auch unsere Truppe abbildete, vor der halb fertigen Kulisse und in vollem Kostüm.

Überhaupt die Kultur, ich bin ganz beflissen. Die angekün-
digte Bibliothek ist inzwischen bestückt und das nicht schlecht.
Einige englische Klassiker, aber auch jüngere Autoren wie Di-
ckens und ein gewisser Carlyle. Selbst ein paar 100 Jahre alte
deutsche Bücher haben sie ins Regal gestellt. Will man uns ger-
manisieren?

Den Ordonnanz-Dienst habe ich aufgeben müssen. Stattdes-
sen machen Gerüchte die Runde, wir würden demnächst alle auf
die umliegenden Bauernhöfe verteilt, um bei der Feldarbeit zu
helfen. Die Aussicht behagt mir nicht, ich bin kein Bauer. Dann
schon eher Schauspieler – wer hätte das gedacht?
Bleib wohlauf,
Deine Olivia

50 Madelaine

13. August 1915

Geliebter Thomas,
diesmal nur wenige Zeilen. In der vorletzten Nacht hat es gereg-
net, als käme die nächste Sintflut. Wasser ist durch das Dach
eingedrungen und wir mussten die Möbel von den Wänden rü-
cken. Was noch ärgerlicher ist: Im Laden hat eines der Fenster
nicht standgehalten. Glücklicherweise ist Vater wach geworden
und hat es zugedrückt und abgedichtet, aber einige Kisten Seife,
die darunter standen, sind durchnässt. Wir werden sie wohl nur
noch mit Abschlag verkaufen können.

Arthur hat es schlimmer getroffen, das Dach muss ausgebes-
sert werden, und das kurz vor Elizabeths Hochzeit (hastige Hei-

rat, ihr Verlobter rechnet bald mit seinem Einsatz; der Unterhalt für Soldatenfrauen liegt jetzt bei 17 Shilling, sechs Pence). Alles, was auf dem Speicher stand, ist nass geworden. Er ist aber ganz vergnügt – ihn freut die Gelegenheit, das Gerümpel loszuwerden. Es muss erstaunlich sein, was alles zum Vorschein kommt, meint Vater. Er und Walter waren schon gestern drüben, um zu helfen, heute wieder. Priscilla hat den Haushalt übernommen, ich den Laden (warum auch nicht; selbst in den Fabriken arbeiten jetzt Frauen). Gestern war Mary im Brownschen Haus nicht zu sehen, aber heute, sagt Vater, sei es zu einer kurzen Begegnung zwischen ihr und Walter gekommen. Dass sie Vater böse anfunkelt, muss uns nicht überraschen, aber mit demselben Blick habe sie Walter bedacht. Oh, wie furchtbar dies alles ist.

Von den Backhouses gibt es traurige Nachrichten – Du kannst Dir denken, welche. Die stolze Audrey ist ein Schatten ihrer selbst.

Bald mehr, wenn wir die Fluten besiegt haben.

Deine Mutter

51 Tom

29. August 1915

Geliebte Mutter,

nun bin ich zum Knecht geworden. Nach Tischdiener, Soldat und Ordonnanz meine vierte Tätigkeit. In diesen Tagen machen die Hessen Heu, den zweiten Schnitt. Da inzwischen auch die letzten Niederzwehrener Bauernsöhne und Knechte eingezogen sind und dem Sensenmann in Frankreich zur Hand gehen, fehlen

Arbeitskräfte. Jemand in Cassel oder Berlin ist auf die Idee ver-
fallen, es könnten doch die Gefangenen aushelfen – als habe
dort jemand Deine Aufforderung vernommen, einer sinnvollen
Beschäftigung nachzugehen. Am Montag also wurde unsere Ba-
racke um fünf Uhr geweckt. Einige von uns, die mit der Land-
wirtschaft vertrauter sind, ahnten den Anlass. Während der
Morgen graute, verkündete der Wachhabende, dass es auf die
Wiese geht. Abmarsch in Gruppen zu vier Mann, begleitet vom
Landsturm.

Ich endete auf einem Wiesenstück nahe der Fulda, dem hie-
sigen Fluss. Es war ein Fußmarsch von nur zehn Minuten. Für
meine Kameraden, zwei Schotten und einen Füsilier aus Kent,
war es der erste Ausgang überhaupt. Sie hätten wohl den halben
Morgen laufen, auf den Fluss und in die Felder starren und den
Duft von Gras und Blumen einatmen können. Doch wir sind, so-
bald wir angekommen waren, mit Nachdruck zur Arbeit ange-
trieben worden – weniger übrigens von den Landsturm-Män-
nern, die den Tag lang in der Sonne faulenzten, als vom Bauern,
dem wir zugeteilt waren.

Seitdem heißt es jeden Morgen ausrücken, noch ein bisschen
früher als am ersten Tag, so dass wir bei Sonnenaufgang begin-
nen können. Keiner von uns vieren kommt von einem Hof. Wa-
rum zieht man eigentlich nicht die Bauernsöhne unter den Ge-
fangenen zur Feldarbeit heran? Es gibt genug davon im Lager
(nur eine weitere Merkwürdigkeit). Wir hingegen müssen den
Umgang mit der Sense erst lernen. Ein Bursche von vielleicht
15 Jahren weist uns ein. Zu unserem Schnitter-Trupp gehört au-
ßerdem der Bauer, der um die 60 sein mag. Vater und Sohn?
Großvater und Enkel? Oder anders verwandt? Ich habe nicht ge-
fragt. Wir mähen Wiese für Wiese, immer in versetzten Reihen:
der Junge vorn, dann die vier Briten, als hinterster kommt der

Bauer. Kein Zufall – damit will der Alte uns Beine machen. Er ist der Schnellste mit der Sense, und sein Vordermann (ich) arbeitet in der ständigen Furcht, dass ihm das Blatt des Alten in die Hacken fährt. Ich höre seine pfeifenden Schnitte und mühe mich so schnell ich kann voran, was wiederum dem Nächsten Beine macht. So wandern Angst und Tempo weiter bis zum Vordersten. Man wagt kaum, sich auch nur die Insekten aus dem nassen Nacken zu wischen. Bis zu jedem Mittag will der Bauer mit einer Wiese fertig sein. Das taufeuchte Gras lässt sich leichter schneiden, habe ich gelernt, und außerdem kann die Mittagssonne so das frische Heu trocknen.

Mutter, wir machen den Rücken krumm und keuchen, meine Muskeln sind sauer und der Bauer beschimpft uns. Milben zerstechen uns die Haut. Wenn wir in die Baracken zurückkehren, fallen wir kraftlos ins Bett, und meine Hände schmerzen, dass ich jetzt kaum die Feder führen kann. Doch es ist jede Schwiele wert. Des Mittags, wenn das Gras umliegt und die Luft nach Gras und Kräutern schmeckt, bringen die Frauen das Essen hinaus: frisches Brot, dicke Kartoffeln, Eier, Bohnen und Gemüse. Die Deutschen sprechen ein Gebet, und seit sie uns ins Amen haben einstimmen hören, essen wir gemeinsam. Die Sonne leuchtet. Aus einiger Entfernung schaut der Landsturm neidisch zu. Für unsere Bewacher gibt es Kommissbrot aus der Dose.

Die Bauern – wir – haben Glück, der Spätsommer ist prächtig, die Sonne scheint jeden Tag, das ist gut für die Mahd, und das Gras ist schön fett. Mit dem Essen bringen die Frauen neues Werkzeug für alle. Nach der Mittagspause verteilen wir den frischen Schnitt: Wir Männer mit den Heugabeln, die Frauen und die Kinder führen die Rechen. Dabei singen sie ihre Lieder. Es gibt eine junge Frau unter ihnen, sie ist fast noch ein Mädchen und hat gleichwohl schon einen kleinen Jungen, den sie mit-

bringt und der herumtorkelt und Grashüpfer fängt. Diese Frau
hat eine glockenhelle Stimme, und manche Strophe singt sie al-
lein, bevor die anderen wieder einstimmen. Ich verstehe kaum
ein Wort und habe noch nie in meinem Leben etwas so Schönes
gehört.

Morgen und am Dienstag rücken wir noch mal aus, dann
werden wir mit allen Wiesen fertig sein und es geht zurück ins
triste Lagerleben. Ich mag es mir jetzt, da ich diese harte Freiheit
kenne, gar nicht ausmalen. Auch mit dem Theaterspielen ist's
vorbei, noch ehe wir eine einzige Szene zur Aufführung gebracht
haben. Viola, Malvolio und Maria legen ab kommender Woche
Eisenbahngleise durch den Wald und können sich dann jenes pi-
ckelhaubige Bergschloss aus der Nähe ansehen, das über der
Stadt steht. Der Rest des Ensembles muss aufs Feld, Kartoffeln
ernten. Wenn sich mir eine Gelegenheit bietet, ebenfalls wieder
in die Landwirtschaft zu gehen, werde ich sie ergreifen.
Bis bald,
Dein Landarbeiter

52 Madelaine

2. September 1915

Geliebter Sohn,
mögen diese Zeilen Dich pünktlich zu Deinem 23. Geburtstag er-
reichen. Gottes Segen und alle guten Wünsche, Thomas!

Ich hoffe so sehr, dass Du dieses Paket dich bis zum 24. Sep-
tember in den Händen hältst. Die Socken sollen Dich wärmen,
wenn es nun wieder kälter wird, aber ich habe auch etwas Süßes

für den Gaumen hineingelegt. Vielleicht magst Du es mit jemandem teilen, der es wert ist? Die Zeichnung ist von Priscilla. Sind wir nicht gut getroffen? Deine Schwester entwickelt immer größeres Talent. Sie sendet Dir Küsse. Walter und Vater lassen natürlich ebenfalls grüßen.

Mehr als ein Jahr haben wir uns jetzt nicht mehr gesehen. Zu Deinem letzten Geburtstag warst Du schon in Frankreich. Was liegt alles hinter uns, wie viel haben wir schon ertragen ... und wie viel mag noch vor uns liegen. Ob es wohl jeder Mutter so geht, dass sie im gegenwärtigen Sohn auch das kleine Kind liebt und zugleich den Mann, Vater, Greis, der er einmal sein wird? In jeder Tochter auch die Frau, die sie sein wird, und das Baby, das sie einst war? Nun, bei mir ist es so. Du bist bei mir: als Soldat, mit grauen Haaren, als Kind auf meinem Arm.

In diesen Tagen muss ich wieder häufiger an Deinen sechsten Geburtstag denken. Ich trage diese Begebenheit lebendiger in mir, als Du ahnst. Du magst eigene Erinnerungen haben, die sich mit dem vermengen, was wir Dir erzählt haben. Aber Du kennst ein Detail nicht. Es gibt keine bessere Zeit als jetzt, um Dir alles zu schildern.

Du warst ein aufgewecktes, kluges Kind. Wir schickten Dich mit Besorgungen in der Straße umher oder um kleinere Bestellungen an Nachbarn auszuliefern. In der Nachbarschaft freute man sich über Dich und hin und wieder kamst Du mit kleinen Belohnungen, einem Keks oder einem Apfel, von den Kunden zurück. Dein Geburtstag fiel auf einen Samstag, einen strahlenden Septembertag, und auf ein großes Fest: die Einweihung des Jubilee Towers für unsere Königin Victoria, Gott hab sie selig, über der Stadt. Rathaus, Kirchen, Markthalle und der ganze Weg auf den Berg waren mit Fahnen und Girlanden geschmückt. Familien zogen im Sonntagsstaat hinauf, dein Vater grüßte in alle

Richtungen mit gelüftetem Hut. Alle hatten den Turm wachsen sehen und jeder war stolz, als habe er eigenhändig dazu beigetragen, dass er an jenem Tag eingeweiht werden konnte. Als wir ankamen, war der Gipfel bereits schwarz vor Menschen. Mehr als 3000 Einwohner der Stadt waren gekommen, hieß es später. Hätte mir jemand versichert, es seien 5000 oder 6000, die sich da drängten, ich hätte es geglaubt. Deinen Vater zog es nach vorn in die Menge und zu den Festrednern, aber ich hielt mich aus dem größten Gedränge heraus. Was er noch nicht wusste, aber ich bereits ahnte: Ich trug Elsie in meinem Leib, die sich für ihr kurzes Leben auf Erden rüstete. Deswegen wollte ich vorsichtig sein, außerdem hatte ich Walter bei mir, die meiste Zeit auf dem Arm. Du hingegen hattest Dich wacker auf Deinen eigenen Füßen hochgekämpft, in Deinen kurzen Hosen und Deinem besten Hemd, nicht weniger stolz als all die Honoratioren im Frack und feierlich entschlossen, Deine gütige, edle Königin zu verteidigen, wann immer es nötig würde.

Ich nehme die Schuld auf mich. Der Lord of the Manor sprach von der Bühne von seinem Wild, den wertvollen Enten und Fasanen, die künftige Besucher der Gegend bitte nicht stören möchten, als Walter mich fragte, wo Du seist: »Tomtom? Tomtom?« Was bin ich für eine Mutter, die sich von einem Einjährigen in die Wirklichkeit holen lassen muss. Nachher erfuhren wir, dass Dir die Reden zu fad geworden waren und Du Dich auf die Suche nach Vater gemacht hattest – oder auf die Suche nach etwas zu essen, Deine Erklärungen widersprachen sich da; jedenfalls warst Du nicht mehr bei mir. In der Stadt hätte ich wenig befürchtet, aber hier auf dem Berg? Walter weinte und dann weinte ich ebenfalls, und hätte ich nicht Polly gefunden – oder besser: sie mich –, ich weiß nicht, wie es weitergegangen wäre. Sie besaß die Geistesgegenwart, mit mir zu besprechen, wer wo nach Dir suchen könne, während Arthur nach Deinem Vater forschte, um ihn zu alarmieren. Wir waren eine wachsende Partie von erst einem halben, dann wohl einem Dutzend Menschen, die nach Dir suchten, eine Stunde, zwei, drei – die Zeit verstrich und eine Angst fraß mich auf, dass Du Dich auf den Weg nach Hause gemacht, Dich verlaufen haben und in den Steinbruch gestürzt sein könntest. Erst wenige Monate zuvor waren dort zwei Kinder zu Tode gekommen. Bange Zeit – Angst um das Leben eines Kindes. Eine andere Furcht, als Du sie kennst, aber Du wirst es dann verstehen, wenn Du selber Kinder hast. Es dauerte fast vier Stunden, bis Dein Vater mit Dir erschien, die Festgemeinde hatte sich längst zerstreut. Er schritt den Pfad von der westlichen Seite hinauf, Dich auf den Schultern, obwohl Du eigentlich schon viel zu schwer dafür warst. Alle Helfer sollten sehen, dass er Dich gefunden hatte – schluchzend im Schatten eines Felsens. Mit dem Hut in der Hand winkte Vater mir zu. Er brachte Dich zu mir wie eine Trophäe. Ich setzte Walter ab und wollte Dich von seinen Schultern pflücken. Aber wie eine Rettungsboje umklammertest Du seinen Schädel und weigertest Dich heulend, Dich von mir in die Arme schließen zu lassen. In mir mischte sich Erleichterung mit Scham und Verletzung. Die Helfer umstanden uns und applaudierten Vater. Er wartete einen Moment, genoss den Beifall und Deine Umklammerung. Er Dein Held. Ich die Schuldige. Dann löste er Dich mit Gewalt und ging den Berg hinunter nach Hause.

Er hätte so leicht Dein Held bleiben können. Er hätte Dich nur weiter auf seinen Schultern tragen müssen, in jenem Moment und in den Jahren, die darauf folgten. Stattdessen ist er in sein Schweigen und Alleinsein zurückgefallen.

Der Teil, den ich nie erzählt habe: Es war nicht der Lord of the Manor, der mich so ablenkte, dass ich Dich vergaß, nicht die

Reden, die auf die Königin, ihr Jubiläum, unsere Vaterlandsliebe und unseren Fleiß gehalten wurden, oder die Lieder, die Fahnen, die Uniformen. Es war das Meer. Ich war überhaupt erst einmal auf diesen Bergen gewesen, Jahre zuvor, damals war es diesig und ich konnte nicht sehen, wie groß dieses Land ist. Natürlich wusste ich es aus der Schule, doch erst jetzt, während die anderen um mich herum zur Rednerbühne schauten und zuhörten, sah ich alles: das enge Darwen unter uns, die Weite dahinter, die Berge, Bolton und Manchester, und im Westen lag die See.

Vater bestritt später, dass man das Meer von dort oben sehen könne, er habe es nicht gesehen und auch noch nie jemanden davon reden hören. Doch ich habe es gesehen: Ein schmaler Streifen Blau zwischen Himmel und Erde, dahinter Irland, dahinter die ganze Welt. In mir wurden die Dinge leicht und schwer zugleich.

Aber ich habe die Strafe dafür bekommen und ich habe sie verstanden. Seitdem bin ich nie wieder dort oben gewesen. Es hat Wochen gedauert, bis Du wieder mit mir gesprochen hast. Kein Blick, kein Kuss, kein Abendgebet. Damals habe ich mir geschworen, Thomas, Dich nie wieder im Stich zu lassen. Jetzt bist Du einen halben Kontinent entfernt.

Mein lieber Thomas, ich habe Dich so lieb, Dich sechsjährigen Streuner, Dich Nestflüchter, Dich Soldaten Deines Königs, Dich Vater meiner Enkel, selbst den Greis, den ich nie sehen werde, weil ich dann nicht mehr bin. Komm nach Hause, wie lange es auch dauert.
Deine Mutter

53 Tom

12. September 1915

Geliebte Mummsy,

ich schreibe Dir von meinem Bett, aber es steht nicht im Lager.

Am Dienstag wurden wir in aller Herrgottsfrühe ins Dorf gebracht, um beim Dreschen zu helfen. Einige Wirrungen hielten den Ablauf auf, offenbar meinte der Oberst, mich vor diesem Schicksal bewahren zu müssen. Er sollte mich besser kennen. So weit reicht sein Einfluss aber doch nicht, um sich über die Einteilung der Lagerkommandantur hinwegzusetzen.

Noch vor dem Morgengrauen trafen wir auf dem Dreschplatz vor dem Dorf ein. Schattenhafte Gestalten bewegten sich um etwas großes Schwarzes. Abseits brannte ein Feuer, eine Frau brachte uns wortlos Tee, selbst die Pferde schnaubten nur leise. Ich übersetzte den Kameraden, was ein alter Bauer anwies: Sobald die Bauern mit den Leiterwagen auf dem Hof einträfen, hätten wir draufzusteigen und die Garben mit Forken auf den Dreschkasten zu werfen. Ich verstand von den Befehlen vor allem die Verben; für die Landwirtschaft hat mir der Oberst die falschen Hauptwörter beigebracht.

Dreschen ist hart. Beim ersten Dämmern rattert der Kasten los, quietscht und frisst. Das Morgenlicht fällt auf ein Ballett von Stangen, Rädern und Riemen an den Seiten dieser großartigen Maschine. Sie ernährt ein ganzes Dorf. Aber ein falscher Griff und sie zerschmettert dir den Arm. Wir Briten tun, wozu wir eingeteilt sind, klettern auf jeden ankommenden Wagen, bücken uns, strecken uns, schleudern das Korn, bücken, strecken, schleudern. Nach einer Stunde tut mir der Rücken weh, nach zwei Stunden spüre ich ihn nicht mehr. Oben auf dem Drescher fangen drei junge Frauen unsere Garben. Ein kräftiger Ire, mit dem ich den Roggen werfe, zielt direkt auf die Frauen, ich weiß nicht ob aus Übermut oder Boshaftigkeit. Die Mädchen halten trotzig stand und beschweren sich nicht, bis er vom alten Bauern eine Strafpredigt bezieht, die ich nicht zu übersetzen brauche. Dann läuft es besser, wir verfallen in einen gemeinsamen Rhythmus, wir auf dem Wagen, die Frauen auf der Maschine. Mit den Halmen füttern sie den Schlund des Kolosses, der sie hämmernd verdaut und hinten das Korn in Säcke pumpt. Speicherbare Lebenskraft. Agnes (ich werde gleich von ihr schreiben) erinnert sich noch, wie früher die Lohnarbeiter wochen- und monatelang mit ihren Flegeln auf die Halme eingeprügelt haben, einen Winter hat gedauert, was heute ein paar Tage braucht. Wie langwierig und mühsam war das und für ihren Vater teuer, der die Helfer monatelang auf seinem Hof durchfüttern musste. Du wirst dieses alte Handwerk sicher aus Deinem Dorf kennen, wenn auch nur vom Sehen oder Hören. Wenn ich an die Landmaschinen denke, die ich mehr und mehr auf unseren englischen Feldern gesehen, aber nie wirklich gewürdigt habe, dann verstehe ich erst jetzt, was für einen Fortschritt sie bedeuten. Gott sei Dank vorbei jene Zeiten, für immer vorbei. Wir brauchen viel mehr von diesen Maschinen, auf den Feldern, in den Scheunen und auf den Dreschplätzen, und das Hungern wird ein Ende haben. Nicht nur in Preußen, nicht nur in England, überall in Europa.

Agnes: Sie ist die Sängerin von der Heumahd, die mit dem Jungen. Auch der Kleine war wieder zu sehen, er erschien an der Hand einer alten Bäuerin, die Schnaps und Fettenbrote für die erste Pause brachte. Agnes war eine der Frauen auf dem Drescher, auf sie hatte der Ire besonders gerne gezielt. Als die Pause anbrach, stieg sie als Erste hinunter und wandte sich gerade ihrem Jungen zu, als die zweite Frau durch eine Ungeschicklichkeit die Leiter umstieß. Agnes wich aus und geriet mit ihrer Schürze zwischen Rad und Treibriemen, der sie – Schürze und Frau – in das Antriebswerk zu zerren drohte. Ich war gerade vom Leiterwagen gesprungen, stand neben ihr, als sie aufschrie, und löste blitzschnell die Schleife in ihrem Rücken. Die junge Frau trug nur Abschürfungen an den Armen und vielleicht eine Prellung davon. Es war ein Glück, dass die Dreschmaschine bereits mit schwindender Kraft auslief. Die Schürze drehte eine Runde zwischen Riemen und Rad und fiel zu Boden.

Die Zwehrener beäugten uns argwöhnisch, als sie in der Pause mit mir sprach, zwanzig Augenpaare ließen kaum von uns ab. Aber sie erhoben keine Einwände, hatte ich diese Tochter ihres Dorfes doch gerade vor Schlimmerem bewahrt. Mögen diese Leute auch schwer zugänglich sein, so lässt sich wohl doch durch Arbeit und kleinere Heldentaten ihre Achtung verdienen. Agnes ist von anderem Naturell als die meisten, sie redet gerne und scheint sich sehr über mein Deutsch und die Fehler zu freuen, die ich mache. Ihr breites, rot- und pausbäckiges Gesicht ist fürs Lachen geschaffen. Sie ist die Tochter des Bauern Bodhe, dem ich bei der Mahd geholfen habe.

Liebe Mutter, eine Woche haben wir gedroschen, aber die Saison ist noch nicht vorbei, in den nächsten Wochen müssen die Kartoffeln aus der Erde. Das Camp leert sich, wir Soldaten ziehen wieder ins Feld, diesmal mit Hacken und Spaten. Es ist mir recht, ich ziehe es hundertmal dem Gleisbau vor und tausendmal der Lagerexistenz. Der Zufall oder der gütige Gott (oder doch eher ein dankbarer Vater?) haben dafür gesorgt, dass ich auch für die Kartoffeln dem Hof von Agnes' Familie zugeteilt wurde. Das Gehöft liegt am östlichen Rande des Dorfes, nach dem Fluss hin. Das preußische Generalkommando ist der Meinung, dass es eine Vergeudung von Kraft und Zeit sei, jeden Morgen aus dem Lager aus- und abends wieder einzurücken, Zeit und Kraft, die wir besser auf dem Acker lassen. Also: Ich lebe jetzt auf dem Hof! Morgen beginnen wir mit den Kartoffeln, täglich elf bis zwölf Stunden Arbeit sind angekündigt, dafür kein Stacheldraht mehr, keine Kohlsuppe. Kein hundertfaches Schnarchen und Furzen in der Nacht. Ich teile mir eine Kammer mit einem Russen, einem sprachlosen, bullenstarken Mann, und esse in der Küche der Bauern. Formal sind wir immer noch dem Lagerkommando unterstellt und wir müssen unsere Gefangenenkleidung mit der Nummer auf der Brust tragen. Post, Administration, ärztliche Versorgung, das alles läuft weiter über das Lager, Inspektionen sind angekündigt, der Landsturm soll uns bewachen, was er aber tapfer von der warmen Kaserne aus tut – ich habe hier bislang keine Uniform gesehen.

So hat denn der Bauer die Verantwortung für Vitaly und mich. Der alte Landmann schweigt und vertraut darauf, dass wir unsere Lage zu schätzen wissen und sie nicht aufs Spiel setzen. Ich käme auch nicht auf den Gedanken, zu türmen. Mir ist ein früher, harter Arbeitstag recht, wenn er reichhaltiges Essen und ein weiches Bett einbringt. Viel lieber jedenfalls als der Stumpfsinn der Baracken, der nun erst einmal und hoffentlich für immer hinter mir liegt.
Habe Dank für Deine Geburtstagssendung, ich freue mich darauf, das Paket zu öffnen.
Dein Tom

54 Paul

Die Ärztin ist müde, sie reibt sich die Augen. Sie stehen bereits an der Tür des Sprechzimmers, draußen sitzen die nächsten Patienten, das Wartezimmer ist voll.

»Was Sie brauchen, ist Bewegung«, mahnt sie und streckt Paul eine faltige Hand entgegen, die er mechanisch ergreift. »Das Rezept bekommen Sie vorne. Wiedersehen.«

Ein bisschen hat er die Ärztin überreden müssen, sein BMI liegt unter der für eine Verschreibung erforderlichen Grenze, aber dann war sie mit einem Appetitzügler einverstanden. Dafür hat er ihr versprechen müssen, wieder Sport zu treiben, was er theoretisch auch tun will, aber jetzt versucht er es erst einmal von dieser Seite.

Mit dem Rezept geht er zur nächsten Apotheke und hofft, dort niemanden zu treffen, den er kennt. Eine Glocke klingelt, als er die Apotheke betritt, es riecht nach Gesundheit. Es steht nur ein Apotheker hinter dem Tresen, es hat sich eine kurze Schlange gebildet, er muss warten. Mit diskretem Abstand stellt Paul sich hinter einen blonden Pferdeschwanz. Die Frau trägt eine Yogamatte unterm Arm, die sie kurz absetzt, als sie an die Reihe kommt und vom Apotheker eine Schachtel über den Tresen gereicht bekommt. Er sucht aus seinem Portemonnaie das Rezept heraus.

»Hallo, Paul.«

Als er aufschaut, wird er rot. »Hallo, Iryna.«

Sie steckt die Schachtel mit ihrem Medikament in die Tasche und errötet ebenfalls. Mit gut durchbluteten Gesichtern stehen sie sich gegenüber und wissen nicht recht, was sie sagen sollen. Was ziemlich übertrieben ist, findet er, so peinlich ist die Situation nun auch wieder nicht. Paul lässt erst einmal einen Mann

mit Schnauzer vor, um etwas Zeit zu gewinnen. Die Sportklei-
dung, die Iryna trägt, findet er ziemlich eng.

»Alles klar?«, fragt er und hofft im selben Augenblick, dass
das kein Fehler war. Aber als sie sagt »Ja«, klingt es ehrlich, und
sie scheint sich kein Krebsmedikament geholt zu haben und kein
Antidepressivum. Sie schaut auch nicht so aus. Eher ziemlich gesund.

»Kommst Du vom Sport?« Er deutet auf die Matte unter ihrem
Arm.

»Ich gehe gleich. Über Apotheke ist mein Yoga-Studio.«

»Yoga.«

»Yoga. Solltest du auch probieren, ich habe dir schon mal gesagt, weißt du noch?«

Er erinnert sich daran und nickt. Das ist lange her. Volleyball
und Rudern hat sie ihm ebenfalls empfohlen, aber auf den Gedanken käme sie angesichts der Kilos, die er seitdem zugelegt
hat, sicher nicht mehr.

»Mal sehen. Ist nicht so mein Ding, glaube ich.«

Er will sie noch fragen, wie es im Studium läuft, ob sie schon
fertig ist, er wüsste auch gerne, ob sie glücklich ist, aber zugleich
hat er Angst vor den Gegenfragen. Deshalb hebt er, als ein zweiter Apotheker aus einem hinteren Raum erscheint und ihn an
den Tresen bittet, die Hand für einen Abschiedsgruß, lächelt ihr
zu, sagt »Mach's gut« und tritt vor.

»Mach's gut«, antwortet Iryna.

55 Tom

Liebe Mummsy,

des Abends sinke ich wie ein Stein ins Bett, nur um regelmäßig und unvermeidlich früh zu erwachen. Scheint der Mond hell genug, lese ich in einem schmalen Bändlein aus der Lagerbibliothek, einem Bühnenstück, mit dem ich mein Deutsch übe. Wenn Ernst – das Faktotum auf diesem Hof – kommt, um mich und den Russen zu wecken, dann findet er mich angekleidet und bereit.

Beim Sonnenaufgang stehen wir auf dem Acker. Weil auch seine Pferde an der Front sind, spannt der Bauer eine Kuh an und geht mit dem Roder voraus, wir ziehen gebückt hinterher – Frauen, Kinder, Versehrte und wir Gefangene. Ich halte mit, Vitaly ist eine Naturgewalt. Für die Art und die Geschwindigkeit, mit der er die Kartoffeln aus der Erde gräbt, hat er sich bei den Bauersleuten den Namen »Maulwurf« erworben. Auf Knien rutscht er durch die Furchen und baggert mit seinen riesigen Pranken die ausgeackerten Knollen hoch, schneller, als die Bauern es können. Er spricht nicht viel. Nur abends im Bett höre ich ihn leise murmeln, vielleicht eine Beschwörung der Heimat und seiner Lieben, vielleicht ein Gebet.

Wenn der Bauer alle Furchen gezogen hat, hilft er beim Ausmachen der Kartoffeln. Aber er bückt sich nicht wie wir, er nutzt dafür ein Werkzeug, das sie »Karst« nennen, eine zweizinkige Hacke. Damit schlägt er in die Erde und zieht die Kartoffeln heraus. Wenn er doch einmal eine Knolle trifft, wenn der Zinken mit einem Schmatzen durch das Fruchtfleisch dringt und sie aufspießt, wirft er sie in den Korb für die Schweine und ruft jedes Mal: »Pech für die Kartoffel, Glück für die Sau!« Der Karst ist sein Zepter, er gibt ihn nicht her, auch nicht für den hum-

pelnden Ernst, der das Werkzeug gut gebrauchen könnte. Ernst ist sein Schwager. Er zieht ein steifes Bein hinter sich her und muss sich auf die Erde legen, um beim Kartoffellesen zu helfen. Meistens ist er schlecht gelaunt. Mit der Laune ist es wie beim Sensen, wo der eine das Tempo an den anderen weitergibt. Ernst lässt, was er vom Bauern an Demütigungen empfängt, an Schwächeren aus.

Inzwischen sind mir die Verwandtschaften in dieser Sippe klarer. Agnes ist das dritte Kind des Bauern, der jünger sein muss, als er ausschaut; Fritz, der kleine Junge, ist nicht ihr Sohn, sondern ihr jüngster Bruder. Dazwischen liegen 14 Jahre und die Schwester Wilhelmine. Die beiden älteren Brüder sind in Flandern, die Mädchen helfen auf dem Hof, Agnes freudig, ihre Schwester mit jedem Tag sauertöpfischer. Die Bäuerin ist kurz nach der Geburt von Fritz bei einem Unfall gestorben. Dann gibt es eine ältliche Tante und angeblich noch eine Großmutter von Agnes, die im Bett liegt und ihre Kammer nicht verlässt. Ab und an hört man ein schwaches Rufen aus der oberen Etage.

Die Arbeit ist anstrengend, das Wetter mäßig, wir streifen mit kalt werdenden Händen den groben Matsch von den Kartoffeln. Nächste Woche wird Erntedank gefeiert, aber wir haben noch viele Tage zu tun. Die Äcker, auf denen die Familie in diesem Jahr die Kartoffeln gesetzt hat, liegen allesamt zum Fluss hin, direkt unter uns befindet sich eine Mühle oder ein kleines Kraftwerk am Ufer, davor fließt der Fluss breit und langsam. Ein Fischer stand die Tage im viel zu großen Loden am Wasser und versuchte, die Angel auszuwerfen. Eine Frau? Ein Junge? Besonders geschickt stellte er sich nicht an, die Leine verheddert sich, nach einiger Zeit zog er sich erfolglos zurück. Ich musste dabei an Vater denken. Erinnerst Du Dich, wie er versucht hat, den Karpfen frisch zu halten? Was für ein Aufwand, tagelang werkelte er um den Bottich herum, dann schwamm das Tier doch mit dem Bauch nach oben. Wir waren schon so tief zerstritten, dass ich den Hohn kaum verbarg. Was ich viel zu spät verstanden habe: Ich wollte von ihm als Erwachsener gesehen werden und verhielt mich doch zugleich wie ein Kind, das nämlich von seinem Vater Unfehlbarkeit verlangt. Ein Anspruch, dem er versucht hat gerecht zu werden, obwohl es doch unmöglich ist.

Oft sammelt Agnes in der Furche neben mir. Sie macht etwas langsamer, als sie könnte, damit wir auf einer Höhe arbeiten und sie mir mit meinem Deutsch helfen kann. Ihr Vater lässt es geschehen, weil ihm ein Knecht, der Deutsch spricht, mehr nützt als einer, der seine Anweisungen nicht versteht. Auch schickt er mich hin und wieder auf Nachbarhöfe, um bei Schwierigkeiten zu dolmetschen, was seine Stellung im Dorf hebt. Wenn ich an den Sonntagen den Gottesdienst im Lager besuche, kehre ich in eine längst abgestreifte Welt zurück. Die Baracken, die Tauschgeschäfte auf dem »Markt« – ich möchte das nicht wiederhaben, auch wenn ich erkenne, dass es den Neuen besser geht als uns. Ein paar Franzosen halten sogar Hühner. Von meinen Kameraden kommen einige zum Gottesdienst, andere verbringen auch den Sonntag in den Außenlagern. Ein paar haben es ähnlich gut getroffen wie ich, andere lässt der Bauer beim Vieh schlafen. Der Oberst will mit mir spazieren gehen. Aber auch das kommt mir vor wie etwas aus der Vergangenheit. Es ist etwas vorgefallen, was mich entfremdet hat. Es war gut gemeint und ich kann es auf sich beruhen lassen, aber ich vertraue darauf, dass er auch meinen Weg akzeptiert und meiner Seele ihren Raum lässt. Es ändert nichts daran, dass ich ihm bis ans Lebensende dankbar sein werde.

Mit Martin wechsele ich hin und wieder ein paar Worte. Er ist mit sich und mit mir im Reinen. In den letzten Monaten habe ich auch ihn aus den Augen verloren, wir gehen unterschiedliche

Wege. Ist es nicht im Leben so, dass man sich begegnet, eine Weile gemeinsam geht und sich im Guten und in Freundschaft auch wieder lassen kann? Die Größe einer Beziehung bemisst sich doch an der Tiefe der Begegnungen und nicht an ihrer Häufigkeit.

Ich gehöre jetzt zum Hof. Du magst einwenden, dass ich mich lediglich dem Unabänderlichen füge, aber ich – auch wenn das Lagerkommando mich nicht wird wählen lassen – bejahe es. Es ist dies, was ich will, und ich hoffe, jeder kann es verstehen und Du auch. Du bist den Weg vom Dorf in die Stadt gegangen. Aber die Zeiten sind anders und die Menschen sind verschieden. Für mich ich es richtig so, bitte versuche nicht, es mir schlechtzureden.

Schreib mir, zuletzt ist kein Brief eingetroffen. Dafür habe ich gestern Dein Paket geöffnet. Danke!!

Thomas

56 Madelaine

3. Oktober 1915

Mein lieber Thomas,
Du wirst Dich gefragt haben, warum ich nicht schreibe. Meinen letzten Brief habe ich zurückbekommen. Strenge Ermahnung des Zensors seiner Majestät König George V.: Keine kriegswichtigen Angaben, die den Deutschen in die Hände fallen. Was kriegswichtige Angaben sind, wird offenbar immer weiter ausgelegt. Nun gut, ich werde mich strikt auf Persönliches und lange Vergangenes beschränken.

Es freut mich, dass Dich die Bauern anständig behandeln und die Ernährungslage gut ist. Bleib nur auf dem Land, soweit Du das beeinflussen kannst. In Notzeiten ist es dort immer besser. Ich weiß, das Leben auf einem Hof ist kein Zuckerschlecken – nicht aus eigener Erfahrung, aber aus eigener Anschauung.

Ich erinnere mich gut an die greisen 50-Jährigen und wie sie ihre krummen Körper in die Kirche schleppten. An die Habenichtse von Landarbeitern, die für Kost und Logis umherzogen und jeden Sommer sonnenverbrannter zur Ernte in unserem Dorf auftauchten. Aber gehungert haben sie nie. Das erst, als sie in die Städte gezogen sind, um in den Fabriken zu arbeiten. Überwintere Du nur in der Nähe der Fleischtöpfe.

Vaters Karpfentanz – ja, er ist mir noch lebhaft im Gedächtnis, der Streit danach ebenfalls. Ein Jammer um das schöne Tier. In letzter Zeit ist es schwer geworden, überhaupt noch Fisch auf dem Markt zu bekommen, die Männer fehlen eben überall, und der Fluss ist unterhalb der Mühlen so verdreckt, dass dort nichts mehr lebt. Bei uns ist die Kartoffelernte beendet, bei Euch muss es doch auch bald so weit sein. Dann werden die Arbeitstage hoffentlich kürzer.

Es gibt wenig Neues zu berichten. Vater geht es gut, Priscilla will Walter mit einem Kuchen überraschen. Sie freut sich von uns allen am meisten auf seinen Geburtstag.
Sei umarmt,
Deine Mutter

57 Tom

6. Oktober 1915

Liebe Mummsy,

wie groß ist die Welt? Von Niederzwehren aus betrachtet, recht klein. Ich hatte die Tage beim Essen einen aufschlussreichen Wortwechsel mit Ernst und Agnes. Sie haben in diesem Sommer durch den Lagerzaun zum ersten Mal Menschen von einem anderen Kontinent gesehen (Nordafrikaner), und ich brachte das Gespräch auf das indische Corps, das in Frankreich an unserer Seite gekämpft hat. Es überraschte sie, dass Indien zum Britischen Empire zählt. Ob das Land so groß wie das Habsburgerreich sei ...

Natürlich halten sie ihren letztendlichen Sieg für selbstverständlich. In einer stillschweigenden Übereinkunft setze ich dem nichts entgegen und sie verschonen mich mit Triumphmeldungen. Ich bekomme aber mit, wie Agnes an manchem Abend zu einem Nachbarn geht. Von der ganzen Familie liest sie am flüssigsten, und der Nachbar hat eine Zeitung abonniert. Agnes sagt, sie durchsucht die Todesanzeigen; ist einer der Gefallenen aus dem Bataillon eines ihrer Brüder, dann weiß die Familie, dass jene Einheit im Gefecht lag, und es beginnt das bange Warten, ob der nächste Brief vom Bruder kommt oder vom Kommandeur ...

Wir machen immer noch Kartoffeln aus, aber die Hast lässt nach, die strengen Zwehrener schauen gelöst. Sie wissen, dass sie die Ernte in wenigen Tagen im Speicher haben. Wenn die Dunkelheit hereinbricht, zünden sie auf dem Feld das Kartoffelkraut an, Kartoffeln werden hineingelegt, der Bauer schenkt Schnaps aus. Dann ist der Krieg weit weg. Ich darf ein Messer in der Hand halten, mit dem ich die Knollen schäle, niemand nimmt es mir weg. Heute habe ich Figuren geschnitzt – ob ich Dir mehr als Briefe schicken darf? Ich werde mich erkundigen, vielleicht erhältst Du demnächst Kunst aus Preußen. Nimm sie als Versöhnungsangebot und hadere nicht mehr damit, dass ich die Arbeit auf dem Hof so schätze.

Ich kenne alle Gründe, die für eine Rückkehr ins Lager sprechen, Du brauchst sie mir nicht in jedem Deiner Briefe aufzählen. Keiner davon überzeugt mich. Ich bin hier besser aufgehoben, bitte halte Dich nicht weiter damit auf, mir etwas anderes weiszumachen.

Es ist ohnehin nicht meine Entscheidung. Die Deutschen benötigen jede Hand in der Landwirtschaft, es fehlt im ganzen Land an Nahrung. Agnes und Wilhelmine werden weite Strecken geschickt, um die letzten Äpfel und Quitten von den Hecken und Waldrändern zu holen und das Fallobst aufzulesen. Demnächst, am Geburtstag der Kaiserin, findet in der ganzen Gegend eine große öffentliche Obst-Sammlung für die Verwundeten in den Lazaretten statt.

In den kommenden Tagen werden die Äcker noch einmal umgebrochen, dabei fallen immer ein paar letzte Knollen ab, und in die frische Erde säen die Bauern dann das Wintergetreide, das ist hier vor allem die Gerste, auch ein bisschen Roggen. Im Winter wird dann wieder gedroschen, was zunächst eingelagert worden ist. Sie werden mich und Vitaly weiter benötigen. Inzwischen bin ich ein brauchbarer Landarbeiter.

Euer Thomas

58 Madelaine

Lieber Tom,

*Walter hat sich gemeldet. Gerade erst schrieb ich dumme Pute,
es gebe nichts Neues. Nun, seit einigen Wochen gehen Werber
von Haus zu Haus und sprechen mit jedem wehrfähigen Mann,
um ihn für den Dienst zu gewinnen. Walter hat nicht einmal gewartet, dass sie an unserer Tür klopfen. Einen Tag nach seinem
Geburtstag ist er nach Blackburn gefahren und hat sich einge-
schrieben, gestern ist er eingerückt. Er hat auf alle Fristen verzichtet. Erklärt hat er nichts, nur dass Mary ihm die Augen geöffnet habe. Tom, er tut es, um ihr zu gefallen! Das Gör treibt
ihn in den Krieg.*

*Der Abschied war kurz und förmlich. Mit Vater ein Hand-
schlag, mehr als die Hand wollte er auch von seiner Mutter nicht
akzeptieren. Priscilla ließ sich nicht abschütteln und umklam-
merte ihn. Als sie sich löste, hinterließ sie von ihren Tränen
dunkle Flecken auf seiner Jacke. Nun, so sind die Zeiten, dies
sind ihre Prüfungen.*

*Vater schweigt noch entschlossener als sonst. Ich spüre, wie
wütend er ist. Er möchte toben und kann es nicht, dafür hat er
zu oft die Pflicht beschworen, unser Land und die Freiheit zu
verteidigen. Jetzt nimmt ihn sein zweiter Sohn beim Wort. Priscilla weint den halben Tag. Ich nur nachts. Ich hatte gehofft, beide Söhne wären in Sicherheit. Aber bald habe ich ein Kind im
Haus, eins auf dem Friedhof, eins in Gefangenschaft und eines
im Krieg.*

*Gestern habe ich Polly getroffen, es ist doch etwas zerbrochen
in unserer Freundschaft, auch wenn sie gar nichts dafür kann.
Allein, ich verzeihe ihrer Tochter nicht, wozu sie Walter gepresst*

hat. Thomas, wähle gut und mit Bedacht, wenn die Zeit kommt, mit wem Du Dein Leben teilst. Versprechen mit heißem Herzen sind meist nicht die segensreichen – es ist so leicht, durch die Liebe ins Verderben zu geraten. Ich hoffe, ich hoffe so sehr, dass Walter diesen Schritt nicht bereut. Dass wir seinen Schritt nicht bereuen müssen.

Geliebter Thomas, entschuldige, dass ich mehr nicht schreibe. Aber ich kann an kaum etwas anderes denken als an das, was Walter erwartet.

Deine Mutter

59 Paul

In der letzten Zeit hat sich Michael selten im Lösungsraum blicken lassen, flache Hierarchien hin oder her, und sich mit seiner miesen Laune im CEO-Büro vergraben. Das Video des saudischen Ministers hat sich als KI-Fake herausgestellt. Keine Großbestellung aus Riad. Wer macht so etwas, fragt sich die ganze Belegschaft, und warum? Und was hat das für Folgen? Keiner weiß es, weil keiner weiß, wie der Chef das Video beantwortet hat und ob irgendjemand jetzt kompromittierendes Material in den Händen hält. Noch schlimmer ist die Blamage, dass ausgerechnet Mike, der Technik-Pionier, sich hat aufs Glatteis führen lassen. Es ist eine Schweinerei, was man heutzutage alles anrichten kann.

Marek ist es ein gedehntes »Hallooo« wert, als der Chef nach Tagen wieder erscheint, ein Tablet in der Hand. Kein anderer als Marek dürfte sich das erlauben.

»Hallo, Marek, hallo, alle«, grüßt Michael laut.

Großes Grüßen zurück. Paul murmelt ein »Hi«.

»Paul, zu dir wollte ich. Danke für den *report*.« Er patscht mit der flachen Hand auf das Tablet. »Wollen wir beim Mittagessen darüber reden? Lass uns zum Vietnamesen gehen.«

Paul hat gestern seinen Usability-Bericht abgegeben. Den Bericht zu beurteilen ist keine Chefsache, dafür hat Michael seine Leute aus der IT – es ist also klar, dass es um etwas anderes geht.

»Okay. Jetzt?«

»Jetzt.«

Er sperrt seinen Rechner. Sie verlassen die Firma und laufen die fünf Minuten zum vietnamesischen Lokal. Der Bürgersteig ist zu schmal, um nebeneinander laufen und sich unterwegs unterhalten zu können. Paul versucht es trotzdem, indem er ruft, wie denn die Firma läuft, aber Michael wedelt die Frage weg. Es nieselt. Das »Saigon« gehört zu den drei, vier Möglichkeiten für eine Mittagspause in der Umgebung und bietet neben vielen sahnigen und überwürzten auch ein paar frische Gerichte an. Sie nehmen an einem Tisch am Fenster Platz, mit Aussicht auf die winterliche Tristesse, und bestellen beide das Mittagsangebot, ein vegetarisches Curry; Michael selbstverständlich mit Stäbchen. »Und zwei Mineralwasser.« Gefragt hat Michael ihn nicht.

Einen Moment sitzen sie da und sehen dem Koch zu, der hinter dem Tresen Gemüse in einen Wok wirft. Im Restaurant ist es angenehm warm. Es ist noch früh fürs Mittagessen, sie sind die einzigen Gäste.

»Hab gehört, du hast mit meiner Mutter telefoniert?«

»Mit eurer Mutter, ja. Sie weiß auch nichts Neues.«

Michael geht nicht auf das Thema Julie ein. »Sie scheint ganz glücklich mit Bernd zu sein«, schwatzt er stattdessen weiter.

»Offensichtlich verstehen sie sich auch in Italien blendend.«

»Ich freue mich für sie. Das hat sie verdient.«

Wieder entsteht eine Pause. Eine Frau bringt das Essen und das Wasser.

»Mein Bericht hat dich so umgehauen, dass du deine Begeisterung nicht für dich behalten kannst, nehme ich an?«

Michael seufzt. »Irgendwann wirst du den Wert von Small Talk schätzen lernen.« Er packt seine Stäbchen aus. »Es geht tatsächlich um deinen *report*. Indirekt.«

»Spannend.«

»Ich habe ihn gelesen. Er scheint mir ganz fundiert, aber das will ich gar nicht beurteilen, das sollen die Leute aus *web solutions* machen. Weißt du, was das eigentlich Interessante daran ist?«

»Noch nicht.«

»Wie sehr du einen *usability report* für irgendwelche Nerds als Schreibaufgabe siehst. Das ist das Interessante. Die Typen verstehen besser code als Deutsch, und du formulierst. Ich weiß, du traust es mir nicht zu, aber ich erkenne den qualitativen Unterschied zwischen einem ausformulierten Text und einer Gebrauchsanleitung.«

Michael blickt aus dem Fenster; der Regen wird stärker. Die Bauern werden sich freuen.

»Warum haust du die Daten und die Beurteilungen nicht einfach in den Textgenerator und gut ist? Stattdessen dieses Schöngeschreibe. Du kommst ja keine fünf Sätze ohne Semikolon aus.« Er hält noch einmal inne; keine wirkliche Unterbrechung, gerade genug, um den einen Gedanken von seinem nächsten abzusetzen. »Ich meine, wer tut das heute noch?«

Paul überlegt, ob Michael klar ist, dass man dies auch als Anerkennung verstehen kann. »Was willst du mir sagen?«

Michael holt Luft. »Ich will damit sagen: Überleg dir, ob du mit dem, was du bei uns tust, glücklich bist. Ich habe mich und mein

Unternehmen der Zukunft verschrieben, Paul. Ich habe mich committed, nach vorne zu blicken, nicht zurück. Jede Chance da draußen zu ergreifen.« Er zeigt mit seinen Stäbchen zum Fenster. An einem der Stäbchen zittert etwas Lauch. »Da tut sich so viel. Wir können ganz vorne sein.«

Diese Sätze hat Paul schon einmal gehört, und es fällt ihm ein, wann das war: als er auf Julies Vermittlung bei DroneCon angefangen hat. »Ganz vorne stören Semikolons nur, das verstehe ich. Du willst mich feuern?«

»Das kann ich nicht, du hast einen Arbeitsvertrag. Und wenn ich es könnte, würde ich es trotzdem nicht tun. Aber das mit dem England-Geschäft hat nicht geklappt, als Projektmanager warst du nicht zu gebrauchen, von Technik hast du keine Ahnung und ich habe keine anderen Aufgaben für dich. Usability-Tests? Berichte schreiben? Für Fotos auf Baustellen fahren – ernsthaft? Du bist doch in ganz anderen Sachen gut.«

Er würde jetzt gerne Julie fragen, in welchen Sachen sie ihn gut fand. Nicht in den entscheidenden offenbar. Alles eine Täuschung. Er sagt nichts.

»Ich mache dir einen Vorschlag: Du kennst doch Karen.«

Er nickt. Natürlich kennt er Karen. Eine ganz sympathische Frau, mit Ende 40 schon eine der ältesten in der Firma, die unter anderem zuständig für die Weiterbildung ist.

»Rede mit ihr. Besprich mit ihr, ob sie ein Programm für dich kennt, ob ihr etwas anstoßen könnt, das dich weiterbringt. Innerhalb von DroneCon oder außerhalb. Oder noch besser, sie soll dir einen Coach besorgen, der das mit dir bespricht. Die Firma bezahlt das. Unsere Personalleute haben Coaching im Portfolio.«

Er meint es ernst, merkt Paul. Natürlich geht es ihm in erster Linie darum, ihn loszuwerden, das ist ihm offensichtlich eine

Menge Geld wert. Gleichzeitig hat er Recht. So kann es nicht weitergehen.

»Du musst wissen, was du willst. Wenn du bei DroneCon bleiben, Berichte schreiben und dich die nächsten Jahre mit Marek um den besten Schreibtisch streiten willst, gut, die Firma hält das aus. Wenn nicht, brich auf. Du bist im richtigen Alter, du hast einen Hochschulabschluss, ich schreibe dir ein wunderbares Zeugnis. Vielleicht musst du eine Zeit lang finanziell ein paar Abstriche machen, aber was soll's. Eine Familie brauchst du ja jetzt nicht mehr zu ernähren.«

Paul stochert in seinem Curry herum.

»Wie geht es deinen Eltern?«

Jetzt erst stutzt Paul. Hätte Michael das Gespräch einfach fortgesetzt, er hätte nichts bemerkt. Ohne diesen abrupten Themenwechsel, ohne diesen hervorgestoßenen, eigentlich sinnlosen Satz – Michael hat sich nie für Pauls Eltern interessiert, er kennt sie gar nicht –, ohne dass Michaels Stimme dabei gepresst und angestrengt klang und er sich plötzlich scheut, ihm in die Augen zu schauen – Paul würde einfach weiter in seinem Essen herumgraben, sich lustlos Gemüse in den Mund stopfen und mit den Gedanken halb im Gespräch, halb aber bei Julie und einem Aufbruch mit ihr sein. So jedoch merkt er, mit Verzögerung zwar, aber immerhin, dass etwas nicht stimmt.

»Wie meinst du das?«

»Wie, wie meinst du das? Ich meine, wie es deinen Eltern geht.«

»Nein, davor. Warum muss ich jetzt keine Familie mehr ernähren?«

»Musst du doch nicht, oder?« Michael versucht ein Grinsen. »Oder hast du Kinder, von denen ich nichts weiß? Jedenfalls, ich sage Karen Bescheid, dass sie sich mit dir in Verbindung setzt.«

Paul lässt die Gabel im Reis stecken und drückt seinen Zeigefinger auf den Tisch, bis die Spitze rot und das kleine Gelenk davor ganz weiß wird. Im Glas sprudelt das Mineralwasser, was für einen kurzen Moment das Einzige ist, was er hört.

»Sag's.«

»Was?«

Er findet die Kraft, lauter zu werden. »Sag's!«

»Paul, ich denke, wir beenden das Gespräch hier.« Michael hat zurück in seine Rolle gefunden. »Du brauchst nicht mit ins Büro zu kommen. Nimm dir den Nachmittag frei, denk nach. Überlege, was du im Leben erreichen willst. Die Welt ist groß.«

Michael steht auf, zahlt an der Theke für zwei und verlässt das Restaurant. Vom Bürgersteig grüßt er durchs Fenster. Paul weiß nicht, was er tun soll, und bestellt sich einen Nachtisch.

60 Tom

17. Oktober 1915

Geliebte Mutter,

eben war ich im Lager und man hat mir Deinen Brief ausgehändigt. Ich bezweifle, dass Walter weiß, worauf er sich einlässt. Er wird zurückkommen, Mutter, vertrau auf Gott, aber er wird dann kein Junge mehr sein.

Folgendes wird er brauchen: Warme Wäsche und Socken, der Winter kommt, und er wird schon auf dem Übungsplatz viel Zeit in Wind und Kälte verbringen. Einen Kopfschutz. Die Neuankömmlinge berichten, es werden Metallhelme an die Frontsoldaten ausgegeben. Wenn es irgendwie geht, soll er einen davon nehmen, sobald er im Feld steht. Wenn das nicht möglich ist, soll er Deckel und Rand seiner Mütze mit Kaninchendraht und Mull verstärken. Die meisten Toten, die ich gesehen habe, hatten Kopfverletzungen. Dann ein Wörterbuch Französisch, das klein genug ist, um es mit sich zu tragen: Die Soldaten haben weniger Umgang mit den Einheimischen, als man erwarten mag, aber manchmal ergeben sich eben doch Begegnungen, und es kann wichtig sein, nach dem Weg oder einem Glas Milch zu fragen. Und schließlich ein Foto von Euch. Selbst wenn Ihr im Streit Abschied nehmt, sorge dafür, dass er ein Bild mitnimmt. Er wird froh drum sein.

Noch ist es nicht so weit, Mutter. Er wird, wenn das immer noch gilt, sechs Monate ausgebildet. Und wenn es auf den Kontinent geht, geht es meist nicht sofort bis ganz vorne. Mit etwas Glück sind die Deutschen besiegt, bevor Walter sie zu sehen bekommt.

Nachtrag, am Abend
Du schreibst von der Entscheidung, die man in der Liebe treffen soll, Mutter, und dass Walter schlecht gewählt habe. Hat man denn eine Entscheidung? Lieben heißt doch, Sinn ergeben. An wessen Seite man sich selbst versteht, wo man sich selbst erfüllt, dort gehört man hin. Nirgends sonst. Auch wenn alle Umstände dagegen sprechen. Ist das nicht geradezu unsere Pflicht gegenüber der Alleskraft?
Dein Thomas

61 Madeleine

Mein lieber Thomas,

heute haben wir Walter besucht. Er wird nun in E. ausgebildet (wir wurden streng angehalten, den Ort nicht zu nennen), dort hat die Armee einen Übungsplatz eingerichtet und Hütten für die Rekruten aufgebaut. Holzhütten! Jetzt kommt der November! Nun, noch ist das Wetter gut, der ganze Ort gleicht einem Ausflugsziel, Familien aus Blackburn, Bolton, Manchester, Preston besuchen ihre Jungs. Die Pubs und die Kastanienverkäufer machen gute Geschäfte. Stimmung wie auf einem Volksfest.

Das Militärgelände liegt am Rand des Ortes. Wenn die Rekruten nicht damit beschäftigt sind, ein Maschinengewehr zu ölen oder übungshalber einen Schützengraben auszuheben, blicken sie sehr schön ins Grüne, als wollte ihnen die Obrigkeit noch einmal vor Augen führen, was sie verteidigen sollen: Kirchturmspitzen, Bauerndörfer, dazwischen eine Eisenbahn, die Wolken in den Himmel spritzt, friedliche Weite, England. Um das Gelände herum ist ein Zaun gezogen. Davor stehen Väter und Mütter mit Kindern auf dem Arm, benehmen sich wie beim Hunderennen und schauen ihren Söhnen beim Exerzieren zu.

Priscilla entdeckte Walter als Erste. Sie war sehr aufgeregt, sie vermisst Walter schon jetzt ebenso sehr wie Dich und sprang am Zaun hin und her. Als wir kamen, übte sein Zug das Marschieren. Ein übergewichtiger Unteroffizier rief Kommandos, Füße stampften auf den Boden, Arme pendelten und die Rekruten setzten für ihre Familien ein entschlossenes Gesicht auf. Nach drei Minuten wurde mir schon beim Zuschauen fad. Priscilla rief ihrem Bruder etwas zu, aber natürlich hörte er sie nicht oder durfte sie nicht hören, woran die Umstehenden sie zischend er-

innerten. *Als gefährde jede Ablenkung den Sieg, das arme Mädchen war völlig verschreckt. Vater meinte, Khaki stehe Deinem Bruder gut, das blieb mehr oder weniger sein einziger Kommentar. Walter trägt noch seine eigenen Schuhe zur Uniform, Stiefel sind knapp. Sein Unteroffizier erwartet eine Sendung gebrauchter Stiefel aus dem Krankenhaus in Whalley. Dort werden sie nicht mehr benötigt.*

Sonntags bekommen die Rekruten den Nachmittag frei. Wir sind mit Walter in einen Pub gegangen, in dem wir mit viel Glück und dank Vaters Beharrlichkeit einen Tisch und vier Portionen Eintopf ergatterten. Walter sagte, das Essen sei nicht schlecht in der Armee. Tatsächlich sieht er gesund aus. Trotzdem langte er tüchtig zu. Die Uniform hat ihm die Schweigsamkeit der letzten Monate ausgetrieben, Dein Bruder ist fidel und scheint sich geradezu zu freuen auf den Krieg. Ausgerechnet er, der immer seine eigenen Wege gesucht hat, lobt jetzt den Geist der Truppe, das Bewusstsein, Teil eines größeren Ganzen zu sein, die historische Aufgabe und so weiter und so weiter. Dass er in der Hütte am Ausgang schläft und jedes Mal, wenn ein Kamerad austreten muss, geweckt wird, störe ihn nicht. Er ließ es zu, dass Priscilla und ich ihn zum Abschied küssten. Vater gab er die Hand. Als wir uns auf den Fußweg zum nächsten Bahnhof machten (eine Meile entfernt), sah ich in der Entfernung Mary warten. Sie schaute schnell weg. Ich habe Vater nichts davon gesagt.

Lieber Thomas, Du schreibst von der Pflicht, der großen Kraft zu folgen. Schwärmerei der Jugend! Nein, so sind die Zeiten nicht. Walters Pflicht ist es nun, für uns zu kämpfen. Meine Pflicht ist, Priscilla durch diesen Krieg zu bringen und Vater, der mich dafür viel mehr braucht, als er weiß. Deine Pflicht ist es, wohlbehalten nach Hause zu kommen. So sind die Zeiten, und dies ist die Liebe, die sie erfordern.

Nun ist es spät, morgen beginnt eine neue Woche. Ich sitze
bei spärlichem Licht am Küchentisch, das Haus ist ruhig, Vater
schläft bereits, Deine Schwester sowieso. Du sicher ebenfalls.
Walter liegt in seinem Holzverhau. Woran wird er abends den-
ken? Du wirst besser mutmaßen als ich.
Ich würde Dir so gerne eine gute Nacht wünschen. Ich habe Dich
im Herzen. Bis bald.
Deine Mutter

62 Paul

Elf Männer. Paul betrachtet das Foto. Er ist wieder bei Frau Ochs
zu Gast, in einem Zimmer ihres Hauses hört er sie Schubladen
aufziehen und schließen, ihr Mann werkelt im Garten, die Ho-
senbeine am Knie braun von Erde. Frau Ochs hat die Briefe auf
dem Esstisch aufgefächert, auch die auf Karton aufgezogene
Fotografie ist dabei, die im Bündel ganz unten lag. Paul nimmt
das Foto in die Hand. Elf schwarz-weiße Gesichter vor einem
schwarz-weißen Bühnenbild, das eine Küste zeigt; für den Anfang des 20. Jahrhunderts ist die Qualität der Aufnahme erstaunlich gut, die Unbeholfenheit der Kulissenmaler ist deutlich erkennbar, die Perspektive stimmt nicht. Der Fotograf hat die
Schauspieler als Gruppe aufgebaut, drei sitzen, die anderen
schauen mit zeitgemäßem Ernst hinter ihnen hervor. Wämser,
Halskrausen und Pluderhosen lassen auf ein historisches Stück
schließen. An Kostümen hat es nicht gemangelt.

Unweigerlich fällt der Blick des Betrachters auf eine Gestalt
in der ersten Reihe, einen stämmigen Kerl in einem schlichten

weißen Kleid, behandschuhte Finger in ironischer Koketterie an die Wange gelegt, ein kräftiges Gesicht, das ein sanftes Lächeln aufgesetzt hat. Der Einzige, der auf diesem Bild seine Rolle spielt. Paul fällt es nicht schwer, sich vorzustellen, wie er die Bühne beherrscht und in Frauenkleidern und mit albernen Grimassen das Publikum zum Lachen bringt. Neben dieser falschen Dame ein Herr in Felduniform, an dessen anderer Seite ein weiterer Mann in Frauenkleidern, in seinem Fall ist das Gewand bestickt und hochgeschlossen, der Träger ein schlanker Jüngling mit feinen Gliedern. Mit den Fingern seiner linken Hand spielt er an einem Band seines Kostüms herum, die rechte ist zur Faust geballt. Er sieht ihm ins Gesicht. Helle Augen, melancholischer Blick. Bist du es? Oder doch der andere, fragt er still. Und was hat man dir angetan?

»Stattliche Burschen, nicht wahr?«

Liselotte Ochs erscheint mit einer Lupe in der Hand. Warum nicht gleich eine Lorgnette, fragt sich Paul und stellt sich vor, wie die alte Dame sich solch eine Stielbrille vor die Augen hält. Würde passen. Sie winkt ihrem Mann durchs Panoramafenster zu, der winkt nicht zurück und kniet sich in ein Beet.

»Mögen Sie Kostüme?«, gibt Paul zurück, aber sie geht nicht darauf ein. Er legt die Fotografie zurück neben die Briefe, die sie gemeinsam besprechen wollen. Paul ist ihrer Einladung gefolgt, aber nun mag er nicht über Thomas Barley reden, er mag überhaupt nicht reden. Er findet es Leistung genug, hier zu sitzen und nicht über sein Mittagessen mit Michael nachzudenken. Frau Ochs verbreitet auch keine Dynamik. So sitzen sie nebeneinander vor den Papieren, die alte Dame spielt mit der Lupe, sie hören einer Stubenfliege zu und verfolgen, wie Werner mit den Händen in der Erde wühlt.

»Was macht er?«, fragt Paul.

»Er gräbt die Stiefmütterchen aus, die er letzte Woche gepflanzt hat.«

In diesem Moment wirft Werner etwas Violettes ans andere Ende des Beetes. Es landet auf einem Haufen, der bereits bunt leuchtet.

»Keine Sorge, morgen gräbt er sie wieder ein.«

Ihr Mann erhebt sich aus dem Beet und drückt den Rücken durch, klopft sich die Hände an der Jacke ab, zieht die Schuhe aus, löst den Gürtel und steigt aus der Hose. Auf fahlen und haarlosen, staksigen Beinen steht er im Garten herum, die Hose in der Hand, und weiß nicht, wie es weitergeht. Paul bemerkt, dass die Unterhose – Feinripp, Eingriff – schlackert; offenbar hat er sie vor einiger Zeit noch besser ausgefüllt. Am Fenster eines Nachbarhauses wackelt eine Gardine, aber vielleicht täuscht sich Paul da auch. Frau Ochs bleibt sitzen.

»Es tut mir leid«, entfährt es ihm.

»Was?«

»Mit Ihrem Mann. Sie wissen schon.«

»Dass er bekloppt ist?«

»Bekloppt habe ich nicht gesagt.«

»Er merkt es nicht. Ihm geht's gut.«

Paul lässt sich ein wenig Zeit mit dem nächsten Satz. »Ich meine Sie, Frau Ochs. Für Sie tut es mir leid.«

Frau Ochs lacht auf. »Ach«, sagt sie amüsiert, »das ist ja lieb von Ihnen, aber überhaupt nicht nötig.« Und als sie sieht, wie getroffen Paul ist, in einem ernsteren Ton: »Entschuldigen Sie. Ich weiß, Sie meinen es gut.«

Sie macht eine Pause, in der Paul überlegt, wie er das Thema wechseln kann, aber dann fährt sie fort: »Ich habe es mir nicht ausgesucht, mich um einen dementen Mann zu kümmern, und man könnte seinen Ruhestand sicher anders verbringen. Aber dies ist mein Weg. Ich weiß, dass es richtig ist, ihn zu gehen, und das ist auch ein gutes Gefühl.«

Sie schaut erst ihn an und dann wieder ihren Mann, der weiter den Stiefmütterchen zu Leibe rückt, jetzt hosenlos.

»Er hat Maschinen gebaut, kein schlechter Beruf in den vergangenen Jahrzehnten. Zuletzt war er Geschäftsführer eines kleinen Unternehmens. Wir haben uns seine Karriereleiter hinaufbewegt und sind immer der nächsten Chance hinterhergezogen. Er war ein guter Chef, denke ich. Klug, besonnen, aufmerksam. Und ein starker Ehemann. Er hat für mich gesorgt und jetzt sorge ich für ihn.«

Sie legt die Lupe auf den Tisch.

»Ich habe nicht das Gefühl, vom Schicksal ungerecht behandelt zu werden. Wir leben in Wohlstand, ich bin gesund, ich kann meistens tun und lassen, was ich will, wenn man von Weltreisen absieht. Wir haben drei gut geratene Kinder und irgendwann werden sie sich um mich kümmern. Ob mir das Theater da draußen peinlich ist, hängt nur von mir ab. Es gibt viele Menschen, die scheinen auf den ersten Blick viel freier und sind doch von irgendetwas getrieben, das sie nicht verstehen.«

Die Fliege verschwindet in die Küche und hinterlässt eine Stille.

»Nur dass ich ihn vermisse.«

Dann steht sie mit einem Satz auf. »Außerdem hat er Recht. Die Hose ist wirklich zu dreckig, um sich unter Leute zu wagen. Er soll sich eine andere anziehen. Und dann lassen Sie uns ein wenig spazieren gehen; ich will Sie etwas fragen und im Gehen redet es sich besser.«

63 Tom

Liebe Mummsy,

der Herrgott spendiert uns ein paar unverhofft milde Tage. Die Luft beißt schon, doch wenn ich mit Vitaly und dem Bauern auf dem Acker stehe: Sonne. Erst rot, dann warm. Sie macht mir das Herz ruhig und lässt am Rain die Hagebutten leuchten. Noch hängt ein bisschen vergoldetes Laub an den Bäumen und Sträuchern und ruft ein letztes Mal in Erinnerung, wie prächtig die Natur ist. Wir arbeiten unter Bussarden und blauem Himmel. Wenn sie das Essen aufs Feld bringen, singen die Frauen, als wäre Spätsommer. Der Fluss braucht eine Weile, bis er den Nebel abgeschüttelt hat, dann beginnt er heraufzuglitzern. Der Angler gibt nicht auf und steht wieder im Wasser; jetzt bin ich mir sicher, dass es eine junge Frau ist. Sie fängt einen Fisch.

Ich weiß: Es sind die letzten Tage, bevor der Frost kommt. Ernst, der immer etwas mehr als die anderen zu verkünden hat, sagt einen Wetterumschwung voraus, sein Bein habe ihn da noch nie im Stich gelassen, und überhaupt, er kenne das Klima. Also nutzen wir die Zeit, die bleibt, nicht nur, um zu säen, sondern auch, um in der Mittagspause noch einmal die Sonne zu ernten. Und um die Abende im Freien zu verbringen, bis die Kälte heraufkriecht. Solange es eben geht. Es ist alles gut so.

Liebe Mutter, habe Dank für Deinen Rat. Das bisschen Verstand, das der Mensch hat, vermag dem Ur-Drängen nichts entgegenzusetzen. Ihm, dem Drängen, dorthin zu folgen, wo zwei Seelen sich begegnen, schreibst Du, kann die tiefste Vernunft sein. Wie sehr Du damit Recht hast. Ich könnte es nicht besser ausdrücken. Danke Dir dafür.

Ich weiß, was ich zu tun habe, mach Dir keine Sorgen. Wenn alles vorbei ist, mustere ich aus und kehre zurück nach Darwen. Walter übernimmt den Laden, aber wenn er und Vater jetzt mit Saatgut und Geräten handeln, kann ich ihnen doch helfen. Wir sollten Landmaschinen verkaufen, Drescher, Mähmaschinen, moderne Windfegen, mit denen sich das Getreide schneller reinigen lässt. Das ist die Zukunft, mir ist das völlig klar geworden, die Technisierung der Landwirtschaft hat gerade erst begonnen und es liegen große Möglichkeiten darin – und viel Wohlstand. Für die Bauern, aber auch für uns, für Dich. Wir werden ein gutes Gespann sein, Vater, Walter und ich.

Dieser Feldzug dauert jetzt mehr als ein Jahr. Lange kann er nicht mehr währen. Bald bin ich wieder zu Hause.

Es umarmt Dich Dein Dich liebender Sohn

64 Paul

»Werden Sie aus Barleys letzten Briefen schlau?«, will Frau Ochs wissen, als sie ihren Spaziergang beginnen.

»Aus dem, was er an seine Mutter schreibt?«, fragt Paul zurück. Er denkt an den liebevollen, fast zärtlichen Ton, in dem Sohn und Mutter sich schreiben.

Mit Herrn und Frau Ochs läuft er am Bach, der den Stadtteil Niederzwehren – das alte Dorf – durchplätschert. Nach der Abrisswut der 70er-Jahre waren die Stadtplaner zur Besinnung gekommen und hatten den verbliebenen Ortskern nicht nur stehen lassen, sondern aufwendig saniert. Das Wasser fließt um adrette Fachwerkhäuschen herum, in den Gärten leuchten Krokusse und in den Sträuchern hängen Ostereier. Ein Mann fegt eine Terrasse. Die Sonne entwickelt Kraft.

»Inzwischen denke ich, die Widersprüche erklären sich nur, wenn wir die Rolle des Oberst verstehen«, setzt Paul an. »Er ist der Schlüssel. Wir haben die Originale der Briefe. Meinen Sie nicht, wir können davon ausgehen, dass sie die Adressaten nie erreicht haben? Der Oberst war Leiter der Zensur im Lager. Ich denke, er hat die Briefe einkassiert. Und zwar sowohl die Schreiben von Barley als auch die der Mutter. Er versteckt sie unter dem Dielenbrett im Austragshaus, wo er wohnt. Dort finden Ihre Nachbarn sie mehr als 100 Jahre später und deswegen liegen sie jetzt bei Ihnen zu Hause.«

»Die herrlichen Schlehen!«, wirft Herr Ochs ein, den seine Frau untergehakt hat.

Paul sieht in die Richtung, in die er zeigt. In einem Garten stehen einige Sträucher, die tatsächlich prachtvolle Blüten getrieben haben. Der Frühling ist da. Er würde gerne weiterlaufen, aber die beiden Eheleute stehen auf dem Weg und scheinen jede Blüte einzeln begrüßen zu wollen.

»Wir haben früher in Württemberg gewohnt«, erklärt Frau Ochs. »Die Kinder sind dort aufgewachsen, jedenfalls die beiden älteren. Wir hatten einen großen Garten, in dem Obstbäume und mächtige Hecken standen. Morgens weckten uns die Vögel. Wussten Sie, dass man die Früchte der Schlehen essen kann? Kaum jemand weiß das. Wir haben häufig Marmelade daraus gekocht.« Sie wiegt den Kopf hin und her. »Angenommen, Sie haben Recht, und der Oberst zweigt die Briefe ab. Das erklärt noch nicht, warum sich einerseits vieles von dem, was Barley schreibt, und von dem, was seine Mutter schreibt, durchaus aufeinander bezieht, aber sie dann andererseits immer wieder völlig aneinander vorbeischreiben. Will sie ihn nun überzeugen, vom Bauernhof ins Camp zurückzukehren, oder nicht? Schreibt er ihr von der Lebensgefahr, in die ihn das Fleckfieber bringt, oder ist alles nur eine Unpässlichkeit, wie sie antwortet?«

»Wenn wir davon ausgehen, dass in Ihrer Kommodenschublade die Original-Briefe liegen, bleibt nur eine Erklärung.«

»Nämlich?«

»Von Mangersheim hat sie neu aufgesetzt, mit verändertem Inhalt. Gerade so viel, dass sie noch authentisch klingen. Aber eben ergänzt durch Erzählungen oder Fragen, die die Absender niemals geschrieben haben.«

Sie blickt ihn zweifelnd an. »Der Offizier fälscht die Handschriften, ohne dass es den Adressaten auffällt?«

»Von Mangersheim war Kalligraphie-Dozent. Das war für ihn nicht schwer. Außerdem hatte Barley einen verstümmelten Finger, und seiner Mutter scheint er ebenfalls eine lädierte Hand angedichtet zu haben. Das liefert eine Erklärung, falls die Schrift doch einmal ungewohnt aussieht. Die Frage ist, warum er diesen Aufwand betrieben hat.«

Ihm fällt auf, dass sie nicht wie sonst in einer farblichen Gesamtharmonie gekleidet ist, wenngleich immer noch sehr geschmackvoll; auch der Lippenstift ist heute nicht auf ihr Kostüm abgestimmt. Eine Nachlässigkeit? Ein Zeichen zunehmender Vertrautheit? Er riskiert eine kleine Stichelei: »Wir könnten Peters fragen.«

Frau Ochs springt nicht darauf an. »Eine Erklärung gäbe es dafür: Er wollte an Informationen kommen. Offensichtlich litt von Mangersheim unter Geltungssucht. Preußischer Adel, das Auftreten eines Befehlshabers, Spitzname *Oberst*, aber in Wirklichkeit nur Leutnant im Landsturm.«

»Eben«, greift Paul den Gedanken auf, »er muss was für seine Karriere tun oder wenigstens für sein Ego. Als er einen Brief auf den Tisch bekommt, den er für die Zensur bewerten soll, und darin liest, dass ein englischer Gefangener Mitglieder des Königshauses und höchste Militärs während ihres Tischgesprächs bedient hat, wittert er seine Chance, sich gegenüber den Vorgesetzten wichtigzumachen. Er geht mit dem Jungen spazieren und forscht ihn aus. Er manipuliert seine Briefe und versucht, die Mutter dazu zu bringen, kriegswichtige Dinge preiszugeben. Oder das, was man dafür hielt: die Stimmung im Volk, der Erfolg der Mobilisierungskampagnen, die Versorgungslage, die Rekrutenausbildung.«

»Klappte ja auch«, bestätigt Frau Ochs, »sie gibt eine ganze Menge preis.« Langsam laufen sie weiter. »Peters hat es erwähnt, der ganze Überwachungsapparat diente nicht nur der Zensur, sondern auch dazu, aus den einlaufenden Briefen wichtige Informationen herauszufiltern. Von Mangersheim ist zuständig. Wenn er Karriere machen will, muss er etwas liefern. Dafür fälscht er die Briefe.«

»Andererseits geht es bei den Fälschungen sehr bald nicht mehr um den Krieg«, wendet Paul ein.

»Stimmt!«, ruft Frau Ochs. »Der Oberst entwickelt offensichtlich weitere Interessen. Der Bursche gefällt ihm. Von einer patriotischen Aufgabe und Profilierungsmöglichkeit wird dies zu etwas Privatem. Irgendwann interessiert er sich mehr für die Gefühle des Gefangenen ihm gegenüber als für militärische Informationen aus England. Er fragt Barleys Mutter, wie Thomas über ihn denkt.«

»Eitelkeit.«

»Auch. Aber er ergründet damit zugleich, wie offen er Barley gegenüber sein kann.«

»Hm.« Paul überlegt. »Kennen Sie das Stück, das die Schauspieltruppe im Lager probt?«, fragt er dann.

»Twelfth Night? Ich weiß, wie der deutsche Titel heißt: *Was ihr wollt*. Mehr nicht. Wieso?«

»Googeln Sie es mal. Der Oberst hat es ausgewählt, nicht wahr? Wenn wir mit unseren Vermutungen Recht haben, steckt da ein guter Witz drin.« Frau Ochs fragt nicht nach, und Paul setzt seine Überlegungen fort: »Mit der Zeit durchschaut Barley das Spiel. Oder wie verstehen Sie seine letzten Briefe?«

»Er muss es gemerkt haben. Wenn nicht wegen der Handschrift oder weil ihn das, was seine Mutter schreibt, bisweilen verwundert, dann wegen der Erlaubnis, seitenweise brisante Berichte in die Post zu geben, während seine Kameraden Belanglosigkeiten auf Vordrucke kritzeln.«

»Ein Privileg seines Gönners.«

»So wird es ihm der Oberst zweifellos verkauft haben: Sei mein Freund, dann sorge ich dafür, dass du mehr schreiben darfst als andere. Aber damit ist Barley zugleich klar, dass sein Briefwechsel von der Willkür seines Wohltäters abhängt. Ich lese seine Briefe so, dass ihm mehr und mehr Zweifel kommen, er das Spiel aber mitspielt.«

»Aus Angst?«

»Mag sein. Er nutzt die Möglichkeit, seinerseits dem Oberst etwas mitzuteilen. Er lobt ihn überschwänglich, um in seiner Gunst zu bleiben. Als er auf Abstand gehen will, schreibt er vorgeblich über seine Beziehung zu Martin, dass *sich die Größe einer Beziehung an der Tiefe der Begegnungen misst, nicht an ihrer Häufigkeit*. Er versucht, Luft zum Atmen zu bekommen: Er schildert sein Glück auf dem Hof und hofft darauf, dass der Oberst es ihm gönnt und ihn loslässt. Die letzten Briefe klingen wie ein verzweifelter Appell an den heimlichen Mitleser, ihn in Ruhe zu lassen.«

Paul ist nicht vollends überzeugt. »Wenn es nur darum geht, dem Oberst etwas zu sagen – das könnte er einfacher haben.

Sollten wir Barley nicht zutrauen, dass er seinen Gönner damit direkt konfrontiert? Ich glaube etwas anderes.«

»So?«

»Er will den Faden zu seiner Mutter nicht abreißen lassen. Selbst wenn von Mangersheim die Briefe neu schreibt, er übernimmt vieles, um glaubwürdig zu bleiben. Was mit Walter geschieht, welche Rolle Mary Brown spielt und so weiter, das kann er sich schlichtweg nicht ausdenken. Das zeigt Barley: Von Mangersheim frisiert die Briefe zwar, aber er erfindet sie nicht vollständig. Er weiß, dass zumindest einige Informationen durch diesen Filter kommen, und dass auch von seinen Briefen aus Niederzwehren etwas nach Darwen gelangt, und seien es Wünsche für die lebenswichtigen Pakete. Barley setzt darauf, dass der Oberst ihn nicht nur missbraucht, sondern ihm auch hilft. Er schreibt die Briefe tatsächlich an seine Mutter, nicht an den Oberst als heimlichen Dritten.«

»Oder an beide«, wirft Herr Ochs ein.

»Oder an beide«, stimmt Frau Ochs zu. »Barley beginnt den Briefwechsel im besten Glauben an einen unverfälschten Austausch. Dann kommen ihm Zweifel, aber er sucht den schmalen Grat, die Lebenszeichen an seine Familie durch die sehr spezielle Zensur des Schreibstubenleiters zu bekommen.«

Paul kickt einen Kiesel in den Bach, der mit einem Glucksen verschwindet. Ein Entenpärchen, das auf dem Bach schwimmt, schreckt kurz auf, lässt sich dann aber weitertreiben, vorbei an Pestwurz und den ersten Dotterblumen. Paul sieht den Tieren nach.

»Keine schöne Erkenntnis, dass man monatelang getäuscht wurde«, murmelt er.

Frau Ochs schüttelt den Kopf. »Manipulieren und manipuliert werden – wenn Sie es so sehen, geht es im Leben ständig um

Macht und Ohnmacht. Aber Machtgesten sind oft Ohnmachts-Offenbarungen. Wer anderen etwas vorspielt, will Macht ausüben, verbirgt damit aber nur seine Hilflosigkeit. Sein Loch im Herzen.« Sie sieht ihn an. »Barley hatte wenig Spielraum, damit umzugehen. Sie haben viel.«

Er sieht auf. »Was meinen Sie damit?«

»Sie wissen schon.«

»Ich habe Ihnen nicht viel von Julie erzählt.«

»Das brauchen Sie nicht. Ich sehe, was mit Ihnen los ist.«

Schweigend laufen sie ein Stück. Nur der alte Mann brabbelt vor sich hin, Frau Ochs scheint es zu überhören. Schließlich sagt sie: »Wir müssen besprechen, wie wir jetzt weitermachen.«

»Sie wollten doch einen Plan entwickeln, was Sie mit den Briefen anstellen, wenn wir damit fertig sind.«

»Sind wir eben nicht. Ich möchte mehr über die letzten Tage von Private Barley herausfinden. Wie und warum er zu Tode gekommen ist.«

Sie informiert ihn, dass die Leute vom Geschichtsverein Darwen geantwortet haben, die sie mithilfe ihres Übersetzungsprogramms angeschrieben hat. »Sie arbeiten an einem Verzeichnis der gefallenen Söhne der Stadt. Dort ist er mit Todesdatum 11. oder 15. November 1915 aufgenommen. Der Vorsitzende des Geschichtsvereins hat in den Unterlagen nachgeschaut. Die Angabe beruht auf der damaligen Todesanzeige in der örtlichen Zeitung. Offensichtlich wusste seine Familie nicht genau, wann er gestorben ist, hatte aber auch keine Hoffnung, dass er noch lebt.«

Sie hält kurz inne.

»Barley war der Sohn eines Krämers, das wussten wir schon. Jahrgang 1892, Eintritt in die Armee als Berufssoldat im Alter von 21 Jahren. Das war's. Alles, was wir über seine Zeit im Lager wissen, wissen wir aus seinen Briefen. Denken Sie, es gibt in Deutschland noch Akten über die Kriegsgefangenen?«

Paul legt die Stirn in Falten. »Das lässt sich herausfinden. Aber wen interessiert das? Das ist über 100 Jahre her.«

»Mich. Und Sie auch, das weiß ich. Tun Sie nicht so, als wäre es anders.« Frau Ochs wedelt mit der Hand. »Ist er durch einen Unfall ums Leben gekommen? Unwahrscheinlich nach dem, was wir in den Briefen gelesen haben. Von den Notizen an den Oberst ganz am Ende gar nicht zu reden.«

Die Notizen. Ganz unten im Packen der Briefe, noch hinter dem Brief, in dem Thomas seine Pläne für einen Handel mit Windfegen und anderen Landmaschinen nach seiner Rückkehr entwirft, lagen ein paar Zettel, in denen Thomas sich direkt an den Oberst richtet, offen und unverblümt. Auch sie hat von Mangersheim aufbewahrt. Die könnte man sich noch einmal anschauen, denkt Paul. Oder reicht es jetzt mit dem Detektivspielen?

Frau Ochs reicht es offenbar nicht. »Sie kennen sich doch sicher in Archiven aus. Wo könnten wir etwas finden über Barley? Und über den falschen Oberst? Wir sollten uns auch erkundigen, ob es Nachfahren von Agnes oder ihrer Familie gibt, vielleicht können die uns weiterhelfen.«

»Die Familie *Bodhe*? Viel Spaß. Den Namen Bode gibt es hier in der Gegend hundertfach. Der Engländer konnte den Namen ja nicht einmal richtig schreiben, mit dem schönen Buchstaben H hatte er augenscheinlich so seine Probleme.«

»Darüber müssen Sie natürlich spotten. Er hat eine Sprache in sechs Monaten gelernt. Ob da ein H zu viel oder zu wenig vorkommt, ist doch völlig egal.«

Er schaut sie zweifelnd an. »Sie wollen allen Ernstes einen Todesfall aus dem Jahr 1915 klären? Was erreichen Sie damit?«

Frau Ochs erwidert nichts, greift nach der Hand ihres Mannes, dann geht sie weiter. Schließlich dreht sie sich um und sagt doch etwas: »Wenn ich Sie anschaue und mit dem Bild vergleiche, das Sie vor wenigen Wochen abgegeben haben, dann haben wir bereits eine Menge erreicht.«

Sie wirkt, als unterdrücke sie einen Ärger. Er findet nicht, dass er verdient, Ziel eines Zorns zu sein.

»Sie werden Ihre Julie nicht zurückbekommen oder wie immer sie heißt«, redet sie weiter. »Ihre Stelle an der Universität auch nicht. Was wollen Sie machen? Weiter Frust schieben, weil das so schön einfach ist?«

»Was geht mich denn ein englischer Soldat an, der seit hundert Jahren irgendwo verwest? Wenn er nicht an die Schweine verfüttert wurde. Ich bin kein Historiker. Ich bin auch weder Brite noch einer aus diesem Kaff hier.«

Sie wendet sich ihm zu, mit einem Blick, als lerne sie ihn gerade kennen. »Dann werden Sie es doch. Einer aus dem Kaff hier, meine ich. Was sind Sie denn?«

Am liebsten würde Paul auf der Stelle umdrehen. Aber seltsam, er traut sich nicht. Stattdessen spazieren sie gemeinsam die Runde zu Ende und schweigen. Nur Herr Ochs freut sich hin und wieder über einen blühenden Busch.

65 Paul

Er macht die Kobra, drückt den Rücken durch und ermahnt sich: weitermachen, Kraft aufbauen, abnehmen. Nicht darüber nachdenken, wie er dabei aussieht. Er schnauft. Can, der Yoga-Lehrer, schlägt einen Gong und nähert sich, jeden Schritt setzend, als wolle er mit den Füßen den Boden liebkosen, dem Neuling.

»Schön, dass du drangeblieben bist, Paul. So heißt du, richtig? Morgen wirst du müde Muskeln haben, Paul, aber Du wirst eine Energie spüren. Am Freitag kommst du wieder. Zwei Wochen Probezeit, dann reden wir über den Vertrag.«

Eine Tonlage tiefer wendet Can sich an die Gruppe: »Wer fertig ist, tief einatmen und aus dem Zwerchfell heraus tönen. Erst das A, dann das O.«

Paul legt sich flach auf die Matte, ächzt, schließt die Augen und überlegt, wie er das Tönen schwänzt, ohne dass Can es merkt. Die ganze Sache ist ihm schon peinlich genug, die Verrenkungen, seine Polster unterm Shirt, der Saal voller sportlicher Menschen. Bloß nicht noch das A, denkt er, und nicht auch noch das O. Um ihn herum beginnen Menschen zu brummen.

»Na, so eine Überraschung«, flüstert jemand.

Er öffnet die Augen. Iryna steht über ihm. Er hat gehofft, sie hier zu treffen, aber er wollte dabei anders aussehen, weniger rot, weniger dick. Weniger am Boden schnaufend.

»Lange nicht gesehen«, flüstert er zurück.

Sie grinst. »Bist du fertig? Oder noch Tönen zum Schluss?«

»Schon fertig.«

Er steht auf und rollt seine Matte zusammen. Wenn sie weitersprechen wollen, müssen sie raus aus diesem Gebrumme. Sie suchen sich im Vorraum zwei Stühle neben einem fleißigen Zimmerspringbrunnen.

»Du setzt Vorschlag um und kommst ins Yoga-Studio, wie schön. Nur mit paar Jahre Verspätung. Wie geht es dir? Du warst lange nicht im B5. Du und Julia.«

»Julie. Ich hab nicht so richtig Lust gerade. Alleine hinzugehen, meine ich.«

»Aha«, sagt sie. »Ich verstehe.« Und nach einer kurzen Pause: »Wenn du wieder kommen magst, gebe ich dir Gin Tonic aus.«

»Du arbeitest also noch dort?«

»Nur noch manchmal. Ich habe meine Bachelor-Arbeit geschrieben. Muss ich noch zwei Prüfungen nachholen, dann bin ich fertig mit dem Studium.«

»Wenn du Hilfe brauchst ...«

Sein Geheimnis der Selbstüberrumpelung ist, schneller zu reden, als er Angst hat. Sie scheint weniger überrascht von seinem Angebot als er selbst, legt einen Finger an ihre Wange und schaut gespielt fragend an die Decke. Was ihr gut steht. Egal was sie macht, es steht ihr gut, findet er. Rotwerden in der Apotheke, Ironie im Yoga-Studio.

»Hm, mal überlegen. Dozent hilft Studentin, ist das erlaubt?«

»Ich arbeite nicht mehr an der Uni.«

»Oh. Bist du mit Doktorarbeit fertig?«

»Nein, bin ich nicht. Erzähl ich dir ein andermal.«

»Gut. Erzählst du mir, wenn du mir hilfst.«

Sie kichert. Menschen mit achtsamen Mienen und knallbunter Synthetikkleidung tröpfeln aus dem Yoga-Raum, andere drängen hinein, für Iryna wird es Zeit. Sie verabreden sich für kommende Woche zum Lernen. Dann ist Paul allein mit dem Springbrunnen. Er ist von sich selbst beeindruckt.

66 Paul

In den folgenden Wochen treffen sie sich in einem Café am
Fluss. Nicht weit entfernt hat Julie gewohnt, aber weil sie keine
Nachbarn treffen wollte, waren sie nie zusammen hier. Paul
findet sich frech, dass er sich so weit heranwagt an die Bädergasse und die Erinnerungen, die dort lauern, und es fühlt sich
gut an.

Beim ersten Treffen verschafft er sich einen Überblick über
Irynas Unterlagen, das Prüfungsthema in Englischer Literatur
und über ihren Wissensstand. Seine Aufgabe wird nicht allzu
schwer, sieht er: Sie ist klug, das wusste er, und es stellt sich
heraus, dass sie schnell lernt. Alles, was ihr fehlt, ist ein wenig
Übersicht. Nach ihren Übungsstunden wechseln sie vom Kaffee
zum Wein. Einmal nennt sie ihn »mein persönliches Literaturgenie«, aber er geht auf den Flirt nicht ein, und sie ist wach genug, das zu bemerken und nicht weiter vorzudringen.

»Sprichst du noch mit Julie?«, fragt sie ihn, als sie nach dem
vierten oder fünften Treffen vor dem Café stehen und sich noch
nicht verabschieden. Die Abendluft ist mild, die Menschen tragen ihre Jacken über dem Arm. Vor ihnen zieht träge die Fulda
vorbei, schon verlangsamt durch das Wehr, das wenige Hundert
Meter flussabwärts das Wasser aufstaut.

»Ich weiß nicht, wo sie ist. Sie ist vor einem halben Jahr abgetaucht und hat offensichtlich keine Lust, mir irgendetwas mitzuteilen. Also nein, ich spreche nicht mit ihr.« Er gibt ihr einen
Abriss vom Verschwinden seiner Freundin.

»Machst du dir Sorgen?«, will Iryna wissen.

»Um sie? Nur in den ersten Tagen. Sie hat alles so entschieden, da muss sich niemand um sie sorgen. Wenn mich jemand
nach ihr fragt, erfinde ich einen Streit, einen handfesten Krach,

der alles erklärt. Das ist leichter, als zu sagen, dass sie einfach verschwunden ist.«

»Und wenn du herausfindest, wo sie ist? Was dann?«

»Ich stelle mir vor, wie ich Antworten aus ihr herausprügele.«

Sie schaut ihn mit gekräuselter Stirn an, schüttelt den Kopf und stellt fest: »Das würdest du nicht tun.«

»Nein, das würde ich nicht tun. Ich würde sie fragen, warum sie gegangen ist und wer ich für sie war, und sie würde mir nicht antworten. Aber dann hätte sie immerhin nicht das letzte Wort.« Er reibt an seinem Daumennagel herum.

»Was ist mit ihrer Familie?«

»Die wissen nichts. Angeblich.«

»Freundinnen?«

»Es gibt ein paar Kolleginnen. Niemand, dem sie etwas anvertrauen würde.«

»Sie lebt zwei Jahre in einer Stadt und freundet sich mit niemandem an?«

Er schüttelt den Kopf und bilanziert still, dass er es auch nicht besser macht. Ein paar Bekanntschaften, ein paar Kollegen. In fernen Städten alte Freunde, die man im Stillen noch so nennt, aber seit Jahren nicht mehr sieht. Selbstgespräche unter der Dusche.

»Warum hilfst du mir mit Englisch?«

Paul wird nicht einmal nervös, als er antwortet. »Weil ich dich mag.«

»Das ist süß. Ich mag dich auch, glaube ich.«

Es ist lange her, dass er ein Gespräch geführt hat, ohne fortlaufend über seine Worte nachzudenken, seine Wutattacken auf Michael einmal ausgenommen. Jetzt kann er eigentlich gleich weitermachen.

»Ich muss dich was fragen.«

»Ich weiß, was jetzt kommt.« Sie zeigt mit dem Finger auf sich selbst. »Hat sie oder hat sie nicht russischen Panzer abgeschossen?«

»Das eigentlich nicht«, dementiert er lächelnd. »Aber hast du?«

»Machen wir Schluss für heute.« Sie geht einen Schritt in Richtung der Brücke, die in die Innenstadt und zu den Straßenbahnhaltestellen führt. Dann fügt sie doch noch etwas hinzu: »Ukraine ist voll von unbeantworteten Fragen. Zum Beispiel: Wo ist mein Ehemann?«

»Du bist verheiratet?«

»War. Aber mein Mann ist in Krieg gestorben.«

»Das tut mir leid.«

»Ich kenne sein Grab nicht. Kurz vor Weihnachten 2022 habe ich einen Brief vom Ministerium bekommen, in dem sie ihn für tot erklärt haben.«

Ihm fällt nichts ein, was er sagen kann. Iryna übernimmt das für ihn.

»Was wolltest du mich fragen?«

Paul schüttelt den Kopf. »Ist der falsche Moment.«

»Sag.«

Er zögert. »Woran erkennt man, dass eine Frau schwanger ist, wenn …?«

Sie lacht und fällt ihm ins Wort. »Am Bauch?«

»Nein, ich meine ganz am Anfang.«

Iryna überlegt. »Hast du Anzeichen gehabt?«

»Eben nicht. Es ist nur eine Möglichkeit.«

»Am besten fragst du Freundinnen oder Familie, aber das scheidet aus?«

»Scheidet aus.«

»Hm. Ist sie häufiger zum Frauenarzt gegangen als sonst?«

Der Frauenarzt! »Sie hat den Arzt gewechselt. Weil die alte Ärztin so unfreundlich war, hat sie gesagt.«

»Bevor sie dich verlassen hat?«

»Vier oder fünf Monate vorher.«

Bevor sie dich verlassen hat, er spricht die Frage still nach. Verlassen, nicht verschwinden. Es tut in der Brustgegend weh, aber es ist das passende Wort.

»Zu wem ist sie gewechselt?«

»Den Namen weiß ich nicht. Wir haben uns mal direkt nach einem ihrer Termine am Schlachthof getroffen und sind dort auf eine Lesung gegangen. Die Praxis muss in der Nähe sein.«

»Oh.« Iryna zieht die Augenbrauen hoch. »Okay.«

67 Paul

Es gibt nichts zu tun. Der Bericht ist – mit allen Semikolons – in der letzten Fassung abgegeben, Michael hält sich mit neuen Aufgaben für ihn zurück, auch Marek und alle anderen benötigen ihn offensichtlich nicht, sind freundlich zu ihm, aber unverbindlich und arbeiten vor sich hin, in kleinen Gruppen oder allein, jedenfalls ohne ihn. Ganz so, als sei Paul schon nicht mehr Teil des Teams. Sicher hat der CEO nicht einmal etwas andeuten müssen – alle wissen, dass Mike mit Paul Mittagessen war, alle bemerken, dass er ihm keine neuen Aufträge erteilt. Alle zählen eins und eins zusammen. Nicht arbeiten kann ich auch zu Hause, hat Paul sich gedacht und sich einen Tag freigenommen. Niemand hatte dagegen etwas einzuwenden.

Er sitzt am Esstisch, im Baum vor dem Fenster hockt eine Krähe und schaut in die Küche hinein, und auf Spotify hämmert jemand eine Suite von Schönberg in ein wehrloses Klavier. Mit dem Mobiltelefon sucht Paul nach Dr. Bernd Oberndorf, Frauenarzt aus Kassel mit einer Praxis nahe dem Kulturzentrum Schlachthof, vor nicht allzu langer Zeit zu einem Bußgeld verurteilt wegen Verstoßes gegen den Paragrafen 219a. Auf seiner Website informiert Dr. Oberndorf inzwischen recht detailliert, welche Methoden von Schwangerschaftsabbrüchen er anbietet. In der Regel ambulant.

Julie ist, kurz nachdem sie den Arzt gewechselt hatte, ein paar Tage zu ihrer Mutter gefahren, meint er sich zu erinnern. Das kam nicht häufig vor, aber damals hat er sich nicht viel dabei gedacht. Paul scrollt durch seinen Kalender, kontrolliert die Einträge vom letzten Jahr: Die Lesung, auf die sie im Anschluss an Julies Termin gegangen waren, das ist ihm noch gut im Gedächtnis, die schlecht gelaunte Jung-Autorin mit ihrem Erstling. Das war Mitte April, vor fast genau einem Jahr. Drei Wochen drauf findet er dann tatsächlich den Eintrag »Julie in WZ«. Er schaltet den Schönberg aus, der ihm jetzt auf die Nerven geht, und sucht Sabines Mobilnummer aus dem Verzeichnis.

»Paul, das ist ja eine Überraschung.«

»Hallo, Sabine. Ich will nicht lange stören. Es geht dir gut?«

»Blendend. Ich bin gerade beim Friseur und kann nur kurz sprechen.«

»Okay, ganz kurz: Kannst du dich erinnern, was du mit Julie unternommen hast, als sie letztes Jahr im Mai bei dir war?«

Sabine zögert einen Moment. »Paul, lass es endlich gut sein.« Pause. »Julie war im Mai nicht bei mir. Tut mir leid. Warum fragst du?«

»Nichts. Alles gut.«

Sie scheint nicht interessiert genug, um nachzubohren.

»Vielleicht muss ich demnächst nach Freiburg fahren, dann schaue ich auf dem Weg bei dir rein«, kündigt Paul an, aber sie wissen beide, dass er nicht kommen wird.

»Ich muss aufhören. Leb wohl, Paul.«

»Ja, du auch. Leb wohl.«

Dr. Oberndorf rät seinen Patientinnen, »nach dem Eingriff mindestens die folgenden 24 Stunden in vertrauter Gesellschaft« zu bleiben, liest er auf der Website. Hat Julie ein Kind abgetrieben und sich dann zwei Tage bei Michael versteckt? Oder ist sie in einer Klinik geblieben? Er erinnert sich an ihre Rückkehr. Küsse zur Begrüßung, Grüße von der Schwiegermutter, abends essen gehen. Sie schien in jenen Tagen aufgekratzt, sie war kurz davor, im Job irgendein neues Tool zu präsentieren, das er nicht verstand, und berufliche Aufgaben elektrisierten sie immer. Dass sie ihn im Bett eine Zeit lang abblitzen ließ, lag am Stress.

Paul steht auf und sucht nach den Resten seines Mittagssalats, findet ein paar schlappe, saure Blätter und gabelt sie in sich hinein. Aus der Schüssel glitzern ihm Essig und Öl entgegen.

Einmal hat er eine Textnachricht von Julie bekommen, ausnahmsweise ging es um ihren Vater: »Der alte Mann hat Krebs (höchstwahrscheinlich). Heftig!!« Paul wartete zu Hause auf sie, bereit, sie in den Arm zu nehmen, und stark genug, sie in jeder zukünftigen schlaflosen Nacht zu trösten. Fast freute er sich darauf. Als sie zur Tür hereinkam, pfiff sie vor sich hin. Noch während sie ihre Jacke an die Garderobe hängte, berichtete sie von einer Kreuzfahrt, von der eine Kollegin zurückgekehrt war.

Das Handydisplay ist inzwischen dunkel geworden. Er weckt das Gerät und öffnet Instagram. Auf Julies Kanal immer noch nichts. Keine Spuren. Das letzte Bild ist Monate alt, ein Selfie im Grünen. Er betrachtet ihr unverwundbares, lachendes, schweigendes, wunderschönes Gesicht.

68 Paul

Es ist zu warm. Sie sitzen direkt an einem der großen Fenster, die Sonne fällt ihm ins Gesicht, das Café ist überheizt.

Er hätte es wissen können und hat dennoch nicht daran gedacht, jetzt sitzt er im Pullover seiner Nachhilfeschülerin gegenüber, die, schlauer, ein Sommertop unter ihrem Hoodie freilegt, und fragt sich, wie lange es dauert, bis er anfängt zu schwitzen. Iryna spielt mit einem Löffel. Ihr Blick springt durch den Raum. Noch vier Tage bis zur ersten Prüfung.

»Bammel?«

»Eigentlich freue ich mich darauf«, behauptet sie. »Weißt du, ich bin zu alt für die Uni. In Kyjiw hatte ich einen guten Job.«

Inzwischen hilft er ihr auch in Sprachwissenschaft. Sie arbeiten konzentriert, es gehört zur Routine, dass sie nach einer Stunde die Rechner zuklappen und sie den Wein bestellt. Das ist sein Lohn, und er findet ihn üppig: ein Riesling, ihre Gesellschaft und Einblicke in ihr Leben.

»Was hast du gearbeitet?«

»Wohlhabende Menschen nach Westeuropa und Amerika befördert. Touristik.« Sie lächelt. »Nichts Aufregendes, aber ich mochte meine Arbeit. Nette Kollegen, nette Kunden. Es war schön, etwas zu tun und dabei Leuten eine Freude zu machen. Ein guter Job für jemanden, der Studium nicht fertig gekriegt hat.«

»Warum eigentlich nicht?«

»In der Ukraine gibt es Studentengewerkschaften, ein bisschen so wie AStA hier. Ich bin erst zur Vertreterin für mein Fach gewählt worden und dann zur Vertreterin für die Hochschule.«

Eine junge Frau sucht einen Platz und rempelt an ihrem Tisch vorbei. Paul hält sein Glas fest.

»Dann kam der Maidan. Danach habe ich den Absprung aus der Politik lange nicht geschafft. Schließlich brauchte ich Geld, ein Freund hat mir den Job im Reisebüro vermittelt und ich habe nicht lange überlegt.«

»Es ist gut, dass du jetzt fertig studierst.«

Sie nickt.

»Wie war es dort? Auf dem Maidan?«

»Kalt.«

Sie erzählt ihm von den Tagen und Nächten auf dem Platz, von dem Freund, der in der Institutska-Straße von einem Scharfschützen niedergeschossen wurde, und von dem Sieg, an den sie alle geglaubt hatten und der dann doch überraschend kam.

»Die Nachricht, dass der Präsident geflohen ist, verbreitete sich nachts, erst als Gerücht. Die Mundpropaganda war schneller als Internet. Als die Sonne aufging, stand fest, dass wir gewonnen hatten. Alle hatten wir dieses enorme Gefühl: Wir können. Wir sind Strom der Zeit nicht ausgeliefert.«

»Was hättest du gemacht, wenn ihr verloren hättet?«, will er wissen. »Sie hätten dich jahrelang ins Gefängnis stecken können.«

»Daran haben wir nicht gedacht. Es wäre nicht das Ende gewesen.«

Sie bleiben länger als sonst. Als das Café schließt, gehen sie gemeinsam in den Abend, er begleitet sie bis zur Haltestelle, mit einer Hand schiebt er sein Rad. Er fragt sie nicht nach dem Krieg, auch nicht nach dem Panzer, den sie abgeschossen hat oder doch nicht. Es ist ihm lieber, dass dies ein schwebendes Geheimnis bleibt. Auch nach ihrem Mann erkundigt er sich nicht, wer er gewesen war, wer er für sie gewesen war und ob sie weiß, wie er gefallen ist. Iryna erkundigt sich aber nach Julie, und das gefällt ihm. Es fällt ihm leicht, ihr von ihrem Verschwinden und dem Vakuum zu erzählen, das es hinterlassen hat. Er schildert ihr, wie er sie sucht oder sie wenigstens zu verstehen versucht und dass ihm dies nicht gelingt. Dann erzählt er ihr, wie er Frau Ochs begegnet ist und mit ihr Private Barley, einem seit 100 Jahren vermissten Soldaten, den er stattdessen suchen und vielleicht finden kann. Dass die beiden – Ochs und Barley – die Leere zwar nicht füllen, aber von ihr ablenken.

Von seinem Kind, das es ein paar Wochen lang gab oder doch nicht, erzählt er nicht. Sie fragt auch nicht danach. Das weiß sie ja schon.

69 Tom

Mein lieber Randolf,
habe vielen Dank, dass Du Dich auf dem Hof von meinem Wohl-
ergehen überzeugt hast. Es war eine Überraschung, Dich hier
zu sehen. Wie Du festgestellt hast, habe ich es ordentlich getrof-
fen. Die Arbeit bewältige ich, das Essen ist nahrhaft und die
meisten Bauersleute behandeln mich mit Anstand. Das gilt, so-
lange ich tue, was der Bauer sagt. Im Laufe der Wochen habe ich
mir eine gewisse Anerkennung erworben – durch Geschick in
der Arbeit, aber auch durch meine Deutschkenntnisse. Ich weiß,

wem ich das zuzuschreiben habe, und bin Dir unendlich dankbar dafür.

Es ist Deinem Gespür nicht verborgen geblieben, dass die Verbindung zu einem Mitglied dieses Haushalts enger ist. Du musst Dich aber nicht sorgen, es ist alles ganz unschuldig und schicklich, wie könnte es anders sein. Wir wissen, auf welchen Seiten wir stehen. Aber wer, wenn nicht Du, wüsste, wie sehr die Seele sich weitet, wenn in einem Lächeln ein stilles Verstehen liegt.

So wird der Hof nun zu meinem Zuhause; zu meiner Heimat wird er gewiss nicht. Wie klug Deine Muttersprache hier zu unterscheiden weiß. Wenn die Waffen schweigen (und wir wollen nicht darüber streiten, zu wessen Sieg das sein wird), dann trete ich den Weg nach England an. Bis dahin hoffe ich, im Dorf zu bleiben. Es ehrt mich, dass Du Dich erkundigst, ob es nicht eine Aufgabe für mich im Lager gäbe und damit auch ein Zurück in die Zeit gemeinsamer Spaziergänge. Ich denke mit warmen Gefühlen an diese Ausflüge in die Freiheit und die Geisteswelt. Aber ich bitte Dich, dies nicht weiter zu betreiben. Es geht mir gut. Ich möchte hier sein.

Das ändert nichts an unserer Freundschaft. Ist es nicht im Leben so, dass man sich begegnet, eine Weile eng gemeinsam geht und sich im Guten und in tiefer Freundschaft auch wieder freigeben kann? Verbunden bleibt, auch ohne sich täglich zu sprechen?
Bleib mein Freund. Gönne mir diesen Weg.
Dein Tom

70 Tom

Lieber Randolf,
mit Deinem Auftreten hast Du mich und die Familie ver-
schreckt – verzeih mir meine Offenheit. Welcher Sinn liegt da-
rin? Es ist entschieden, dass ich, dass wir Gefangenen dem Reich
mehr nützen, wenn wir arbeiten, als wenn wir Theater spielen
oder einen Fußball vor uns hertreiben. Du wirst einen Bauern,
der Kartoffeln in der Erde, aber weder Söhne noch Knechte auf
dem Hof hat, um sie zu ernten, nicht vom Gegenteil überzeu-
gen. Auch keinen General in Cassel und keinen Rat in Berlin.
Mich ebenso wenig, auch wenn das nicht zählt. Es ist tatsäch-
lich so, wie ich es gesagt habe, auch an den Sonntagen gibt es
hier genug zu tun. Wir werden wieder die Zeit zu Spaziergängen
finden, aber nicht jetzt. Einstweilen bitte ich Dich um etwas Ab-
stand, auch im Sinne dieses Haushalts. Sie sorgen sich, wer die
Ernte hereinbringt und für die nächste Ernte sorgt, wenn wir
fehlen sollten. Für sie geht es um Hungern oder Nicht-Hungern.
Es sind gute Leute – Dein Volk. In den nächsten Tagen wollen
wir beginnen, die Saat auszubringen.
Dass es mir um Geld ginge, ist übrigens ein Trugschluss. Was
kann ich mir von diesem Papiergeld schon kaufen, das ich nur
bei Euch im Lager einlösen darf? Nichts, was ich brauche. Es
geht mir hier besser als dort. Das ist es.
Dein Freund Tom

71 Tom

Lieber Randolf,

Dein Brief hat mich erreicht. Bitte sei besonnen und wiederhole dieses Wagnis nicht. Wenn ich mir auch sicher sein kann, dass meine Zeilen an Dich nicht in falsche Hände geraten, kann doch der umgekehrte Postweg übel enden – für Dich und für mich. Ich habe einen guten Moment gefunden, um das Papier ins Feuer zu legen.

Was soll ich zum Inhalt sagen? Er überrascht mich nicht. Ich kenne Deine Gefühle für mich und Du kennst die meinen für Dich. Es ist, wie es ist. Es liegt kein Segen darauf, auf diesem Weg voranzuschreiten, kein Ziel darin und kein Gewinn. Es gibt nicht einmal einen Weg.

Bitte schreibe mir nicht mehr.

Dein Tom

72 Paul

Ein paar Wochen nach seinem ersten Besuch geht Paul erneut zur Ärztin. Er verlässt die Praxis mit einer Krankschreibung und dem dringenden Rat, Sport zu treiben. Noch am Nachmittag unterschreibt er einen Vertrag in dem Yoga-Studio, in dem er alles andere als zufällig Iryna begegnet ist. Die Krankschreibung wirft er in den Briefkasten seines Arbeitgebers und sendet eine bedauernde Mail hinterher, er sei die nächsten drei Wochen unpässlich, leider. Dann macht er einen Anruf.

»Hallo, Sportwunder.«

»Oh, hoppla. Hallo, Literaturgenie.«

Diesmal stört es ihn nicht, dass sie ihn so nennt. »Wie war die Prüfung?«

»Mittelmäßig. Ich war ziemlich nervös, als ich vor Prüfern stand«, berichtet Iryna.

»Aua.« Paul verzieht das Gesicht. »Entschuldige, wenn ich dir nicht habe helfen können.«

»Hast du doch. Ohne deine Nachhilfe wär's richtig mies geworden.«

»Wenn du meinst ... Ich bin seit zwei Stunden Mitglied im Yoga-Studio. Nimmst du mich mit, wenn du das nächste Mal gehst?«

»Brauchst du Nachhilfe in Bewegung?«

»Eher einen festen Termin. Um den inneren Schweinehund zu überwinden.«

»Machen wir am Wochenende. Heute Abend haben wir schon eine Verabredung.«

»Ach ja?«

»Ich feiere mit ein paar Kommilitoninnen, dass ich die vorletzte Prüfung hinter mir habe.«

Paul lächelt ins Handy. »Feiert man nicht erst nach der letzten Prüfung?«

»Das einzige Gute an zwei Prüfungen ist, dass man zweimal feiern kann. Wir treffen uns um neun. Karaoke.« Sie nennt ihm den Ort. Widerspruch lässt sie nicht gelten.

Das Kellerlokal simuliert eine irische Kneipe. Grüner Teppichboden, Holzvertäfelung, Reproduktionen alter Fotos von Dublin, auf denen Männer in Schwarz-Weiß ihre Pfeifen stopfen oder grinsend an Straßenecken herumstehen. Paul und Iryna sitzen unter einer farbigen Ansicht des Trinity College. Öl auf Leinwand, vermutet Paul, und dann Farbkopie.

»Prost.«

»Was?«

»Prost!«

Der Pub ist brüllend laut und proppenvoll, sie haben sich an einen winzigen Tisch gequetscht. Zwei Kommilitoninnen sitzen gegenüber, Melanie und Dila, die er vage aus seiner Zeit als Dozent kennt, dazu Melanies Freund, ein schlaffer Typ mit hängenden Schultern und Männerdutt, dessen Namen Paul nicht verstanden hat. Der Jüngling blickt die meiste Zeit auf sein Telefon, während die beiden Frauen an ihren Tops herumzupfen und alle fünf Minuten miteinander anstoßen. Für eine sinnvolle Unterhaltung ist es zu laut, selbst mit Iryna geht das nicht, die so eng neben ihm sitzt, dass er ihre Hüfte spürt. Er beschränkt sich aufs Schauen und Trinken und auf gelegentliches Zurückprosten.

Dann wird die Musik abrupt leiser. Ein junger Mann im Totenkopf-T-Shirt tritt auf die Bühne und fordert die Gäste auf, sich für das Karaoke-Singen zu melden, man freue sich schon, das werde wieder ein Wahnsinnsabend. Ein Karton wird durchgereicht, Melanie wirft einen Zettel hinein.

Paul nutzt die relative Ruhe, um Iryna von seiner Krankschreibung zu berichten und der vorangegangenen De-facto-Aufforderung, die Firma zu verlassen.

»Und? Was machst du jetzt?«

»Weiß nicht.«

»Du kannst dich nicht ewig krankschreiben lassen«, gibt seine ehemalige Studentin zu bedenken.

»Ist mir schon klar, danke.«

Er würde gerne ausführlicher mit ihr sprechen, wo es jetzt gerade möglich ist, aber da erklärt der Totenkopf-Mann den Wahnsinnsabend für eröffnet und kündigt den ersten Beitrag an: »Drei bezaubernde Ladys«. Iryna stößt ein Johlen aus und tänzelt mit ihren Freundinnen auf die Bühne. Sie lassen sich Mikrofone geben und wechseln ein paar Worte mit dem jungen Mann, der jetzt einen Laptop bedient. Melanie winkt. Ihr Freund hebt das Smartphone hoch. Dann setzt eine Tonfolge mit anschließendem Lautentremolo ein. Na klar, denkt Paul. Was sonst.

Inbrünstig singen die drei Freundinnen mit verteilten Strophen von Vorstadtstraßen und griechischem Wein, Irynas Stimme klar und hell und sicher, die der anderen beiden dunkler und von den ersten Getränken gezeichnet. Der Dutt hält mit der Handykamera drauf. Außer ihm und Paul schmettert das gesamte Lokal den Refrain mit.

Überhaupt wird viel mitgesungen, lauthals und trunken, nicht nur vor Begeisterung. Die Gesellschaft schallert sich durch eine Mischung aus deutschen Schlagern und internationalen Pop-Songs. Nach ein paar weiteren Drinks versucht Melly – sie heißt jetzt Melly für ihn – halbherzig, Paul zu einem gemeinsamen Auftritt zu überreden, bei ihrem Freund probiert sie es erst gar nicht. Er muss sich nicht lange sträuben, sie sieht schnell ein, dass sie auch bei ihm damit nicht landen kann. Stattdessen lässt er sich auf ein schlappes Gespräch mit Dila ein, die ihm eine Frage nach seinem Promotionsthema ins Ohr brüllt. Er setzt zu einigen Ausführungen an und merkt schon beim Reden, dass es keinen Zweck hat, sie nickt, als verstehe sie ihn über alle Musik, aber ihr Blick flackert zur Bühne. Er lässt es gut sein, ist aber gerührt von der Freundlichkeit, mit der sie ihn nach etwas gefragt hat, was sie offensichtlich keinen Deut interessiert. Dann schreit ihm Melly ins andere Ohr, was er jetzt machen wolle. Schon die zweite heute Abend, die sich danach erkundigt, offenbar hat sich das mit DroneCon trotz der Lautstärke irgendwie herumgesprochen. Er zuckt mit den Achseln, trinkt schweigend sein Bier aus und setzt das leere Glas ab. An der Innenseite rinnt der braune Schaum hinunter. Er winkt der Bedienung.

»Ich gehe«, ruft er Iryna zu und zeigt sicherheitshalber auf sich und zur Tür.

»Jetzt schon?« Sie schiebt sich eine Strähne aus der schweißnassen Stirn. Die Luft ist inzwischen zum Schneiden.

»Karaoke war toll. Besonders das erste Lied. Aber ist nicht so mein Abend«, brüllt er.

Er zahlt, greift nach seiner Jacke und klopft zum Abschied auf den Tisch. Die anderen nehmen kaum Notiz, sie hören ihn nicht oder sind zu gefesselt von dem Pärchen, das sich auf der Bühne für ein Duett bereit macht und das sie offenbar kennen.

Iryna steht ebenfalls auf.

»Musst du nicht.«

»Weiß ich.«

Sie folgt ihm zur Tür und dann stehen sie gemeinsam in der Aprilnacht. Er zieht die Jacke an, sie steht in der Bluse da, einem weiten, luftigen Teil. Kühler Wind zieht durch die Straße. Von der anderen Straßenseite rufen ein paar Betrunkene Beleidigungen herüber.

»Danke fürs Mitnehmen«, sagt er. »Bleib du noch da.«

»Ja, natürlich, mache ich. Ich will dir nur guten Heimweg wünschen.«

»Das ist lieb von dir. Sing noch mal. Du kannst das.«

»Danke.« Sie lächelt. »Gute Nacht.«

Ein paar Sekunden lang sagen sie nichts. Reifen quietschen, wieder grölt jemand.

»Ich muss jetzt rein, sonst erkälte ich mich.«

Paul lacht kurz auf. »Du bist todesmutig, wenn Heckenschützen auf dich zielen, aber hast Angst vor kalter Luft?«

Auch Iryna muss grinsen. Paul will ihre Hand drücken, aber in diesem Augenblick dreht sie sich schon zur Tür und er erwischt nur ihren Ärmel. Sie schaut sich um, doch da ist der Moment schon vorbei.

73 Paul

»Sie wirken vitaler als beim letzten Mal«, begrüßt Frau Ochs ihn. »Irgendwie bübischer.«

Die Sonne erlaubt einen Imbiss auf der Terrasse. Sie setzen sich in ihren Jacken an einen Gartentisch, auf dessen blütenweißem Tischtuch bereits gedeckt ist. Die Gastgeberin reicht Lachsbrötchen. Etwas abseits steht ihr Mann und pflanzt Stiefmütterchen.

»Ich bin heute Abend zum Yoga verabredet«, entgegnet Paul. »Vielleicht wirkt das schon.«

Frau Ochs spendiert ihm wieder den Anblick ihrer Lachfältchen. Sie muss eine sehr schöne Frau gewesen sein, vermutet er. Ist sie noch, wenn sie lächelt.

»Es freut mich, dass es Ihnen gutgeht. Was hat Berlin ergeben?«

Nach ihrem Spaziergang hat Paul im Bundesarchiv und in anderen Archiven nach Barley und von Mangersheim gesucht. Das meiste Archivgut ist digitalisiert und im Web verfügbar, für anderes hat er ein paar Telefonate geführt: Gibt es Unterlagen über das Lager Niederzwehren, über seine Soldaten und seine Insassen? Lässt sich irgendetwas finden, das das Schicksal des Schützen Barley aufklärt?

»Wenig bis nichts«, bedauert Paul. »Viele Akten sind bei den Luftangriffen des Zweiten Weltkriegs verbrannt. Das Heeresarchiv in Potsdam wurde schwer getroffen. Es gibt heute im Bundesarchiv keine Unterlagen zum Betrieb des Lagers, weder in Berlin, noch in Koblenz oder an einem anderen Standort. Zum Lager Gießen findet sich etwas, aber das hilft uns wenig.«

Frau Ochs seufzt.

»Die Akten des Auswärtigen Amtes enthalten Listen von alliierten Kriegsgefangenen in Deutschland«, fährt Paul fort. »Allerdings sind die sehr lückenhaft, vor allem, was die ersten Kriegsjahre angeht. Die Jahre 14 bis 16 sind frisch digitalisiert; ich habe nachgeschaut, Barley habe ich nicht gefunden.«

Noch ein Seufzer. Etwas übertrieben, wie er findet.

»Erhalten hat sich hingegen die Beköstigungsübersicht des Kriegsgefangenenlazaretts Cassel-Niederzwehren aus dem Jahr 1918.«

»Ah ja? Was wurde denn aufgetischt?«

»Das habe ich nicht nachgeschlagen. Irgendwas mit 1500 Kalorien vermutlich.«

»Stimmt. Jedenfalls, wenn Peters mit seinem Vortrag Recht hatte.«

Sie sehen eine Weile ihrem Mann zu, der aus dem Beet aufsteht und Hand an eine buschige Pflanze legt.

»Die nicht, Liebster. Die Hortensien lassen wir drin«, ruft sie. Er schaut sie verständnislos an und schüttelt den Kopf, lässt dann aber ab und wendet sich einem anderen Strauch zu.

»Das heißt, in den Archiven brauchen wir nicht weiter zu suchen?«, fragt sie.

»Ein Studienfreund von mir arbeitet beim Bundesarchiv, den habe ich gefragt, ob ihm noch etwas einfällt. Viel Hoffnung habe ich nicht. Aber ...« Paul genießt eine kleine Pause. »Wir müssen gar nicht in die Ferne schweifen. Das Stadtarchiv verwahrt die Bücher des Standesamtes Niederzwehren. Und dort sind alle Sterbefälle auf dem Gebiet des alten Dorfes vermerkt. Auch die der Lagerinsassen.«

»Oh.« Jetzt wirkt sie ehrlich überrascht. »Haben Sie ihn gefunden?«

»Offiziell gestorben am 11. November 1915. Im Buch ist keine Todesursache vermerkt, aber der Eintrag: Tod amtlich festgestellt am 15. November 1915.«

Frau Ochs scheint nachzudenken. »Barley hat auf dem Soldatenfriedhof kein Grab. Das heißt, sie haben keine Leiche gefunden. Trotzdem stellen sie seinen Tod fest, und das auf einen bestimmten Tag. Und sie warten damit nicht gerade lange.«

Sie langt mit erstaunlichem Appetit bei den Lachsbrötchen zu. Unvermittelt deutet sie nach oben. »Sehen Sie mal, eine Schwalbe. Die kehren jedes Jahr früher zurück.« Ein Vogel durchflitzt den Himmel.

»Wussten Sie, dass es auf Französisch und Italienisch nicht heißt: Eine Schwalbe macht noch keinen Sommer? Sondern: Eine Schwalbe macht noch keinen Frühling?«

»Weil die Schwalben Südeuropa schon im Frühling erreichen?«, mutmaßt sie.

»Das wird es sein. Vielleicht müssen wir das deutsche Sprichwort bald anpassen.«

Sie wiegt ihren Kopf und entgegnet: »Sind Sie mit dem Auto hier? Wunderbar. Dann können Sie uns gleich mitnehmen.«

Er löst seinen Blick von Herrn Ochs und seinen Gartenarbeiten. »Jetzt? Wohin?«

»Kommen Sie. Ich habe ein Ass im Ärmel.«

74 Paul

Das Gebäude der Landesbibliothek ist um die Wende zum zwanzigsten Jahrhundert erbaut und vor Kurzem erweitert und saniert worden; quälend lang haben sich die Bauarbeiten hingezogen, aber es hat sich gelohnt. Paul gefällt die souveräne Geste, mit dem das Haus seine Gäste empfängt: Die strahlend weiße Eingangshalle – hohe Decke, Pilaster, Treppenaufgang zum Empfang – würde auch einem königlichen Gericht oder einem Generalkommando der Kaiserzeit gut zu Gesicht stehen, schmückt hier aber den Zugang zu einer öffentlichen Bibliothek. Das Weihevolle wird andererseits sogleich wieder karikiert durch die Statue eines knochigen, geistesabwesenden Mannes, der sich über ein Buch beugt und dabei einen weiteren Band zwischen seine Knie klemmt. »Der Bücherwurm«, liest Paul am Sockel, während sie warten.

»Tag«, begrüßt sie ein verschnupfter Bibliothekar, den eine Hornbrille als Intellektuellen ausweist. Paul grüßt zurück. Ohne weitere Bemerkung führt der Mann sie in das Gebäude hinein, eine Treppe hinauf und über einen Steg in einen Anbau und den neuen Lesesaal. Es riecht nach – kann das sein – nach Amaretto?

»Der Kleber für den Fußboden«, klärt ihn der Bibliothekar auf, ohne dass Paul etwas gesagt hätte. Er schnäuzt kräftig in ein Stofftaschentuch, klingt danach aber genauso nasal wie vorher.

»Wir betreiben hier weder eine Keksbäckerei noch eine Schnapsfabrik, wie viele Besucher scherzen. Ich hoffe inständig, dass sich der Geruch bald verflüchtigt. Aber die Fenster lassen sich nicht öffnen.«

Eine Glasfront erlaubt einen Blick auf die flirrenden Baumkronen eines kleinen Parks. Paul hört das Blätterrauschen nicht, aber er sieht es. Er weiß, dass der Grünzug, dessen eigentlicher Name ihm nicht einfällt, den er als »Weinberg-Park« kennt, einen weiten Blick über den tiefer gelegenen Süden Kassels bietet und beliebt ist bei pausierenden Angestellten des nahen Rathauses und Besuchern der umliegenden Museen. Von denen gibt es etliche. In den zurückliegenden Jahren sind sie neu- oder wiedereröffnet worden: Spohr, die Grimms, Landesgeschichte, solche Themen. Die Stadt ist zu Geld gekommen und hat sich herausgeputzt. Abends, wenn die Museen schließen und die Kulturbeflissenen nach Hause gehen, kommen die Müßiggänger in den Park, um die Aussicht auf die Stadt mit einem Getränk in der Hand zu genießen. Die Südstadt, ein Spielfeld zu Füßen des Weinbergs, denkt er. Ich sollte mal wieder hingehen.

Der Bibliothekar holt ihn aus seinen Gedanken. »Kommen Sie. Hier stehen die landesgeschichtlichen Nachschlagewerke.« Er deutet mit seinem Taschentuch auf eine Reihe Bücherregale. »Aber Sie müssen in den Keller.«

Paul wechselt einen Blick mit Frau Ochs, sie folgen dem Mann in ein weiteres Treppenhaus, diesmal geht es hinunter und in einen Raum, eigentlich eine Kammer, in die nur durch ein Oberlicht etwas Licht fällt.

Der Bibliothekar zeigt auf zwei klobige Apparate mit Kunststoff-Verkleidung. »Das sind die Reader-Printer. Die Filme habe ich schon bereitgelegt.«

Frau Ochs hat aus dem Magazin der Landesbibliothek die »Hessische Post und Casseler Stadt-Anzeiger« auf Mikrofilm bestellt, Jahrgang 1915, Monate November und Dezember. Der Bibliothekar nimmt den Film aus einer Schachtel, öffnet eine Lade an einem der Geräte und klemmt den Anfang des Streifens ein.

»Digitalisiert sind die Blätter nicht?«, erkundigt sich Paul wenig hoffnungsfroh.

»Bei einem Bombenangriff 1941 sind alle Originale verbrannt. Seien Sie froh, dass wir die Mikrofilme haben, die haben wir uns nach dem Krieg bei anderen Bibliotheken zusammengebettelt.«

Der Mann zieht lautstark die Nase hoch. Auf dem Bildschirm des Geräts erscheint ein verschwommener Zeitungstitel. Er öffnet die Verkleidung des Apparats, greift hinein und dreht an einer Linse. Das Bild wird schärfer. In Fraktur frohlockt das Titelblatt der Hessischen Post über einen Sieg der Mittelmächte in Serbien.

»Hier kurbeln, dann laufen Sie durch die Ausgaben. Dort drehen, dann wird's größer oder kleiner.«

Ohne weitere Erläuterungen verlässt der Bibliothekar den Raum. Frau Ochs und Paul nehmen Platz, sie am Gerät, er neben ihr. Sie kurbelt.

Der Aufbau der Zeitung ist an jedem Tag derselbe: Auf zwei Seiten mit Siegesmeldungen von der Ost-, West- oder Balkanfront folgt eine Seite mit Todesanzeigen der gefallenen Helden. Daran schließt sich eine Bleiwüste mit lokalen Kurzmeldungen an, unterbrochen an jedem Tag von derselben mahnenden Anzeige, keine Lebensmittel an das Vieh zu verfüttern, man versündige sich sonst am Volke. Frau Ochs kurbelt und erreicht die Ausgabe vom 16. November, die die Gefangennahme von 850 Serben durch General von Köveß bejubelt. Die Lokalseiten der Ausgabe kündigen eine Schau erbeuteter französischer Geschütze auf dem Friedrichsplatz an, zu besichtigen für zehn Pfennige. Das Generalkommando hebt das Heuausfuhr-Verbot aus dem Bezirk des XI. Armeekorps auf und in der Müllergasse ist ein dreijähriges Kind von einer Kutsche angefahren und am Beine schwer verletzt worden.

»Hier!«, stößt Frau Ochs aus und tippt auf den Bildschirm. »Hier. Na bitte!«

Sie vergrößert den Ausschnitt und Paul liest: »Die Fluten unserer Fulda wurden in der vergangenen Woche einem Insassen des Kriegsgefangenen-Lagers Niederzwehren zum Verhängnis. Nahe der Neuen Mühle stieg der zum Arbeitsdienst in der Landwirtschaft abkommandierte Engländer, wohl um sich der Gefangenschaft zu entziehen, in den Fluss und versank. Ein Leutnant des Landsturms, der in der Umgebung auf einem Hof logiert und zufällig in der Nähe war, konnte den Vorfall bezeugen. Der Leichnam wurde nicht gefunden, der feindliche Soldat am gestrigen Montag v. A. w. für tot erklärt.«

»Das muss er sein«, triumphiert Frau Ochs. »Ertrunken also. Glauben Sie das?«

»Nach allem, was ich in den Briefen gelesen habe, ganz sicher nicht«, antwortet Paul. »Was heißt *v. A. w.*?«

»Von Amts wegen. Ich auch nicht. Wer steigt im November in einen Fluss, wenn er jederzeit nachts seine Sachen packen, einen unbewachten Hof verlassen und trockenen Fußes westwärts fliehen könnte?«

Noch während sie spricht, sucht Paul in seinem Handy. »Sie kennen doch das Wehr und die Schleuse flussabwärts. Das sind von der Neuen Mühle kaum fünf Kilometer. Das Wehr gab es damals schon, die Schleuse ebenfalls, sie ist 1913 eingeweiht worden, steht hier. Wenn Barley tot im Fluss getrieben wäre, hätten sie ihn spätestens dort rausgefischt.«

»Das heißt, wir kennen jetzt die offizielle Todesursache, nämlich Ertrinken«, fasst sie zusammen. »Bezeugt durch einen Offizier des Landsturms, den wir vermutlich ebenfalls kennen.«

»Ja.«

»Der in der Umgebung auf einem Hof logiert, ich würde wetten: in einem Austragshaus in meiner Straße.«

»Genau.«

»Aber wir glauben die Geschichte nicht.«

»Nein.«

»Was uns zu der Frage bringt, warum besagter Offizier lügt.«

Sie schweigen. Dann steht sie auf. »Ich kann meinen Mann nicht länger im Auto warten lassen, Radioprogramm hin oder her. Sagen Sie dem Herrn Bescheid, dass wir fertig sind?«

75 Tom

Lieber Randolf,

ich kenne Dich, ich weiß, dass Dich Erregung oder Verzweiflung zu jenen Worten getrieben haben und dass Du sie niemals ernst meinen kannst. Ich bin daran nicht unschuldig, denn Du hast Erklärungen verdient und ich habe sie Dir nicht gegeben. Verzeih mir die brüske Kürze in der Scheune.

So denn: Ich habe Dich als einen Freund geliebt. Ich liebe Agnes als eine Frau. Es ist eine Liebe, die sich nicht erfüllen und vollziehen darf, das macht sie nicht weniger wertvoll. Sie überwältigt mich und sie füllt mich mit Leben. Sie ist mir, was eine Insel einem Schiffbrüchigen ist.

Ich habe mich dem Krieg, dem Schützengraben, dem dreinschlagenden Tod, dem Lager, der Leere und der Krankheit gestellt. Ich habe Angst gespürt, aber nie Verzweiflung. Doch was echte Hoffnung ist, spüre ich erst jetzt zum ersten Mal. Ich meine nicht Zuversicht. Wir wissen nicht, was kommt. Aber mit diesem Gefühl in mir kann ich allem entgegengehen.

Ich bin Dir unendlich dankbar für das Viele, das Du für mich getan hast. Du hast mich aus Tiefen gezogen, mir die Augen ge-

öffnet und, wer weiß, ohne Deine Hilfe hätte mich die Seuche getötet. Meine Dankbarkeit wird nie enden. Bitte nimm mir nicht, was ich gefunden habe.

Tom

76 Tom

Randolf,

Deine Drohungen erreichen nichts. Ich glaube Dir nicht, dass Du etwas anzeigen wirst – jede Untersuchung, der ich und mein Arbeitseinsatz unterzogen würden, kann mich nur entlasten. Für Dich aber könnte meine Befragung mit peinlichen Enthüllungen enden: über Dein Gebaren in der Schreibstube. Über Deine Neigungen. Bedenke dies.

Kein Mitglied der Familie könnte und würde bezeugen, dass ich je mit Agnes alleine gewesen wäre. Ich arbeite tüchtig und habe mir auf dem Hof nichts zuschulden kommen lassen. Ich war Dein Geschöpf, aber jetzt bin ich es nicht mehr. Du kannst mich niedrig behandeln, Randolf, aber Du kannst mich nicht erniedrigen. Ich habe keine Angst mehr vor Dir.

T.

77 Paul

Der Arm, mit dem er den Wecker ausschaltet, ist leicht, die Bettdecke wiegt nur halb so viel wie sonst. Auf dem Weg ins Bad freut er sich auf die Dusche. Da weiß Paul, dass er heute alles schaffen wird. Ungeduldig frühstückt er, dann schreibt er Frau Ochs eine Nachricht: »Ich habe einen alten Kontakt bemüht, vielversprechend. Vorschlag: Keine Lokalzeitung. Wir schreiben selber einen Bericht über Gefangenschaft, Liebe, Täuschung und ein tragisches Ende. Stoff für einen Roman. Später mehr.«

Anschließend schickt er Michael einen kurzen Text auf dessen privates Telefon: »Ich rufe gleich an. Wenn Du mir zuhörst, wirst Du mich los.« Paul wählt die Nummer, und – er hat ihn richtig eingeschätzt – Michael geht sofort dran.

»Paul, das ist ja eine Überraschung. Was gibt es?«

»Hör zu, ich mache es kurz. Die Fortbildung über Karen ist eine nette Idee, aber ich will die Sache nicht unnötig in die Länge ziehen. Das Angebot über ein gutes Zeugnis nehme ich dankend an. Ich unterschreibe dir einen Aufhebungsvertrag, aber ich will dafür drei Monatsgehälter.«

Am anderen Ende der Leitung klickt es ein paar Sekunden lang. »Das ist ein kleines bisschen mehr, als dir nach Tabelle zusteht.«

»Dafür bist du mich ohne weitere Umstände los. Keine Anwälte, kein Arbeitsgericht, keine Fortbildungen, keine Kündigungsfrist. Wir wissen beide, dass der Firma das Geld egal sein kann.«

Wieder eine kurze Pause, dann sagt Michael: »Die Personaler melden sich bei dir.«

Ohne Abschiedsgruß beenden sie das Gespräch. Sie sind sich beide vollkommen sicher, dass es ihr letztes sein würde.

Tatsächlich meldet sich noch am Nachmittag die Personalabteilung mit einer Mail.

»Hallo, Paul, schade, dass du gehst, wir brauchen für das Zeugnis die Info, ob Deine Adresse noch aktuell ist, und Angaben zu deinen Arbeitsgebieten. Schickst du mir etwas? Liebe Grüße, Chima.«

Paul notiert ein paar Stichworte zu den Aufgaben, die er übernommen hat, und bauscht deren Bedeutung auf. Dann retourniert er eine Mail und fügt hinzu: »Du kannst diese E-Mail-Adresse verwenden.«

Noch am Abend erhält er den Entwurf eines wohlwollenden Zeugnisses, den Text des Aufhebungsvertrags (der eine Abfindung von drei Monatsgehältern festhält) und die Bitte, seine postalische Adresse anzugeben: »Man glaubt es nicht, aber der Gesetzgeber schließt ein digitales Zeugnis immer noch aus. Zeugnis und Vertrag kommen auf Papier per Post. Ganz liebe Grüße, Chima.«

Auch gut, denkt Paul. Zeugnis und Vertrag erreichen ihn zwei Tage später per Einwurf-Einschreiben.

In der Zwischenzeit hat er seinen Studienfreund Serge kontaktiert. Der meldet sich schließlich mit Neuigkeiten, die Paul brühwarm Frau Ochs erzählt.

»Wir haben noch eine Spur vom Oberst.«

»Wirklich?«, freut sie sich. »Was ist es denn?«

»Ich hatte Ihnen doch von meinem Kommilitonen berichtet, dem im Bundesarchiv. Also, Serge arbeitet inzwischen in Berlin, kennt aber auch den Freiburger Standort des Archivs. Dort lagern Krankenunterlagen der Preußischen Armee einschließlich des Landsturms sowie der Reichswehr und der Wehrmacht, Geburtsjahrgänge 1802 bis 1899. Randolf von Mangersheim ist Jahrgang 1875.«

»Und war mal krank?«

»Laut Unterlagen kommt er im April 1916 in Behandlung, Diagnose Melancholie/Neurasthenie. Sie holen ihn mit einem Wagen ab, das ist also etwas Ernstes. Er verbringt ein paar Wochen auf einer geschlossenen Station, dann schicken sie ihn nahtlos zu einem Kuraufenthalt in Bad Homburg vor der Höhe, wo er noch während der Kur seinen Dienst quittiert und sich selbst entlässt. Drei Tage später schreiben die Kasseler Neuesten Nachrichten von einem Offizier des Landsturms a. D., der wegen eines Hausfriedensbruchs in Niederzwehren festgenommen wird.« Eine Bemerkung kann er sich nicht verkneifen: »Nebenbei: Die Kasseler Neuesten Nachrichten sind online abrufbar. Dafür muss man nicht stundenlang Mikrofiches durchsuchen.«

»So?« Frau Ochs guckt kurz zitronenhaft, geht aber nicht darauf ein. »Hausfriedensbruch. Da hat er wohl versucht, an die Briefe zu kommen, und ist in seine ehemalige Wohnung eingebrochen?«

»So denke ich mir das auch. Das war's dann allerdings. Danach verliert sich die Spur.«

Frau Ochs tippt mit einem Zeigefinger auf den Tisch. »Offensichtlich hat er die Briefe nicht mehr in die Finger bekommen, sonst hätten wir sie nicht. Er hat sie im Austragshaus unter dem Fußboden gut versteckt. Trotzdem musste er fürchten, dass sie eines Tages entdeckt werden. Dann wäre er dran gewesen: Dass er ohne seine Vorgesetzten gehandelt hat, mochte inzwischen egal sein, er war ohnehin schon aus dem Militärdienst entlassen. Aber dass er verliebt war in den Engländer? Um Himmels willen!«

»Noch schlimmer ist doch, was die letzten Briefe nahelegen«, entgegnet Paul. »Barley weiß, dass der Oberst mitliest, und nutzt die Briefe, um den Manipulator zu manipulieren. Um ihm zu verstehen zu geben, wie ernst es ihm mit Agnes ist.«

»Aber der Oberst missversteht ihn.«

»Ja. Er bezieht das mit dem Ur-Drängen und der Alleskraft und so weiter auf sich. Er sieht grünes Licht und macht sich an Barley ran, taucht auf dem Hof auf, hofft auf ein Schäferstündchen im Heu. Als das nichts wird, dreht er durch.«

»Verbotene Liebe und Totschlagsverdacht. Die Briefe würden ihm zum Verhängnis. Was hätten Sie an seiner Stelle getan?«

»Habe ich mich auch gefragt. Ob er zurückgekehrt ist auf das Gut seiner Familie?«, spekuliert Paul. »Die von Mangersheims hatten ihren Sitz in Hinterpommern.«

»Ist das weit genug entfernt, um einem Skandal zu entgehen?«

»Vermutlich nicht auf Dauer, da haben Sie Recht. Nach dem Krieg ist ein Grüppchen nordhessischer *Lebensreformer* nach Kalifornien ausgewandert. An seiner Stelle hätte ich mich angeschlossen. Aber das lässt sich kaum mehr feststellen.« Paul zögert. »Übrigens ...«

»Ja?«

»Ich habe ebenfalls den Dienst quittiert. Sozusagen. Gestern habe ich meinen Aufhebungsvertrag unterschrieben.«

»Das haben sie richtig gemacht«, bemerkt Frau Ochs, ohne allzu erstaunt zu wirken. »Sie werden woanders glücklicher sein. Wie hat es sich angefühlt, das Büro zu verlassen? Zum letzten Mal?«

»Ich bin noch krankgeschrieben. Das läuft alles per Briefwechsel, mein Zeugnis haben sie mir auch schon zugeschickt. Die Kollegin aus der Personalabteilung meinte, normalerweise dauert es Wochen, bis ein Zeugnis fertig ist, bei mir waren es zwei Tage. Michael konnte es wohl kaum erwarten, mich loszuwerden.«

Es dauert eine Weile, bis bei Paul der Groschen fällt. Erst dann stutzt er, wiederholt still die letzten Sätze, die er gesagt hat, dreht sich um und macht sich auf den Weg. Dass Frau Ochs sich nach den Bedingungen seines Aufhebungsvertrages erkundigt, hört er kaum noch.

78 Paul

»Ich hatte nicht mehr damit gerechnet, dich noch einmal hier zu sehen. Es scheint dir ja schlagartig besser zu gehen«, begrüßt ihn Michael.

Paul hat sich weder am Empfang, noch von der Leichtathletik-Sekretärin aufhalten lassen. Jetzt steht er in Michaels Büro, zwischen ihnen wieder dieser enorme Schreibtisch, Michael in seinem Angeber-Sessel.

»Ich muss mit der Kollegin am Empfang reden, dass sie ehemalige Mitarbeiter nicht einfach reinlässt.«

Es liegt Paul auf der Zunge, dass der Aufhebungsvertrag erst ab dem kommenden Wochenende gilt, aber er hat Wichtigeres zu sagen. »Arbeitszeugnisse müssen nach deutschem Recht physisch ausgestellt und übergeben werden, notfalls per Post.«

»Wenn du das sagst. Ich bin sicher, die Personalabteilung kennt sich aus, und hoffe doch, dass sie alles richtig gemacht haben. Oder gibt es Probleme?«

»Julie hat nach ihrer Kündigung also eine neue Adresse in ihrer Personalabteilung angeben müssen, ihre Wohnung hatte sie ja schon gekündigt. Ich glaube nicht, dass sie schon wusste, wohin sie zieht. Bleiben hilfsweise deine Anschrift und die von Sabine. Und ich kann mir nicht vorstellen, dass sie eure Mutter gewählt hat.«

Michael sagt nichts.

»Sie hat dich angegeben, und du hast ihr das Zeugnis nachgeschickt, sobald sie eine Wohnung hatte. Du weißt längst, wo sie ist.«

»Paul.« Michael wirft einen Kugelschreiber auf den Schreibtisch. »Ich möchte, dass du gleich gehst, sonst lasse ich dich rausschmeißen. Aber vorher hörst du noch einmal gut zu. Es ist Zeit, nach vorne zu schauen. Schlag dir Julie aus dem Kopf. Mach was aus deinem Leben. Triff andere Frauen. Such dir einen Job, der dich glücklich macht. Du bist zu jung und zu klug, um einer dieser jämmerlichen Stalker zu werden.«

Als Julie ihm das erste Mal ihren Bruder vorstellte, als er noch ein hoffnungsvoller Nachwuchswissenschaftler war, da hat Paul eine Weile geglaubt, er und Michael könnten Freunde werden. Einige Monate, einige Begegnungen lang waren sie auf Augenhöhe und er hat die direkte Art und die Tatkraft seines Schwagers bewundert. Mit jedem Monat in der Firma hat er sich dann kleiner gefühlt. Aber das ist jetzt vorbei.

»Richte ihr aus, dass ich sie nicht mehr suche. Mir ist egal, wo sie lebt, was sie treibt. Mir ist egal, wer sie ist. Mach's gut, Michael. Versuch, nicht komplett zum Business-Arschloch zu werden.«

Er verlässt das Büro, ohne auf eine Entgegnung zu warten, verlässt auch das Gebäude und diesmal ist es wirklich für immer.

Am Abend sitzt er wieder in seiner Küche, er öffnet zum ersten Mal seit Wochen Instagram und ruft Julies Account auf. Er hat richtig vermutet, dieses Mal findet er ein Bild, es ist nur ein paar Minuten alt, das erste, seit sie abgetaucht ist. Ein Meisterwerk: Sie mit einer anderen jungen Frau, eines dieser Super-Freundinnen-Super-Zeit-Fotos. Julie umarmt ausgelassen lachend die

Freundin, der das lange Haar so ins Gesicht fällt, dass sie nicht zu erkennen ist. Im Hintergrund Bäume, Himmel, Wolken. Absolut nichts, was Aufschluss über Ort, Zeit oder die andere Person gibt. Spielt Instagram die Fotos mit Metadaten aus? So oder so, er ist sicher, dass dieses Bild keine enthält, und macht sich nicht die Mühe nachzusehen. Stattdessen schließt er die App und löscht sie von seinem Handy.

2. Teil

79 Paul

»Und was macht ihr jetzt, du und deine Frau Ochs?«

Er hätte doch die Stehlampe anschalten sollen, das Licht ist furchtbar schummrig. Oder ist das gerade gut? Sie sitzen in seinem Wohnzimmer, näher beieinander als erwartet. Wenn Iryna zu ihm schaut, spürt er die Luft, die sie ausatmet. Sie zieht ihre Beine auf sein Sofa. Schlanke Beine. Strumpfhosenbeine.

Der Abend hat im B5 begonnen. Da wollte Paul zwar nun wirklich nicht hin, aber Iryna musste irgendeinen Papierkram abgeben, die Musik war gut, also was soll's. Beide hatten sie das Ende von etwas Begrenzendem zu feiern: Iryna das Ende ihres Studiums und er den Ausbruch aus dem goldenen DroneCon-Käfig. Er genehmigte sich einen Gin Tonic, um auf die Zukunft anzustoßen, aber nur einen einzigen, denn er war mit dem Auto da. Sie eine Limo – Volleyball-Turnier am nächsten Tag und überhaupt war es viel zu warm, schon im Mai. Da steigt ihr Alkohol so schnell zu Kopf.

Wie sich dann herausstellte, wurde es im Verlauf des Abends kühler und ein Auto kann man stehen lassen. Und auch Iryna mag Gin Tonic. Ihr Gespräch kam auf »Pauls Krimi«, wie sie seine Nachforschungen nannte. Dann fragte sie ihn, ob er ihr nicht die Briefe zeigen möge.

»Die Originale liegen in der Ochs'schen Wohnzimmer-Kommode.«

215

»Und auf dem Rechner?«, hakte sie nach.

Auf dem Rechner zu Hause hat er digitalisierte Versionen. Die sind ja auch sehenswert. Dass er nicht selbst darauf gekommen ist.

So sitzen sie jetzt nebeneinander bei schlechter Beleuchtung auf seiner Couch und blicken auf den Bildschirm. Vom Volleyballturnier ist nicht mehr die Rede, vom Nachhausegehen auch nicht. Stattdessen ihre Beine neben ihm, aber jetzt geht es ja erst einmal um die Dokumente, ruft er sich zur Ordnung, und darum, was mit den Briefen zu tun ist.

»Du meinst, wem wir sie geben?«

Iryna schüttelt den Kopf. »Seid Ihr denn schon so weit? Ich dachte, Ihr wollt das Rätsel lösen.«

Er scrollt durch die Schriftstücke, Toms Briefe, die Antworten seiner Mutter, die Botschaften an den Oberst und die Übersetzungen, die er angefertigt hat. Aus seiner Zeit als Doktorand hat er noch eine Software auf dem Laptop, mit der sich Dokumente übersichtlich darstellen, untersuchen und vergleichen lassen. Die Aufforderung der Uni, das Programm zu deinstallieren, hat er damals freundlich missachtet und niemand hat je nachgefragt. Wer hätte gedacht, dass er es so schnell wieder gebrauchen kann? Mit manchen Dingen rechnet man nicht.

Iryna riecht vage nach Blumen, stellt er fest, sommerlich und aus der Nähe, in der sie zueinander sitzen, auch ein bisschen frisch verschwitzt.

»Wir haben es doch gelöst«, entgegnet er. »Ein preußischer Offizier findet Gefallen an einem Kriegsgefangenen. Er fälscht dessen Briefe und die Antworten seiner Mutter, weil er meint, auf diese Weise etwas Kriegswichtiges zu erfahren, oder aus blanker Lust an der Manipulation. Der Gefangene wird zum Arbeitsdienst abkommandiert und verliebt sich in eine Bauerstochter. Dann geht die Sache mit den Fälschungen nach hinten los, denn ohne es zu wollen, ermutigt der Offizier den Gefangenen, sich an die schöne Tochter ranzumachen. Hier.« Paul sucht Toms letzten Brief. »*Dem Drängen dorthin zu folgen, wo zwei Seelen sich begegnen, schreibst Du, kann die tiefste Vernunft sein*«, zitiert er. »Diesen Schwulst hat der Oberst im Namen der Mutter an Thomas geschrieben und Thomas bedankt sich für den Rat. Aber er bezieht ihn natürlich nicht auf von Mangersheim, sondern auf Agnes und legt los. Als der Oberst das mitbekommt, erschlägt er den Engländer aus Eifersucht, Kränkung oder Wut. Er verscharrt ihn und denkt sich für die Behörden eine Räuberpistole aus. Später bekommt er Depressionen und quittiert den Dienst. Ende der Geschichte.«

Iryna nuckelt an einer Strähne. Dass ihre Haare, sonst glatt gekämmt, ein wenig in Unordnung geraten sind und sich einige an der Wand hinter dem Sofa verfangen haben, gefällt ihm. Elektrizität?

»Warum bewahrt der Oberst die Briefe auf? Ist das nicht Risiko?«

»Er versteckt sie gut. Außerdem hinterfragt kein Amt im ganzen Deutschen Reich im Kriegswinter 1915/16 die Darstellung eines preußischen Offiziers, wenn es um das Schicksal eines gefangenen Feindes geht. Noch dazu, wenn der Offizier ein Adliger ist. Randolf von Mangersheim hat nichts zu befürchten. Dann aber wird er von den Sanitätern einkassiert. Er sitzt in der Geschlossenen und in seiner Wohnung wohnt jetzt jemand anderes. Nun wird die Sache doch gefährlich. Wenn das rauskommt. Er muss die Briefe in die Hand bekommen, um seinen Ruf zu retten. Und natürlich weil sie Erinnerungen an eine große, tragische Freundschaft sind. Beziehungsweise Liebe.«

Jetzt könnte sie ihn doch anblicken. Stattdessen schaut Iryna weiter auf den Bildschirm.

»Klappt aber nicht«, fügt er hinzu. »Er wird beim Versuch, die Briefe zu bergen, ertappt.«

»Zeig mir den letzten Brief noch einmal«, forderte sie ihn auf.

Er ruft die letzte Notiz auf, die Tom vor seinem Tod an den Oberst geschrieben hat und in der er dessen Drohungen zurückweist und mit peinlichen Enthüllungen droht. War Tom da zu mutig gewesen? Zu weit gegangen? Manchmal muss man behutsam vorgehen.

»Nicht den. Den anderen.«

Paul hat ein bisschen Mühe, zu verstehen, was sie meint.

»Komm schon. Den in eurer komischen deutschen Schrift.«

Er klickt in einen anderen Ordner und holt ein weiteres Dokument zurück auf den Bildschirm, den einzigen auf Deutsch geschrieben Brief, den sie im Stapel zwischen den Briefen Toms an seine Mutter und den Botschaften an den Oberst gefunden haben. Links leuchtet das Original und zeigt eine schöne, fein in Tinte gezogene, aber kaum lesbare Handschrift. Es ist die von Agnes. Sie hat geschrieben, wie es um die Wende zum 20. Jahrhundert in deutschen Schulen gelehrt wurde.

»Eine Dozentin in Kyjiw hat uns mal eine Stunde in Sütterlin gegeben. Ich verstehe nicht, wie irgendjemand das lesen kann.«

»Genau genommen ist das hier kein Sütterlin, sondern Kurrentschrift. Sütterlin kam erst später in die Schulen«, belehrt Paul sie. Er holt eine Übertragung in Druckbuchstaben auf den Screen, die er mithilfe eines Portals im Internet angefertigt hat.

Iryna überfliegt den Text und klopft auf die Übertragung. »Und das erschüttert eure Theorie nicht?«

80 Agnes

Hochwohlgeborener Herr Leutnant,
gnädigsten Dank für Ihr überbrachtes Angebot einer Unterre-
dung. Auf dem Hofe ists leider gänzlich unmöglich. Sie verstehen
sicher.
Am Enig-Sonntag führt mich mein Weg nach Oberzwehren.
Ich hoffe darauf, Sie gegen 5 Uhr abends auf meinem Rückwege
in Ihrer Pension anzutreffen. Wenn es keine Umstände bereitet,
schelle ich oder lasse nach Ihnen schicken. Sollte ich ungelegen
kommen, bitte ich um freundliche Angabe eines anderen Tages
durch die Pensionswirte.
Ihre ergebenste Agnes

81 Paul

Sie blicken gemeinsam auf die Transkription von Agnes' Brief
auf dem Bildschirm. Frau Ochs und Paul haben ihm wenig Be-
achtung geschenkt, als sie den rätselhaft verzerrten Schriftwech-
sel von Barley und seiner Mutter entschlüsselten; was Agnes
schrieb, schien dagegen klar, aber bedeutungslos.

»Hat sie den Brief vor oder nach Toms Tod geschrieben?«,
will Iryna wissen.

»Vorher. Er lag im Stapel vor Barleys Nachrichten an den
Oberst. Ich nehme an, sie wollte ihn davon abbringen, immer
wieder auf dem Hof zu erscheinen. Vielleicht im Auftrag und im
Namen der Familie, sie war ja die Beredtste von allen. Was denkst
du?«

Iryna zeigte auf die Bilddatei des Originals. »Was steht an dieser Stelle?«

»Enig-Sonntag«, liest Paul aus der Transkription vor. »Keine Ahnung, was das heißt.«

»Ich meine das Original. Du hast das durch ein Programm geschickt, sagst du?«

Paul nickt.

Iryna wird ungeduldig. »Was hat Agnes geschrieben?«

Paul vergleicht die Texte. Agnes hatte eine schöne Handschrift, die zahlreichen kleinen Haken der Kurrentschrift und die leichte Vorwärtsneigung vermitteln den Eindruck von Zielstrebigkeit, zugleich sind die Linien sauber und mit großer Sorgfalt gezogen. Er zählt die Zacken vor dem Wort »Sonntag« und vergleicht sie mit einem Kurrentalphabet im Netz. »Eher ein *W* als ein *N*«, vermutet er. »Ewig-Sonntag.«

Dann erlaubt ihm der Gin in seinem Kopf einen klaren Moment. »Ewigkeitssonntag ist ein anderes Wort für Totensonntag. Ende November.« Betreten schweigt er einen Moment. »Barley ist Mitte des Monats gestorben. Sie hat den Brief nach seinem Tod geschrieben«, stellt er kleinlaut fest.

»Und Ihr glaubt allen Ernstes, dass sie ein paar Tage nach dem Mord zum Mörder ihres Geliebten geht, um in aller Ruhe zu plaudern?« Sie legt den Kopf schief.

»Warum denn nicht?«, wendet er halbherzig ein. »Der Oberst hat ihn ja nicht umgebracht, offiziell zumindest nicht. Er war Zeuge, stand in der Zeitung. Bestimmt hat er sogar Versuche zu Protokoll gegeben, den Engländer davon abzuhalten, in die Fulda zu steigen.«

»Wenn sie sich nah waren, hat Thomas ihr alles vom Oberst erzählt. Auch von seinen Drohungen. Trotzdem geht sie zu ihm.«

»Hm.«

Irynas Handy summt. Sie schaut kurz auf das Display, tippt etwas und wendet sich wieder Paul zu.

Er fragt: »Dann hat sie einen Grund gehabt, mit ihm im Vertrauen zu reden, meinst du?«

»Du bist nicht nur einer der nettesten Menschen, die ich kenne, sondern auch einer der schlauesten. Verlass dich nicht auf Maschinen. Weder auf Programme zum Transkribieren, noch auf andere.«

Jetzt erteilt ihm seine Schülerin Ratschläge. Egal, wenn sie dabei lächelt. Am Haus gegenüber erlischt eine Leuchtreklame, die Ampel vor dem Fenster springt auf Grün, ein Schub Autos fährt an. Er küsst sie.

Sie erwidert den Kuss drei lange Sekunden oder fünf. Dann löst sie sich. »Den Rest heben wir uns für später auf«, sagt sie.

Wieder dieses Lächeln, das er jetzt gar nicht mehr versteht. Das Nachtlicht, das hereinfällt, wechselt die Farbe, rot, kurz orange, grün, orange, wieder rot. Iryna steht auf, schwankt einen Moment. Dann steht sie in seinem Zimmer herum und konsultiert ihr Telefon. Draußen springt die Ampel auf Grün.

»Noa steht vor der Tür und fährt mich nach Hause.«

»Noah?« Interessant, denkt Paul. Die Frauen und die Situationen wechseln, das Gefühl ist dasselbe. Gerade vergisst er Julie, gerade küsst er Iryna, nun das. In seinem Bauch dreht sich etwas.

»Noa Tugendhath. Eine Freundin. Vorname ohne H, Nachname mit zwei. Sie wohnt nicht weit von mir und ist mit dem Auto unterwegs.« Sie kommt zu ihm, beugt sich hinunter und legt ihm die Hand auf die Wange. Er riecht ihre Fahne. »Danke«, flüstert sie.

Iryna geht allein zur Tür. Paul bleibt sitzen und versucht, das Drehen anzuhalten. Er hört die Tür ins Schloss fallen, entscheidet, dass Zähneputzen nicht nötig ist, und sinkt zur Seite. Sein Kopf liegt jetzt da, wo zuvor ihre Füße lagen. Ihre Strumpfhosenfüße.

Das Letzte, was ihm durch den Kopf geht, bevor er von der Ampel in Rot, Orange und Grün beleuchtet auf dem Sofa einschläft, ist, dass er dieser Noa dankbar ist. Aus einem Grund, den er noch nicht versteht.

82 Paul

Mit der linken Hand wirft er sich eine zweite Aspirin in den Mund und spült mit Wasser aus dem Hahn nach, öffnet das Fenster, leidet unter dem Verkehrslärm, freut sich über die kühle Luft und ruft Frau Ochs an.

»Glauben Sie, Agnes wusste, dass der Oberst der Mörder ist?«, fragt er, als sie abgehoben hat.

»Geht es Ihnen gut, Herr Antheim? Sie klingen so ... schleppend.«

»Alles bestens, bestens, danke. Danke. Ist bloß spät geworden gestern. Ich habe die halbe Nacht vor dem Rechner gesessen. Bin die Briefe noch einmal durchgegangen. Ich glaube, ich habe etwas gefunden.«

Iryna lässt er erst einmal beiseite und dass es ihre Entdeckung war. Er berichtet vom Transkriptionsfehler der Software (»dem Fehler der Maschine« – unwillkürlich übernimmt er Irynas Wortwahl), davon, dass Agnes tatsächlich »Ewig-Sonntag« geschrieben hat und was dies über die Abfolge der Ereignisse aussagt. Welche Fragen dies aufwirft.

»Ich verstehe.« Frau Ochs nimmt die Neuigkeit gelassen entgegen. »Mögen Sie heute Nachmittag wieder auf ein Stück Kuchen kommen und wir denken gemeinsam nach? Ich habe ebenfalls etwas gefunden, das ich Ihnen zeigen möchte.«

»Vielleicht lieber morgen?«, schlägt Paul mit matter Stimme vor. Ihm ist überhaupt nicht nach Nachdenken und wenn er an Kuchen denkt, wird ihm schlecht.

»Da haben wir Arzttermine. Dann übermorgen.«

Sie verabreden sich für den übernächsten Tag, 16 Uhr. Paul wartet auf die Wirkung der Tabletten und dass das Pochen nachlässt. Das Denken fällt schwer, das Erinnern an den Vorabend verursacht Kopfschmerzen. Doch Eingebungen, die funktionieren noch.

Ihm wird plötzlich klar, dass die falsche Transkription der Kurrentschrift nicht sein einziger Fehler gewesen ist. Er weiß, was er zu tun hat. Aber er wartet damit lieber bis morgen.

83 Paul

»Ich habe noch mehr!« Paul kündigt seine neueste Entdeckung an, noch bevor sie Platz nehmen. Der Garten, in den Frau Ochs ihn führt, steht inzwischen in voller Pracht, grüner, bunter und lebendiger als die Grundstücke der Nachbarn. Große Fliederbüsche duften, Vergissmeinnicht und ein paar späte Tulpen leuchten und Hornveilchen ziehen Hummeln an. Mit einem Schlauch wässert Herr Ochs die Hortensien.

»Ich bin gespannt. Haben sie noch eine Überraschung in den Briefen entdeckt?«

»Besser.«

Frau Ochs zieht die Augenbrauen hoch und bittet ihn an den Tisch.

»Wir haben es uns viel zu schwer gemacht, weil wir von einer Familie Bode ausgegangen sind«, platzt er heraus. »Es ist ganz einfach: Barley hatte sich gar nicht verschrieben. Wir haben immer angenommen, dass er mit dem H im Namen nicht zurechtkommt. Aber es gibt tatsächlich eine Familie Bodhe. Und ich habe jemanden aus dieser Familie aufgespürt.«

Nach dem Kuss hat er natürlich die ganze Zeit an Iryna gedacht, aber auch an ihre Freundin Noa Tugendhath, oder besser: an ihren kuriosen Namen, in dem ein H fehlt, wo es sonst steht, und ein anderes vorkommt, wo niemand es erwartet. Warum, ist es ihm in den Sinn gekommen, sollte das nicht auch bei den Bodhes so sein?

»Im Netz habe ich zunächst nichts gefunden, jedenfalls niemanden in Kassel«, berichtet er. Dann habe er in einem Internet-Archiv alte Telefonbücher aufgerufen. »Siehe da: 2015 wohnte in der Lessingstraße eine Frau Gertrud Bodhe. Mit H hinter dem D, nicht davor.« Unter der Nummer habe er niemanden erreicht, unter der Adresse niemanden vorgefunden. Doch eine Nachbarin konnte sich an die Dame erinnern.

»Sie haben die Nachbarn abgeklappert?«

»Old school. Um es kurz zu machen: Sie lebt in einem Heim im Süden der Stadt und empfängt uns. Für morgen habe ich uns angekündigt. Sie kommen doch mit?«

Frau Ochs scheint erfreut, aber wenig elektrisiert durch die Spur, nach der sie doch so lange gesucht haben; sie wirkt gedankenverloren. Als Paul den Mut fasst, sie nach dem Grund zu fragen, stellt sie eine Gegenfrage: »Wie geht es Ihren Eltern?«

Sie kennt Pauls Eltern nicht und er hat ihr auch nie von ihnen erzählt.

»Gut. Denke ich. Sie freuen sich auf den Ruhestand«, antwortet er. Ein Jahr noch, dann gehen seine Eltern gleichzeitig in Rente. Weil Frau Ochs nachfragt, skizziert er die Lebensumstände: beide gesund, immer noch verheiratet, ihrem Dorf am Meer verbunden. Im Großen und Ganzen zufrieden, mutmaßlich glücklich.

»Haben Sie Geschwister?«

»Eine große Schwester. Lebt in Hamburg, warum? Worüber denken Sie nach?«

»Wissen Sie ...« Sie gibt sich spürbar einen Ruck. »Wir haben drei Kinder großgezogen. Als der Jüngste aus dem Haus war, sind wir hierhergezogen, um noch einmal etwas zu verändern. Ein paar Jahre danach hat es angefangen. Mit meinem Mann. Ich denke nicht, dass eines der Kinder zurückkommen wird, wenn ich nicht mehr kann.«

»Okay.«

»Nun, wir können den Kindern hinterherziehen, nicht wahr? Berlin, Maastricht, Ruhrgebiet. Sie haben es vorgeschlagen, alle drei. Vielleicht sogar in ein gemeinsames Haus. Das ist sicher mehr, als die meisten in unserem Alter von ihren Kindern angeboten bekommen. Ich hatte bloß gehofft, dass die Reise mal ein Ende hat.«

»Wo sind Sie aufgewachsen?«, erkundigt sich Paul.

»In einem Dorf in der Rhön. Werner stammt aus Fulda, wir haben uns auf einer Hochzeit kennengelernt, da war er noch Student.«

Paul sieht zu Herrn Ochs, der mit dem Schlauch den Rasen gießt.

»Was machen Ihre Kinder?«

»Die haben studiert. Die Jungs Politik und Architektur, die Tochter Journalismus, solche Sachen. Jetzt stecken sie in Jobs, die sie angeblich erfüllen; unsere Tochter ist ab und zu im Fernsehen. Alle drei haben ein Kind. Drei Einzelenkel.« Mit dem Zeigefinger schnippt sie einen Krümel vom Tisch. »Ich denke, es geht ihnen gut. Wenn man von Davids ständigen Trennungen absieht.«

Paul wartet einen Moment mit der nächsten Frage: »Und Ihre Eltern? Wenn Sie so viel umgezogen sind – haben Sie Geschwister, die in der Nähe geblieben sind?«

»Touché«, sagt sie. Mehr sagt sie nicht dazu. Stattdessen steht sie auf. »Kommen Sie, ich zeige Ihnen, was ich gefunden habe.«

Auf dem Weg ins Haus geht sie am Hahn vorbei, an dem Werners Schlauch hängt, und dreht das Wasser ab. Er legt den Schlauch ins Gras und schlurft zu einem weißen Flieder, um sich die Schmetterlinge anzusehen.

Sie führt Paul in ein Arbeitszimmer. Vor dem Fenster steht ein Schreibtisch, dahinter wirft die Frühsommersonne harte Schatten in die Straße. Frau Ochs schaltet einen Laptop an und im Stehen schauen sie sich die aufgerufene Website an.

»Die Leute aus Darwen haben in den letzten Tagen eine *Roll of Honour* online gestellt, eine Liste aller gefallenen Söhne der Stadt«, erklärt sie. »Erster Weltkrieg, am zweiten wird noch gearbeitet. Einer meiner neuen Bekannten hat sich vier Jahre lang durch die alten Zeitungen gearbeitet und Todesanzeigen ausgewertet, jetzt hat er sie alle. Schauen Sie: Name, Rang, Einheit, Todestag, Alter. Die meisten waren Anfang 20 oder jünger. Dazu der Ort, wo der Tote begraben ist.«

Paul liest auf dem Bildschirm die Einträge von Cecil Backhouse und anderen. Frau Ochs bückt sich und scrollt ein wenig herunter. »Hier haben wir ihn: Barley, Thomas, Private, South Lancashire Regiment, 11. oder 15. November 1915, 23 Jahre, Niederzwehren Cemetery. Das wussten wir bereits. Wir wissen sogar, dass es der 11. November war«, stellt sie fest. »Das hier wussten wir nicht.« Sie scrollt noch ein wenig weiter, bis der nächste Name erscheint: Barley, Walter, Private, East Lancashire Regiment, 2. September 1918, 21 Jahre, Friedhof des Hospitals Whalley.

»Ich hoffe inständig, dass sie gut auf Priscilla aufpassen«, flüstert sie, als wäre das jetzt noch möglich.

84 Paul

Eine Frau führt sie über den Flur. Sagt man hier Schwester, fragt sich Paul. Pflegerin? Die Schwester oder Pflegerin hat ihn und Frau Ochs in Empfang genommen und sich als Marianne vorgestellt, mehr nicht. Blaues Kostüm, kein Kittel. Betreuerin?

»Ich bringe Sie zu ihr.«

Marianne stöckelt vor ihnen über die Flure und spricht, ohne sich umzudrehen: »Gertrud Bodhe ist bei klarem Verstand. Sie hat eine Energie, die nicht jedermann sofort spürt, weil sie körperlich immer hinfälliger wird.« Sie öffnet eine Zwischentür und führt sie einen weiteren Gang entlang. »Osteoporose. Sie liegt viel, leider. Aber täuschen Sie sich nicht, sie gehört zu den klügsten und aufgewecktesten Mitgliedern unserer Gemeinschaft.«

Im Internet firmiert die Einrichtung als Pflegewohnstift. Paul kennt, was Marianne ihnen im Vorübergehen zeigt, bereits von einem 360-Grad-Spaziergang auf der Website: Garten, Terrassen, Kaminzimmer – das Stift ist teuer und versucht, den Eindruck einer Luxus-Kommune zu vermitteln statt den eines Pflegeheims. Die Bewohner bringen eigene Möbel mit. Zugleich, hat er gelesen, gibt es hier Beatmungsbetten. Das Komplett-Angebot.

Marianne klopft an eine Tür und lässt Frau Ochs und Paul ein. »Ihr Besuch, Frau Bodhe«, ruft sie ihnen hinterher, ohne selbst einzutreten.

Die Gastgeberin empfängt in einem dunkelbraunen Sessel, der dem Eingang halb zugewandt steht. Gut, dass wir nicht viel später gekommen sind, geht es Paul durch den Kopf: Die alte Frau wirkt wie hineingeworfen in das Möbel, zusammengesackt und fragil, den Kopf hält sie schief. In ihrer Kleidung – dunkelgraue Strickjacke, grauer Rock – wirkt sie, als wollte sie sich tarnen.

»Guten Tag«, grüßt sie leise.

»Guten Tag«, erwidert Paul. »Dies ist Liselotte Ochs, mein Name ist Paul Antheim. Es ist sehr freundlich von Ihnen, dass Sie uns empfangen.«

»So viel Besuch kommt ja nicht.« Gertrud Bodhe macht eine Handbewegung zu einem Tisch mit zwei Stühlen und bittet die Gäste, sich zu setzen. »Ich freue mich über die Abwechslung. Die Leitung gibt sich Mühe, uns Greisen die letzten Jahre so abwechslungsreich wie möglich zu gestalten. Aber letztlich warten wir alle nur.«

Frau Ochs lächelt verkniffen, Paul lässt den Blick durchs Zimmer wandern. Es ist so groß wie sein Schlaf- und Wohnzimmer zusammen, eine Tür führt wohl in ein Badezimmer, das lassen die Lüftungsschlitze auf Fußspitzenhöhe vermuten. Frau Bodhe hat von der Möglichkeit, eigenes Mobiliar mitzunehmen, augenscheinlich Gebrauch gemacht. Vor dem Fenster steht ein alter, massiver Schreibtisch. Ein Schrank mit Schnitzereien bewahrt ohne Zweifel die Kleidung. Das Bett allerdings ist ein Zugeständnis an die Lage der Bewohnerin: Höhenverstellbar und mit herunterklappbarem Seitenteil könnte es auch in einer Klinik stehen. Über dem Kopfende schwebt ein Bettgalgen.

Frau Bodhe bemerkt, wie Frau Ochs die Rufanlage auf dem Nachttisch betrachtet. »Sehen Sie sich ruhig um. Das ist auch Ihre Zukunft.«

Frau Ochs löst ihren Blick und versteift sich. »Ich habe nicht drei Kinder großgezogen, um dann in ein Pflegeheim zu gehen.«

»Ach nein?« Gertrud Bodhe blickt aus dem Sessel empor. »Na, wenn Sie sich da so sicher sind.«

»Wir würden gerne mit Ihnen über Agnes Bodhe reden«, greift Paul ein und wiederholt: »Es ist wirklich freundlich, dass Sie Zeit für uns haben.«

Er schiebt seiner Begleiterin einen Stuhl zurecht, dann setzt er sich selbst und bringt vor, was er ihr schon hat ausrichten lassen: dass sie auf die über hundert Jahre alten Briefe eines Kriegsgefangenen gestoßen sind, die auch eine junge Zwehrenerin namens Agnes Bodhe betreffen; dass der Autor der Briefe der Geliebte dieser Frau war oder ihr zumindest sehr nahe stand; dass er ums Leben gekommen ist; dass es Rätsel um diesen Tod gibt, für deren Lösung sie Hilfe suchen. Gertrud hört zu.

»Jetzt sind wir hier und hoffen, dass Sie uns weiterhelfen können. So häufig kommt Ihr Nachname ja nicht vor. Sind Sie Agnes' Enkeltochter?«, schließt Paul.

Gertrud blickt ihn erstaunt an und erst nach einigen Sekunden erwidert sie: »Nein, das bin ich nicht. Agnes war meine Tante. Aber wir waren uns sehr nah.«

Frau Ochs holt ein Mobiltelefon aus ihrer Handtasche. »Stört es Sie, wenn ich Teile des Gesprächs aufzeichne?«

Die alten Damen blicken sich an, die eine wie aus dem Ei gepellt, wissbegierig, ungeduldig, die andere mit einem abwartenden Blick, als habe sie noch alle Zeit der Welt.

»Öffnen Sie die Vorhänge ein wenig?«, bittet Gertrud, ohne auf die Frage einzugehen.

Paul steht auf und zieht die Vorhänge ein Stück zur Seite. Erst jetzt fällt ihm auf, wie wenig Farbe es in diesem Zimmer gibt. Die Vorhänge grau, die Möbel aus dunklem Holz, ein paar Bilder an der Wand, aber alles Bleistift- oder Kohlezeichnungen von Bauwerken, die er nicht kennt. Dazwischen ein schwarz-weißes Foto in einem breiten Rahmen. Er tritt heran und betrachtet es näher.

Diesen Bild-Typus kennt er inzwischen aus Büchern über den Ersten Weltkrieg. Offenbar ist es im nächsten Krieg genauso gewesen: Ein Paar geht zum Fotografen, sie frisch frisiert, er in Uniform. Man lächelt mit patriotischer Zuversicht in die Linse. Die Einberufung hat er bereits erhalten, bald geht es an die Front, man lässt ein Bild anfertigen, um, wie man sich versichert, den Ehemann in der Stube zu haben, bis er heimkehrt, auch wenn das nicht allzu lange dauern kann. Dass es sein letztes Foto sein könnte und jenes Bild eines für die künftigen Hinterbliebenen, das ist auch eine Möglichkeit, wird aber nicht ausgesprochen.

»Ist sie das?«, fragt Paul.

»Das ist Agnes Bodhe«, betätigt Gertrud. »Aber hier heißt sie schon Hornecker.«

Die Frau auf dem Foto ist nicht mehr ganz jung, ihre Figur voll, aufrecht sitzt sie neben ihrem Gatten an einem Tisch. Um ein rundes Gesicht liegt das ondulierte Haar und will ihr nicht so recht stehen. Sie blickt mich an, denkt Paul. Sie schaut in die Kamera und zu allen künftigen Betrachtern, nicht zu ihrem Mann, der in ein paar Tagen in den Krieg zieht. Der sitzt neben ihr, auf der Brust den Reichsadler mit Hakenkreuz. Sein Gesicht aber ist verdeckt; jemand hat hinter das Glas ein anderes Bild über seinen Kopf geschoben: Agnes in Farbe, jetzt als alte Frau, rotstichig in einem bunten, einfachen Kleid, zur Seite blickend, als betrachte sie verwundert ihr früheres Ich.

»Sie standen sich nahe, sagen Sie?«

»Ja.«

»Hatte Agnes Kinder?«, fällt Frau Ochs ein.

»Nein.«

Frau Ochs bemüht sich, mehr über die Familie zu erfahren, doch Gertrud gibt sich abweisend. Sie antwortet nicht mehr und blickt durch den Streifen Glas, den Paul ihr eröffnet hat, in einen vor grün strotzenden Garten.

»Hat Ihre Tante jemals einen Kriegsgefangenen erwähnt? Einen Thomas Barley, den sie in ihrer Jugend kannte?«

Gertrud wendet den Kopf, der vor ihrer Brust hängt wie ein Gewicht. »Meine Tante ist 1971 in Kassel gestorben. Einen Thomas Barley hat sie nie erwähnt. Mehr kann ich Ihnen nicht sagen.« Sie erhebt sich schwankend aus dem Sessel. »Und jetzt lassen Sie mich bitte alleine. Ich möchte ruhen. Vielen Dank für Ihren Besuch. Leben Sie wohl.«

Frau Ochs ist schon durch die Tür, als Paul sich noch einmal umdreht. »Darf ich noch etwas fragen?«

»Wenn Sie müssen«, sagt Gertrud, die Richtung Bett schlurft.

»Woher kommt das H in Ihrem Familiennamen? Ich meine, warum nach dem D und nicht davor?«

Gertrud lacht auf, was wie das Keckern eines Wellensittichs klingt. »Schwedisch, behauptet meine Nichte. Fragen Sie mich nicht, vielleicht ist ein Fußsoldat im 30-jährigen Krieg hier hängengeblieben. Vielleicht konnte auch einfach irgendein Amtmann schlecht schreiben.«

Er betrachtet ihren gebeugten Rücken und den geierartigen Hals. Dann wünscht er ihr einen guten Tag und verlässt ebenfalls das Zimmer.

»Du liebe Güte, was für eine Kratzbürste«, flüstert Frau Ochs, als sie den Flur zurücklaufen. Ihre Kiefermuskeln arbeiten.

»Schade. Es war wohl töricht zu erwarten, dass ein Bauernmädchen Auskunft über ein Vorkommnis aus der Familien-Vergangenheit geben kann. Oder will.«

Paul ist sich da nicht so sicher. Wäre Gertrud zu erzählen bereit gewesen, wenn das Gespräch anders verlaufen wäre? Er wünscht, er hätte, wie in den alten Filmen, seine Telefonnummer hinterlassen: Wenn Ihnen noch etwas einfällt ... Zum Abschied nicken sie Marianne zu, die hinter dem Empfangstresen etwas in einen Rechner eingibt.

Paul putzt sein Badezimmer, als er wenige Tage später einen Anruf erhält.

»Eine Pflegerin hat für mich ein bisschen im Internet gesucht und Ihre Nummer von Ihren Kollegen an der Uni bekommen, dort kennt man Sie noch«, hört er Gertrud Bodhe sagen. »Wenn Sie noch an Agnes und dem Engländer interessiert sind, dann besuchen Sie mich morgen Nachmittag. Oder übermorgen, ich bin ja hier. Aber lassen Sie Ihre Hornöchsin zu Hause. Und bringen Sie die Briefe mit.«

85 Gertrud

Gertrud wirkt wacher als vor ein paar Tagen. Ihr Körper genauso verkrümmt, aber ihr Geist aufmerksamer, zugewandter. »Haben Sie die Briefe?«

Sie sitzt wieder in ihrem Sessel.

Paul zieht sich einen Stuhl heran und setzt sich ihr gegenüber. »Nicht die Originale, aber ich habe sie als Abbildungen auf meinem Laptop dabei. Warum haben Sie es sich anders überlegt?«

Gertrud blinzelt. Wieder ist es ein sonniger Tag und Sonnenstrahlen fallen durchs Fenster in ihr Gesicht.

»Weil mich die Briefe interessieren. Das, was darin über meine Tante steht. In meinem Alter gibt es nicht mehr viele Gelegenheiten, etwas Neues über die eigene Familie zu erfahren. Könnten Sie den Vorhang bitte etwas schließen?«

Paul steht auf und zieht den Vorhang so weit zu, dass er Gertrud vor der Sonne abschirmt.

»Lassen Sie noch einen Spalt offen bitte. Danke. Wie viele Briefe sind es?«

»Private Barley hat, soweit wir wissen, etwa 20 Briefe aus der Kriegsgefangenschaft geschrieben, davon sechs oder sieben in der Zeit, in der er in der Landwirtschaft eingesetzt war und in denen Agnes Bodhe vorkommt«, referiert Paul. »Dazu kommen noch einmal etwa genauso viele Briefe, die seine Mutter ihm geschrieben hat, plus ein paar kurze Botschaften, die er kurz vor seinem Tod einem deutschen Offizier zukommen ließ, zu dem er ein besonderes Verhältnis hatte. Wir haben aber auch eine kurze Nachricht von Agnes selbst.«

»Was wissen Sie über sein Ende?«

»Barleys Ende? Er wurde umgebracht, vermuten wir. Aber ob das stimmt und wie und warum, das wollen wir herausfinden. Vielleicht wissen Sie etwas, das uns weiterbringt.«

»Lesen Sie mir vor.«

»Und dann?«

»Dann erzähle ich Ihnen, was ich weiß. Vorher vereinbaren wir etwas. Aber jetzt lesen Sie erst einmal.«

Paul greift in seine Aktentasche und holt den Laptop heraus. »Sie müssen wissen, dass es vermutlich verschiedene Versionen seiner Briefe gibt. Die Geschichte ist ein bisschen kompliziert. Jedenfalls sind wir, also Frau Ochs und ich, ziemlich sicher, dass es sich bei dem, was wir haben, um die Originaltexte handelt. Um das, was er tatsächlich so geschrieben hat. Und um die echten Antworten seiner Mutter. Aber wundern Sie sich nicht, wenn Sie Widersprüche hören.«

Er setzt an und liest: erst die Schilderung der Ankunft und des Lebens im Lager, dann die Berichte von der Seuche und der eigenen Erkrankung, schließlich die Briefe vom Hof der Bodhes. Im Wechsel trägt er auch die Antworten der Mutter vor, verweist auf Ungereimtheiten und gibt die Vermutungen wieder, die Frau Ochs und er dazu angestellt haben. Zuletzt liest er Toms und Agnes' Nachrichten an den Oberst.

Die alte Frau hört mit geschlossenen Augen zu, so regungslos, dass Paul erleichtert ist, als sie die Augen öffnet, kaum hat er den Laptop zugeklappt.

»Das war's?«

»Das war's.«

Sie sagt ein paar Momente nichts. Dann richtet sie sich in ihrem Sessel auf, so gut sie das kann. »Ich schlage Ihnen Folgendes vor: Sie versprechen mir, dass Sie von dem, was ich Ihnen gleich berichten werde, ohne meine Zustimmung nichts verwenden und nichts veröffentlichen. Auch Ihrer Öchsin sagen Sie nichts. Ich werde Sie einen Lügner nennen, wenn Sie es doch tun. Wenn ich mit dem Erzählen fertig bin, dann überlegen wir uns gemeinsam, was wir tun.« Sie hustet. »Einverstanden?«

»Einverstanden.«

»Gut.« Gertrud blickt zum Bild an der Wand. »Wie ich Ihnen bereits gesagt habe, ist Agnes Bodhe meine Tante. Aber sie war für mich mehr als das, das werden Sie gleich verstehen. Sie ist auf unserem Hof aufgewachsen, aber noch im Ersten Weltkrieg ist sie in die Stadt gezogen und hat als Kindermädchen gearbeitet. Später hat sie geheiratet, da war sie schon über 30, Erich, einen Techniker der Verkehrsbetriebe und Früh-Nazi. Ein paar Jahre jünger als sie. Erich hat sich zur Wehrmacht einziehen und gleich beim Frankreichfeldzug zusammenschießen lassen. Der einzige Erfolg der Engländer bei Dünkirchen. Nach ein paar Monaten hat er seiner Frau den Gefallen getan und in einem Militärkrankenhaus das Zeitliche gesegnet.« Gertrud winkt ab, was ihr nur wie in Zeitlupe gelingt. »Die beiden hatten keine Kinder, das habe ich Ihnen schon gesagt. Aber Agnes hat mir einmal erzählt, dass sie eine Fehlgeburt hatte. Und zwar nicht von ihrem Mann. Sondern früher.«

»Barley?«

»Das ist wohl anzunehmen, junger Mann. Die Fehlgeburt muss sie nach ihrem Umzug in die Stadt gehabt haben.«

Paul denkt an die letzten Briefe des Engländers. Nichts in ihnen deutet darauf hin, dass er von Agnes' Schwangerschaft gewusst hat. Andererseits hätte er wohl kaum einem Papier, das durch die Hände seiner Bewacher ging, anvertraut, dass er die Tochter seines Bauern geschwängert hat. Hat Barley ihm, Paul, das vorausgehabt – von einer Vaterschaft zu wissen? Paul versucht sich die Ängste, die eine Schwangerschaft für Agnes und Thomas gebracht hat, auszumalen, aber das fällt ihm schwer. Zugleich spürt er einen Stich des Neids.

»Aber mit ihrem Gatten – nichts. Keine Kinder. Als Witwe ist Agnes auf den Hof zurück, zu ihrem Bruder, meinem Vater.«

»Welcher der Söhne war ihr Vater?«, hakt Paul ein.

»Friedrich. Der jüngste. Sein ältester Bruder Karl ist im Ersten Weltkrieg in Frankreich geblieben, Richard ist zurückgekommen, aber schwer versehrt. Er konnte den Hof nicht führen, daher erbte der jüngste Sohn alles. Und den Versorgungsfall

Richard gleich mit. Meine Tante Wilhelmine war da schon lange fort, sie hat in die Nähe von Fritzlar geheiratet, das war damals unglaublich weit weg, und einen Haufen Kinder in die Welt gesetzt. Wilhelmine und Agnes haben sich nicht gut verstanden. Aber Fritz – Friedrich, meine ich – und Agnes hatten ein sehr enges Verhältnis.« Sie nickt mit ihrem Geierhals. »Sie haben sich gegenseitig gestützt. Mein Vater war auch alleine, wissen Sie, denn meine Mutter ist nach meiner Geburt im Kindbett gestorben. Als die Amerikaner schon kurz vor Kassel standen. Agnes ist dann meine Mutter geworden.«

Ein Sonnenstreifen wandert durch das Zimmer, als Gertrud berichtet, wie sie auf dem Hof als Kleinfamilie lebten: Fritz, Agnes und sie, dazu der kriegsversehrte, aber überraschend zählebige Onkel Richard. Sie erzählt von den kargen Jahren ihrer Kindheit, wie die Familie ohne Handlanger, nur mit ein bisschen Unterstützung aus der Witwen- und aus Richards Beschädigtenrente den Betrieb bewirtschaftete. Und wie sie das Land in den 60er-Jahren Acker für Acker verkaufen mussten.

»Am Ende hat die neue Ausfallstraße, die sie durchs Dorf gebrochen haben, auch noch die Gebäude gefressen. Alles weg.« Sie lacht wieder wellensittichartig. »Wenn Sie sich fragen, wie ich mir das alles hier leisten kann: Das Stift finanziere ich von der Entschädigung. Lang reicht's nicht mehr.«

Gertrud beschreibt ihr Verhältnis zu Agnes, die schon ihren Bruder, Gertruds Vater Fritz, großgezogen hat und eigentlich zu alt war für die Mutterrolle, sie aber trotzdem noch einmal annahm. »Im Dorf fanden sie uns sonderlich. Das war sicher ein Grund, dass wir untereinander so vertraut waren. Wir hatten nur uns vier.« Bis zuletzt, erzählt sie, gab es auf dem Hof kein Telefon und keinen Fernseher. Die Erwachsenen saßen abends am Stubentisch und sprachen miteinander oder lasen oder gingen früh zu Bett.

Auch in Gertruds Zimmer im Stift steht kein Rechner und kein Fernseher, bemerkt Paul.

»Als Onkel Richard starb, war ich zwölf. Mein Vater und meine Tante nahmen mich wie selbstverständlich als Erwachsene in ihre Runde auf.« Sie hustet. »Gegen Ende ihres Lebens zog Agnes immer häufiger Bilanz. Sie war eine sehr gläubige Frau, wissen Sie, und sie fragte sich oft, wie ihr Herrgott ihr Leben beurteilen würde.«

Ein Scheppern dringt durch die Tür, auf dem Flur muss jemand etwas fallengelassen haben. Gertrud scheint davon keine Notiz zu nehmen.

»Ich habe den Namen Thomas Barley nie gehört. Aber ich weiß von einem Engländer. Und von dem, was geschehen ist.«

86 Gertrud

Es klopft, eine Frau im Kopftuch von vielleicht 50 Jahren betritt das Zimmer und unterbricht Gertruds Monolog. »Das ist Yasmin«, stellt Gertrud vor. »Sie hilft Tattergreisen wie mir, die sich nicht alleine waschen können. Keine schöne Arbeit.«

Yasmin schüttelt lächelnd den Kopf.

»Versuchen Sie nicht, mich zu schocken«, sagt Paul. »Als Zivildienstleistender habe ich in einem Altenheim gearbeitet. In einem Seniorenheim, meine ich.«

»Sie waren Zivildienstleistender?«

»Ich gehörte zum letzten Jahrgang.«

»Und dann zu jenen, die es bereut haben?« Gertrud beäugt ihn, während Yasmin das Bett aufschlägt.

Paul weicht aus: »Ich bin in einem Krieg nicht zu gebrauchen.«

»Aha. Hm. Bleiben Sie hier.«

Ohne weitere Erläuterung erhebt sich Gertrud und schlurft ins Bad, Yasmin hinterdrein. Als sie nach einiger Zeit wieder herauskommen, trägt Gertrud einen Trainingsanzug.

»Soll ich helfen?«, fragt Paul, und als ihm klar wird, dass die alte Dame im Begriff ist, ins Bett zu steigen: »Oder lieber später wiederkommen?«

»Seien Sie nicht albern. Vor dem Sport lege ich mich gerne eine Weile hin. Aber wir reden weiter.«

Nachdem Yasmin Gertrud gebettet hat und gegangen ist, setzt diese erneut an: »Agnes war 1915 noch sehr jung. 16 oder 17 Jahre, noch weit von der Volljährigkeit entfernt. Obwohl das in allem, was kam, keinen Unterschied ergeben hätte. Denn getan wurde auf dem Hof, was der Bauer entschied, und nur das. Egal, wie alt man war. Sie erzählte das immer ohne Groll, es war in den anderen Familien nicht anders. Immerhin ließ ihr Vater alle seine Kinder anstandslos in die Dorfschule gehen, was damals keinesfalls selbstverständlich war.« Sie schnauft.

»Agnes galt als das Klügste der fünf Geschwister, was ich aber nicht von ihr, sondern von meinem Vater erfahren habe; sie selbst war zu bescheiden, so etwas jemals zu äußern. Jedenfalls, immer wenn es in der Familie etwas zu lesen oder zu schreiben gab, übernahm sie die Aufgabe, schon als Kind. Neben den Pflichten im Haushalt und auf dem Feld kümmerte sie sich später außerdem um meinen Vater, Nachzügler und ewiges Nesthäkchen der Familie. Sie war fast 15, als er zur Welt kam. Sehen Sie, wie schwer meine Beziehung zu Agnes zu beschreiben ist? Tante, Mutter, Großmutter, erste Freundin, sie war von allem etwas.«

»Wie haben Sie sie genannt?«, will Paul wissen. »Tante? Oder beim Vornamen?«

»Wir hatten Kosenamen füreinander«, erwidert Gertrud, ohne sie zu nennen. Paul fragt nicht.

»Karl und Richard, die beiden ältesten, sind zum Kriegsdienst eingezogen worden und lagen 1915 irgendwo im Schlamm. Dann gab es noch Tante Mine, aber die beiden Mädchen kamen schon damals nicht gut miteinander aus. Wilhelmine war neidisch, dass sich ihre Schwester um den Kleinen kümmerte, während sie selber die Großmutter pflegen musste. Auch dass Agnes klüger und hübscher war. Keine leichte Schwestern-Beziehung. Es war eine schwierige Zeit und die Familie ging nicht gut damit um. Nicht wahr, die einen halten in der Not zusammen, die anderen streiten sich. In dieser Familie gab es damals viel Not und viel Neid und Streit. Agnes erzählte mir, dass sie nicht nur um die Söhne bangten, sondern auch um sich selber: Die beiden Jungs fehlten auf dem Hof, ein Knecht war eingezogen worden und außerdem die Pferde. Im Sommer 1915 war offensichtlich, dass es mit dem schnellen Feldzug nichts geworden war und dass noch lange schwere Zeiten bevorstanden, egal, was die Zeitungen schrieben oder was der Pfarrer sagte oder wie viele Gefangene noch an der Front gemacht und in das Lager auf dem Keilsberg gebracht wurden. Für das ganze Dorf muss das Gefangenenlager so etwas gewesen sein wie ein Ufo. Ich denke, kaum ein Zwehrener war über Kassel weit hinausgekommen oder hatte je einen Ausländer zu Gesicht bekommen. Ihre Welt war so klein, aber mit dem Krieg explodierte sie plötzlich. In jeder Hinsicht. Übrigens ist meine Tante auch später nie im Ausland gewesen. Ich erinnere mich an eine gemeinsame Fahrt an die Nordsee, da war sie schon eine alte Frau; das war die Reise ihres Lebens. Sie wollte unbedingt einmal das Meer sehen, und es musste die Nordsee sein, auch wenn ich lieber an die Ostsee gefahren wäre. Eine Klassenkameradin hatte mir erzählt, dass es dort weiße Strände und Delfine gibt. An der Nordsee war alles matschig. Aber sie wollte unbedingt die Gezeiten sehen und blickte stundenlang nur auf das Watt, das Wasser und den Horizont.« Gertrud sammelt sich einen Moment.

»Dass der Krieg Mohammedaner und später sogar Schwarzafrikaner nach Niederzwehren spülte, war für die Leute schwer zu fassen. Wenn die Züge neue Gefangene brachten, sollen die Schaulustigen in Trauben vor dem Bahnhof gestanden haben. Sie können sich denken, was es bedeutete, dass den Bauern plötzlich Fremdlinge als Arbeitskräfte zugeteilt wurden. Ich kann mir nicht vorstellen, dass mein Großvater sie unter anderen Umständen unter sein Dach aufgenommen hätte. Aber Not kennt kein Gebot und wie die meisten Bauern war mein Großvater zugleich erzkonservativ und extrem pragmatisch. Wenn sie die Ernte einfahren, bitte sehr, her mit den Fremden. Es kamen zwei, ein Russe aus dem Ural und ein Engländer. Der Engländer muss sie alle eingenommen haben. Ein hübscher Bursche, zumindest in den Augen meiner Tante. Aber nicht nur in ihren Augen. Sie erzählte, wie verschossen die anderen Mädchen im Dorf waren, auch Mine mit ihren 14 Jahren. Groß und schlank sei er gewesen, noch jung, aber mit einem melancholischen Blick. Vor allem wohl konnte er zuhören. Das kannten sie auf dem Hof nicht, dass einer eine Frage stellt und sich für die Antwort interessiert. Ich meine, eine Frage, in der es nicht darum geht, wann man die Kartoffeln ausmacht und wie es der Färse geht. Agnes sagte, in seiner Gegenwart hätten sie sich nicht ärmlich und dumm gefühlt, obwohl sie es waren. Sogar für ihren Dialekt habe er sich interessiert. Der Engländer sprach gut Deutsch, im Gegensatz zum Russen. Der sprach überhaupt nicht, dafür muss er ein unglaubliches Arbeitstier gewesen sein. Aber auch der Engländer habe arbeiten können, obwohl er aus einer Stadt kam.«

Sie fährt fort: »Meine Tante hat nie gesagt, dass sie in den Engländer verliebt gewesen wäre. Das Wort Liebe hat sie nie ausgesprochen, wenn sie von ihm erzählt hat. Aber das muss einer gar nicht, nicht wahr? Wir merken es doch, wenn einer liebt. Oder geliebt hat. Wir merken es, wenn er davon spricht. Finden Sie nicht?«

Paul weiß nicht, was er antworten soll. Er betrachtet die hinfällige Frau auf ihrem Kissen. Gertrud hat die Hände über der Decke gefaltet und die Augen geschlossen. Ihr dünnes Haar steht ab. Wie ist es bei ihr gewesen, wen hat sie geliebt?

»Sie hat mir sein Herz gezeigt. Aus Holz hat er ihr ein Herz geschnitzt und sie hat es ein ganzes Leben lang aufbewahrt. Viel Zeit haben sie gar nicht gehabt, Agnes und der Engländer. Ein paar Wochen. Was sagen Ihre Briefe? Zwei, drei Monate vielleicht. Agnes ist damals häufig nach Oberzwehren gegangen, dort wohnte eine Verwandte, bei der hat sie immer mal wieder nach dem Rechten gesehen. Das haben sie genutzt, um sich zu treffen.«

»Heimlich.«

»Natürlich heimlich, was denken Sie denn? Der Russe hat sie gedeckt. Der ist mit dem Engländer losgezogen, um gemeinsam Arbeiten zu erledigen, und dann hat er alles alleine weggeschuftet. Der ist übrigens nach dem Tod des Engländers abkommandiert worden, Gott weiß wohin. Agnes hat ihn nie wiedergesehen. Im Frühjahr drauf kamen dann neue Gefangene zum Helfen, aber da hat sie schon nicht mehr in Zwehren gelebt.«

»Der Russe, das war Vitaly.«

»Das muss Vitaly gewesen sein, ja. Thomas und Vitaly. Jetzt kennen wir ihre Namen. Zum Schluss ist es dann, so sagen es ja auch die Briefe, immer gefährlicher geworden mit den Treffen, weil sich die beiden nicht nur vor meinen Großeltern in Acht nehmen mussten, sondern auch dieser Offizier ständig auftauchte. Er muss einen enormen Eindruck auf meine Tante gemacht haben, sie hat immer wieder geschildert, wie er mit seiner Uniform und seinem schneidigen preußischen Auftreten den ganzen Hof in Ehrfurcht versetzt hat. Gewohnt, zu befehlen und keinen Widerspruch zu hören. Auf den Engländer hatte er es abgesehen. Agnes meinte, er sei verliebt in den Engländer gewesen, bei ihm hat sie dieses Wort benutzt. Aber der Engländer hat sich nicht beeindrucken lassen, und auch mein Großvater hat sich nicht beeindrucken lassen, sondern den Junker vom Hof gejagt. Das hatten sie gemein, der Bauer und der Brite. Dass sie sich nicht haben ducken lassen. Meine Tante hat beteuert, sie konnte nicht anders. Sie hat den Engländer immer und immer wieder sehen müssen. Zum ersten Mal hat sie verstanden, wer sie ist, als sie mit ihm war, hat sie gesagt. Wie um sich zu rechtfertigen. Als bitte sie um Vergebung.«

»Das hat sie Ihnen erzählt, als Sie schon erwachsen waren?«

»Erst ganz am Ende. Als sie sich jeden Tag fragte, wie der Herrgott über sie urteilt.«

Die alte Frau schließt die Lider. »Es muss ein warmer November gewesen sein. Sie haben sich noch draußen getroffen. Eines Abends sind sie überrascht worden. Das war sein letzter Tag.«

Sie sagt nichts mehr.

»Wissen Sie, wo ihr Treffpunkt war?«

Weiter Schweigen.

»Von Mangersheim war in Niederzwehren einquartiert«, überlegt Paul. »Wir haben die Briefe auf dem Hof gefunden, auf dem er gelebt hat. Er muss die Umgebung gut gekannt haben.«

»Ja, die beiden sind ein hohes Risiko eingegangen«, antwortet sie. »Andererseits: Was sollten sie machen?«

»Und dann hat von Mangersheim sie überrascht und Barley aus Eifersucht getötet?«

Gertrud schüttelt den Kopf. »Oh nein, der Offizier hat ihn nicht erschlagen.«

Paul stutzt. Er sieht die alte Frau an, die jetzt wiederum die Zimmerdecke anblickt. »Sie wollen mir aber jetzt nicht erzählen, dass Barley doch in die Fulda gefallen ist?«

»Nein, nein. Der Engländer ist schon erschlagen worden«, sagt Gertrud Bodhe. »Bloß nicht von diesem Mangersheim. Mein Großvater hat ihm den Schädel gespalten.«

87 Gertrud

Paul braucht ein paar Sekunden.

»Ihr Großvater ertappt Agnes und Thomas beim Stelldichein und er hat eine Waffe dabei?«, fragt er.

»Eine Hacke. Kaum ein Zufall, nicht wahr?«

Gertrud hat die Augen wieder geschlossen. Das Sprechen scheint ihr inzwischen Mühe zu bereiten. Wie lange ist er schon hier? Der Bildschirm seines Rechners ist schwarz und das Handy will er nicht herausholen. Jetzt fällt ihm auf, dass es in Gertruds Zimmer nicht nur keinen Fernseher, sondern auch keine Uhr gibt. Er überlegt, ob sich die Uhrzeit am Stand des Sonnenbalkens im Zimmer ablesen lässt und ob das sogar der Grund ist, warum sie ihn gebeten hat, den Vorhang bis auf einen schmalen Streifen zuzuziehen.

»Es wird aber noch besser. Nicht nur mein Großvater tauchte auf, auch der Offizier und Wilhelmine«, fährt Gertrud fort. »Später hat Agnes nach und nach erfahren, was passiert war. Mine hat sie verraten. Sie hat einen Liebesbrief gefunden, so von dem Rendezvous erfahren, ist zu ihrem Vater gelaufen und hat ihre Schwester verpetzt. Der Vater hat getobt. Seine Tochter und ein Mann! Das hätte schon für eine Raserei gereicht. Aber dann auch noch der Engländer! Ein Feind! Das würde der Kerl nicht überleben. Als Wilhelmine sah, wie der Vater sich seinen Karst schnappte und mit welcher Mordlust er davonstürmte, ist sie erschrocken. Ich glaube kaum, dass sie den Engländer oder ihre Schwester in Lebensgefahr bringen wollte. Mit 14 weiß man nicht, was man tut. Aber dumm war sie auch nicht. Als der Alte mit der Hacke in der Hand losgestürzt ist, hat sie gemerkt, was sie angerichtet hatte. In ihrer Panik ist sie dann zum Offizier gerannt, der wohnte ja nicht weit weg, und der ist hinterher. Der Junker hat wohl noch versucht, meinem Großvater in den Arm zu fallen. Aber er ist einen Augenblick zu spät gekommen.«

Gertrud schnauft wieder. Lange hält sie nicht mehr durch, geht es ihm durch den Kopf, aber sie redet weiter: »Haben Sie jemals einen Karst gesehen?«

»Ich kannte den Begriff nicht, bis ich ihn in den Briefen gelesen habe.«

»Eine Hacke mit zwei Zinken, ein ziemlich grobes Ding. Damit können sie nicht nur einen Schädel aufbrechen, sondern auch die Scholle. Mein Vater hat gelegentlich noch mit einem Karst Kartoffeln aus der Erde geholt. Wissen Sie, auf einem Hof schmeißt man kein intaktes Werkzeug weg. Ich bin mir ziemlich sicher, dass dieselben Zinken, mit denen mein Vater gearbeitet hat, im Kopf des Engländers gesteckt hatten.«

Sie halten eine Weile die Stille aus. Der Sonnenbalken nähert sich dem Doppelbild der jungen und der alten Agnes an der Wand. Paul weiß, dass er nichts zu fragen braucht; Gertrud wird die Geschichte jetzt zu Ende erzählen.

»Seine Tochter hat er verschont. Auch auf den Preußen noch einzuschlagen hat mein Großvater sich nicht getraut. Die beiden haben sich angeschrien: Der eine droht, dass er den anderen vor Gericht bringt und für immer in den Knast. Der andere brüllt zurück, dass der Erste vors Gericht kommt, weil er ein warmer Bruder ist und jeder das weiß.«

»Woher weiß das jeder?«

»Ich habe mich immer gefragt, woher mein Großvater das wusste. Aber jetzt ist es mir klar. Jemand muss gesehen haben, wie der Offizier sich in der Scheune an den Engländer rangemacht hat und wie sie sich dann gestritten haben. Wilhelmine vielleicht oder mein Großvater selbst. Vielleicht hat er den Engländer sogar zur Rede gestellt. Der hat sich sicher vom Offizier distanziert, wollte ihn ja auch vom Hof haben, da waren sie sich einig. Jedenfalls hatte mein Großvater auch etwas gegen den Preußen in der Hand, die beiden Männer haben sich gegenseitig gedroht, während zu ihren Füßen das Hirn des Engländers auslief und meine Tante zusammengebrochen ist.«

Gertrud faltet ihre Hände. »Ahnen Sie, wer die Situation aufgelöst hat?« Sie lacht, diesmal ein leises, wissendes Lachen. »Die kleine Schwester Mine. Die war als Einzige bei klarem Verstand.«

»Ausgerechnet Wilhelmine?«

»Ausgerechnet sie. Sie hat die Männer dazu gebracht, den Leichnam zu vergraben. Dann haben sich von Mangersheim und mein Großvater eine Legende ausgedacht, die das alles vertuscht hat. In der Fulda soll er ertrunken sein, so ein Quatsch. Nach einem toten Kriegsgefangenen wurde damals aber nicht allzu viel gefragt.«

Wieder kehrt eine Weile Ruhe ein. Gertrud atmet regelmäßiger. Ob sie schläft, überlegt Paul. Das Gespräch muss sie ungeheuer anstrengen. »Wissen Sie, wo sie ihn verscharrt haben?«

Gertrud spricht einfach weiter: »Was danach geschah, wissen Sie, sie hat den Hof verlassen. Aber es war der Offizier, der ihr geholfen hat. Man muss sich das mal vorstellen, da soll sie mit ihrem Vater leben, der ihren Geliebten erschlagen hat, und mit der Schwester, die sie verraten hat, und einfach weitermachen, als sei nichts gewesen. Von Mangersheim hat Agnes eine Anstellung bei einer befreundeten Familie in der Stadt besorgt. Die hatten eine Menge Kinder, auf die aufzupassen war. Es würde mich nicht wundern, wenn er ihr das Angebot bei dem Gespräch gemacht hat, auf das sich Agnes' Brief bezieht. In der Stadt hat sie eine Weile wie im Winterschlaf gelebt. Dann kam der Techniker und Obernazi, dann der nächste Krieg und die Witwenrente. Als mein Großvater tot war, Kassel abgebrannt, Wilhelmine hinter Fritzlar, meine Mutter mit mir schwanger und mein Vater überfordert, da ist sie auf den Hof zurückgekehrt.«

Es klopft an der Tür. Eine Pflegerin, die Paul nicht kennt, steckt ihren Kopf durch die Tür und ruft ins Zimmer: »In einer Viertelstunde hole ich Sie zur Physio ab, Frau Bodhe!«

Gertrud hebt schwach die Hand. Die Tür fällt wieder zu.

»Sie brüllt immer so, als wäre ich schwerhörig«, seufzt Gertrud. »Dabei sind meine Knochen schwach, nicht meine Ohren. Ich darf nicht den ganzen Tag im Bett liegen, wissen Sie, deshalb mache ich zweimal am Tag Sport. Gibt es noch etwas, das Sie wissen wollen?«

Paul überlegt. Darf er das fragen? »War ihre Tante glücklich, nachdem sie auf den Hof zurückgekehrt war?«

»Ich glaube, sie war so glücklich, wie es ihr möglich war. Ihr Leben war im letzten Drittel auf jeden Fall harmonischer als in den ersten beiden. Wir waren eine bizarre Familie, aber eine liebevolle. Nur die Frage, welche Schuld sie an den Vorkommnissen jenes Abends trug, die hat sie ihr Leben lang nicht losgelassen. Meine Tante war sehr fromm, sie rannte jeden Sonntag in die Kirche und noch öfter ging sie *zum Herrgott in den Wald*, wie sie das nannte. Dabei war *Wald* eine maßlose Übertreibung. Kennen Sie die Bahntrasse zwischen Nieder- und Oberzwehren?«

»Wo der ICE fährt?«

»Damals war das die Main-Weser-Bahn. Meine Familie hatte östlich der Trasse ein paar kleinere Felder, die wir später für ein Baugebiet verkauft haben. Am Rande stand ein kleines Gehölz.« Sie beschreibt mit dem Zeigefinger einen Kreis. »Dort hockte sie dann auf einem großen Stein und betete zu ihrem Herrgott. Manchmal hat sie gesungen. Ich habe sie einmal heimlich beobachtet. Nein, mehrmals.« Sie macht wieder eine Pause und atmet schwer. Als sie hinzufügt: »Für ihren Mann hat sie nicht gebetet. Den hat sie einmal im Jahr kurz und knapp auf dem Friedhof besucht«, klingt sie schadenfroh.

Paul weiß nicht, was er sagen soll. »Wo liegt eigentlich Agnes begraben?«, fragt er schließlich.

»Wir haben sie auf dem Hauptfriedhof begraben, neben ihrem Ehemann. Erich und Agnes Hornecker, man beachte das R. Aber die Grabstelle ist inzwischen neu besetzt. Helfen Sie mir?«

Gertrud richtet sich im Bett auf. Paul reicht ihr eine Hand.

»Die Brüllerin kommt gleich, um mich abzuholen. Wir haben noch eine Abmachung, sie erinnern sich?«

»Natürlich. Sie wollen, dass ich nicht alles veröffentliche.«

»Sie dürfen alles berichten. Nur nicht, dass es mein Großvater war, der ihn erschlagen hat.«

Aha, denkt Paul. Jetzt ist von Mangersheim doch noch dran. »Sie wollen es dem liebeskranken Offizier anhängen?«

»Dem nicht. Er hat versucht, den Engländer zu retten, wir können es unmöglich ihm in die Schuhe schieben. Es gibt einen besseren Schuldigen.«

»Wilhelmine?«

»Finden Sie, sie hätte es verdient? Ja, vielleicht. Sie hat sicher Schuld auf sich geladen. Aber sie war ein junges, dummes Mädel damals. Meine Tante hat ihr verziehen. Nein, ich denke an Ernst.«

»Das Faktotum?«

»Lesen Sie nicht zu viel hinein«, erwidert Gertrud. »Ernst war kein Scheusal. Einfach ein unangenehmer Mensch. Vor allem aber jemand ohne Nachkommen und mit einem Allerweltsnamen. Ernst Klein. Der beste Kandidat für das, was wir brauchen.«

»Einen Sündenbock.«

»Es ist nicht so, dass er es gar nicht verdient hätte.«

Paul hakt nicht nach. Aber nach kurzem Zögern fragt er: »Warum ist Ihnen der Ruf Ihres Großvaters so wichtig? Er ist seit Jahrzehnten tot, und es gibt nicht einmal Nachfahren, die seinen Namen tragen.«

»Von mir einmal abgesehen, meinen Sie. Oder rechnen Sie mich schon zu den Toten?« Diesmal liegt kein Schnappen in ihrer Stimme wie bei den Wortwechseln mit Frau Ochs. Eher eine Belustigung. Sie fügt hinzu: »Mein Familienname stirbt nicht aus.«

»Aber sie selbst haben nie geheiratet?«

»Aus meinem Nachnamen können Sie das schließen, junger Mann, aber das geht mir jetzt in die falsche Richtung. Ich habe Ihnen etwas aus meiner Familiengeschichte erzählt, ich habe nicht vor, Ihnen meine Lebensbeichte abzulegen. Gehen Sie mal davon aus, dass es noch jemanden mit dem Namen Bodhe gibt. Mit H hinter dem D.« Die Greisin erhebt sich mit seiner Hilfe aus dem Bett und steht jetzt etwas verloren im Raum. »Noch etwas: Nachdem Sie hier mit Ihrer Bekannten aufgetaucht waren, habe ich in ein paar Dokumenten nachgesehen, die ich aufbewahre.« Sie deutet mit einem wackelnden Finger auf den Schreibtisch. »In meinem Sekretär ... sehen Sie mal in der obersten Schublade nach. Dort finden Sie einen Umschlag.«

Paul steht auf und zieht die Lade auf. Sie enthält persönliche Dokumente: Bündel mit Briefen, Mappen, einige lose Fotos. Was übrig bleibt, denkt er und stellt sich vor, wie sie, fast am Ende eines Lebens, vor dem letzten Umzug alles sortiert, die meisten Besitztümer verschenkt, einige wenige Dinge auswählt als Erinnerungsstücke, die sie noch ein paar Jahre länger begleiten sollen, in die 25 Quadratmeter Pflegeheim. Noch bis zum Schluss. Liest sie manchmal in den Briefen? Betrachtet sie die Fotos? Oder will sie sie nur in ihrer Nähe wissen?

Er reicht ihr einen Brief, der obenauf liegt, doch sie bedeutet ihm mit einem Fingerzeig, dass er selbst in den Umschlag greifen soll. Paul zieht ein einzelnes Blatt heraus, ein altes Stück Papier mit einer kurzen Nachricht auf Deutsch, in Druckbuchstaben, wie er mit einem schnellen Blick erkennt. *Mein liebstes Wundermädchen* sind die ersten Worte.

»Das habe ich im Nachlass meiner Tante gefunden, zusammen mit dem Herz aus Holz. Behalten Sie es«, fordert sie ihn auf.

Er schiebt das Papier in den Umschlag zurück, um es später zu lesen.

Sie wendet sich ab. »Wenn die Brüllerin kommt, sagen Sie ihr, dass ich im Badezimmer bin. Ich schließe nicht ab.«

88 Paul

Er sieht die Gestalt von Weitem kommen. Mit der Ruhe wird es gleich vorbei sein, das steht fest. Paul hat sich einen Moment von der Gesellschaft gelöst, die anderen stehen in Trauben vor den Türmchen am Eingang des englischen Friedhofs und warten auf den Oberbürgermeister, ihre Gespräche erreichen ihn als Murmeln, eingemischt in das Hintergrundrauschen der Autobahn und das Gekicher der Vögel. Er freut sich aus der Ferne über den Anblick der Sakkos und blütenweißen Hemden, der Hüte und der im Wind wehenden Kleider. Irynas Hosenanzug und ihre Bluse leuchten gelb und blau aus der Gruppe heraus. Paul braucht all das nicht zu fotografieren, er wird es im Gedächtnis behalten als eines jener Bilder, aus denen sich später ein Leben zusammensetzt.

In der anderen Richtung, den Hang hinunter, hüpfen Krähen über ein Stoppelfeld. Das Gewerbegebiet steht genauso blöde herum wie vor Monaten, ist aber um noch ein Gebäude näher an den Friedhof herangewachsen. Von dort kommt der Mann.

»Hallo, Paul«, ruft er schon auf Entfernung.

»Hallo, Marek«, antwortet Paul. »Was machst du denn hier?«

»Ich soll dich von Mike grüßen.«

»Glaube ich dir nicht.«

Als sein ehemaliger Kollege ihn erreicht hat, wischt er sich über die Stirn und lächelt. Etwas matt, wie es Paul scheint. »Stimmt auch nicht. Mich interessiert die Beerdigung.«

»Glaube ich dir auch nicht. Beerdigung ist sowieso das falsche Wort.«

Paul weicht einen halben Schritt zurück; Marek steht für sein Gefühl immer zu dicht.

»Mann, Paul, mein Urgroßvater hat im Ersten Weltkrieg gekämpft. Das hätte auch er gewesen sein können. So was geht mir voll nah.«

»Marek, erstens hat jeder einen Urgroßvater, der im Ersten Weltkrieg Soldat war, und zweitens bist du Pole. Du weißt wahrscheinlich nicht einmal, auf welcher Seite deine Vorfahren standen. Habe ich Recht?«

Marek weiß einen Moment nichts zu sagen und schaut sich um. Paul hat ihn selten wortlos erlebt. Er folgt seinem Blick, vor dem neuen Gebäude lehnt ein Mann an einer herumliegenden Betonröhre und raucht. Ein großer Vogel sitzt auf einer Laterne, vielleicht ein Bussard. Jedenfalls ein Greifvogel.

»Weißt du, was für einer das ist?« Paul nickt in Richtung des Tiers.

Marek zuckt mit den Achseln. »Keine Ahnung. Ich bin Allergiker, ich bin nicht gerne in der Natur. Mach ein Foto und gib es im Netz ein.«

»Ich habe mein Handy zu Hause gelassen.«

Marek schaut ungläubig, dann scharrt er mit der Fußspitze im Boden. »Mir geht das Arbeiten hier so was von auf die Nerven.« Mit seinem Team, berichtet er, ist er inzwischen in das neue Hallen-Gebäude umgezogen. »In der Mittagspause hast du die Wahl zwischen einer beknackten Imbissbude mit gratis Ruhrpott-Witzen und romantischen Feld-Spaziergängen mit Pausenbrot. Im Frühjahr, wenn hier alles blüht, wird das die Hölle für mich.«

»Warum arbeitest du nicht zu Hause?«

»Projekt. Mike hat Anwesenheit angeordnet.«

Paul stellt sich vor, wie seine ehemaligen Kollegen jetzt am Kosaken-Grill hocken. Pommes für alle, Tag für Tag. Er schmunzelt. »Wie geht's Michael? Ist der auch hin und wieder hier draußen?«

»Nee, der bleibt schön im Hauptquartier und verschanzt sich in seinem Büro. Er hat Stress. Die Kunden frikassieren ihn und drücken die Preise. Die fetten Jahre sind vorbei, Mann.«

»Ich dachte immer, was DroneCon kann, kann nur Drone-Con?«

»War so, ist nicht mehr so. Gibt jetzt ein paar Mitbewerber.«

Der Vogel spreizt die Flügel, erhebt sich von seinem Ansitz und fliegt davon. Kein guter Tag zum Jagen. Wolken ziehen auf.

»Woher weißt du überhaupt von der Sache hier?«, erkundigt Paul sich.

»Was mich interessiert, das findet mich.«

Das stimmt nach Pauls Erfahrung. Es gibt keine Nachricht, die Marek nicht in seinen Netzen einfängt.

»Ich hab's in einem englischen Blog gelesen.«

Paul kennt den Text, den Marek meint. Einer von Frau Ochs' Bekannten aus Darwen hat über das Schicksal eines Sohnes der Stadt einen Bericht geschrieben. Darin löst ein engagiertes deutsches Paar das über hundert Jahre alte Rätsel um einen Weltkriegshelden. Ausführlich schildert der Autor Barleys Arbeitsdienst auf dem Bauernhof und wie er dort seine Liebe, aber auch seinen Mörder fand. »Farmhand« heißt es im Text. Das beschreibt Ernst Kleins Rolle in der Familie gut.

»Wie hast du ihn gefunden?«, will Marek wissen. »Wusstest du, wo er vergraben war? Das hat der Autor im Bericht nicht geschrieben.«

»An der ICE-Strecke nach Frankfurt steht ein Gehölz, von dem hat mir die Nichte der Bauerstochter berichtet«, erklärt er. »Ich habe nach einem großen Stein gesucht und bin auf einen Findling gestoßen. Die Geliebte des Soldaten ist dort nach dem Krieg häufig hingegangen. Sie wird ihre Gründe gehabt haben, dachte ich mir.«

»Und dann hast du die ganze Umgebung umgebuddelt?«

Paul lächelt. »Psychologie: Hättest du ihn nicht auch instink-tiv auf der Seite vom Stein verscharrt, die in den Wald hinein zeigt? Ich musste nicht lange graben. Und kleiner Tipp fürs Le-ben: Wenn du menschliche Knochen findest, dann brauchst du nur noch die Polizei anzurufen, die können gar nicht anders, als die Sache aufzunehmen und die Identität zu klären. Dass wir den Briten Bescheid gegeben haben, hat auch ein bisschen geholfen. Der Konsul ist heute hier.«

Er schildert Marek, wie Frau Ochs' Darweners einen Kontakt zur War Graves Commission vermittelt haben und dass sie die Original-Briefe an ein Projekt der Commission übergeben haben, nicht ohne zuvor dem britischen Konsulat in Frankfurt digitale Ko-pien zu schicken. Der Konsul hat der hessischen Polizei freund-lich seine Unterstützung angeboten und damit dafür gesorgt, dass der Tote zügig identifiziert wurde; der perforierte Schädel und ein fehlendes Glied am rechten kleinen Finger machten das leicht.

»Wie viel ist denn so übrig nach hundert Jahren?«

Paul geht nicht darauf ein. Ein dunkler Wagen rollt den Hang hinauf. »Der Oberbürgermeister kommt«, bemerkt er.

»Ich komme mit«, sagt Marek.

»Schön«, lügt Paul. Doch schon ein paar Sekunden, nachdem er es ausgesprochen hat, freut es ihn wirklich, und die Lüge hat sich in eine Wahrheit verwandelt.

»Ist er nicht wieder in Höchstform?«, wispert Frau Ochs. Der Oberbürgermeister hat gesprochen, eine Vertreterin der War Graves Commission hat gedankt, und der Konsul hat gewürdigt, dass durch den Einsatz zweier beherzter Menschen ein Soldat des Königreiches nun seine angemessene Ruhestätte finde.

Dann hat Herr Peters es sich nicht nehmen lassen, ebenfalls das Wort zu ergreifen und im Namen des Vereins den Wert »unserer unermüdlichen Arbeit« zu betonen. Man sehe hier, ruft er aus, welche Früchte das trage. Werner Ochs nickt bekräftigend.

Seine Frau flüstert Paul eine Lästerei ins Ohr, aber sie lächelt dabei. Liselotte Ochs ist mit der Welt im Reinen. Seine Extratour bei Gertrud Bodhe hat sie ihm längst verziehen, sie ist stolz auf ihren Erfolg und auf das Leidensgesicht, das Peters zwei Wochen lang getragen hat, verströmt Heiterkeit und genießt sichtlich die Aufmerksamkeit, die sie erhält.

Als Peters ein Ende gefunden und der Konsul den Karton mit Barleys Gebeinen in die von einem heißen Sommer ausgetrocknete Erde versenkt hat, eilt sie, ganz Gastgeberin, geschäftig von Grüppchen zu Grüppchen, beantwortet Fragen der Lokalreporterin, spricht über ihre Handy-App mit der kleinen Delegation aus England und lädt die Briten zum anschließenden Essen ein. Eine Ur-Enkelin von Priscilla ist mit ihrem Mann aus Preston angereist, ein freundliches Paar in den Sechzigern, die beiden haben es ihr besonders angetan. Dass Gertrud Bodhe es abgelehnt hat, zu kommen, trägt zu Frau Ochs' Leichtigkeit bei. Ihr dunkler Lippenstift passt perfekt zum Kostüm.

Paul lächelt Iryna zu. Sie ist mitgekommen, obwohl sie in diesen Tagen ihre Stelle am Flughafen angetreten und wenig Zeit hat. Am Morgen des ersten Arbeitstages hat er in ihren Augen Tränen gesehen, was ihr unangenehm war.

»Zur Strafe«, hat sie grinsend gesagt, »helfe ich dir bei deiner Eignungsprüfung.«

Paul hat sich für den Quereinstieg als Lehrer beworben. Noch vor dem Herbst will das Land Hessen wissen, ob er dazu taugt.

Iryna streicht sich eine Strähne aus dem Gesicht. Sie sind die Letzten an Thomas Barleys Grab. Paul legt ein Bild ab; er hat das Foto der Schauspieltruppe kopieren und laminieren lassen. Stumm blickt er von einem als Frau verkleideten Gefangenen zum anderen, vom Stämmigen zum Schlanken. Die Briefe haben nicht preisgegeben, wer von ihnen Thomas war, aber er ist sich sicher, es zu wissen. Deine Agnes in der Erde neben einem ungeliebten Mann, euer ungeborenes Kind wer weiß wo verscharrt, denkt Paul und blickt in die melancholischen Augen. Aber immerhin hast du jetzt ein Grab.

Ein hölzernes Kreuz wacht über dem, was von Thomas Barley übrig geblieben ist, es trägt seinen Namen. Der Grabstein muss erst gemeißelt werden. Mit Schubkarre und Hacke erscheint der Friedhofsgärtner, richtet die Blumen und die Kränze, zieht Schleifen zurecht, sichert eine Kerze.

»Bei jeder Beerdigung man begräbt etwas von sich selbst«, stellt Iryna fest, und weil er weiß, an wen sie jetzt denkt, wagt Paul nicht, nach ihrer Hand zu greifen. Aber im Stillen widerspricht er ihr. Für ihn ist dies kein Abschied, sondern ein Aufbruch. Er sieht dem Friedhofsgärtner zu, wie er mit der Hacke Löcher in die ausgetrocknete Erde schlägt und etwas Grünes setzt, dann wässert er die Pflanze. Paul schaut zur DroneCon-Halle, die ihm jetzt kleiner denn je erscheint. Dahinter greifen die Hebebühnen-Fahrzeuge vergeblich mit ihren Armen in den schweren, dunklen Himmel. Der Wind treibt dunkle Wolken vor sich her und löscht den letzten Streifen Himmelsblau am Horizont. Bald wird es endlich regnen.

89 Tom

Mein liebstes Wundermädchen,
wie verrückt die Welt geworden ist. Ich weiß das, was wir dage-
gen tun. Komme heute Abend zu dem Findling, ich sage Dir mei-
nen Plan. Warthe nur und sieh.
T.

Danksagung

Das Gefangenenlager auf dem Keilsberg war mit seinen Insassen aus fernen Ländern für die Zeitgenossen eine Sensation. Doch nachdem es verschwunden und ein weiterer Krieg geführt und verloren war, verblasste die Erinnerung daran. Weiten Teilen der Kasseler Bevölkerung ist diese Episode der Lokalgeschichte (und deutschen Geschichte) heute ebenso unbekannt wie der Soldatenfriedhof, der immer noch – unscheinbar – vor den Toren ihrer Stadt liegt, inzwischen eingerahmt von zwei Autobahnen, einer ICE-Strecke, einem Recyclinghof und einem wachsenden Gewerbegebiet. Es ist das Verdienst von Wolfgang Matthäus, seinen engagierten Schülerinnen und Schülern und einer Reihe weiterer Personen, dass sich dies in den vergangenen Jahren zu ändern begonnen hat.

Ich konnte mich beim Schreiben von „Keilsberg" auf Matthäus' beeindruckende Veröffentlichung „Heimatfront. Kassel und der erste Weltkrieg" stützen und bin ihm für weitere Einblicke sehr verbunden, die er mir im persönlichen Gespräch gewährte. Zu anderen historischen Aspekten war die Literatur umfangreicher. Dennoch blieben Fragen. Ich danke Maike Bartsch und Dr. Bettina Dodenhoeft vom Volksbund Deutsche Kriegsgräberfürsorge, Tony Foster, Chairman of the Darwen Heritage Centre, Hans Müllerschön, wandelndes Lexikon für Agrargeschichte, und Dr. Martina Lüdicke, Leiterin der Sammlung Regionalgeschichte und Alltagskultur bei Hessen Kassel Heritage, für die Antworten, die sie mir gaben, und die Zeit, die sie sich dafür nahmen.

Wer eine Erzählung auf ein gesichertes historisches Fundament gründen kann, traut sich umso eher, dann und wann davon ab-

257

zuweichen. Dies ist kein Geschichtsbuch. Gewisse Freiheiten im vorliegenden Roman sind der Absicht geschuldet, möglichst prägnant zu erzählen; insbesondere war der Briefverkehr der Kriegsgefangenen mit der Heimat 1915 sehr viel langsamer und sehr viel weniger verlässlich als der von Thomas Barley mit seiner Mutter. Aber er hat ja auch andere Besonderheiten ...

Dank schulde ich weiterhin meinen ersten Lesern, insbesondere Dr. Dennis Gräf, Dr. Josef Mense und meiner Lektorin Dr. Anette Kleszcz-Wagner, für ihre Zeit, Kritik, Genauigkeit und angewandte Sprachliebe.

Und natürlich Wiebke. Für all dies und mehr.